Israel

Zeit für das Beste

Highlights – Geheimtipps – Wohlfühladressen

»Wer nicht an Wunder glaubt, ist kein Realist.«

David Ben Gurion

BRUCKMANN

Israel

Zeit für das Beste

Katharina Schmidt-Hirschfelder
Thomas Stankiewicz

BRUCKMANN

Seite 2: Jerusalem: Schrein des Buches im Israel Museum
Seite 3/4: Eilat am Roten Meer
Oben: Blick vom Mitzpe Ramon Visitor Center auf den Ramon-Krater
Mitte: Balanceakt: Israels Jugend
Unten: Zeugnisse antiker Kulturen in der Wüste Negev

INHALTSVERZEICHNIS

Oben: Weltzentrum einer verfolgten Religion: Bahai-Gärten in Haifa
Mitte: Nomaden der Wüste: In Beer Sheva gibt ein Museum Einblick in die Kultur der Beduinen.
Unten: Ziegenjoghurt und Gourmet-Pizza in der Wüste: Restaurant Kornmehl-Farm an der Route 40

DIE TOP TEN

BAHAI-GÄRTEN (S. 144)

Die hängenden Gärten der Bahai in Haifa sind UNESCO-Weltkulturerbe. Der elfenbeinfarbene Schrein des Bab mit der goldschimmernden Kuppel inmitten terrassenartiger Gärten und Springbrunnen ist eine der heiligsten Stätten der Bahai-Religion. Einmalig die vollkommene Ruhe und die grandiose Aussicht.

WEISSE STADT (S. 94)

Rund um den Rothschild Boulevard stehen die schönsten Gebäude von Tel Aviv: etwa 4000 Häuser im Bauhausstil. Dem weltweit größten Bauhausbestand verdankt das Viertel seinen Namen. Denn die liebevoll restaurierten Häuser erstrahlen in leuchtendem Weiß. 2003 erklärte die UNESCO sie zum Weltkulturerbe. Seitdem feiert Tel Aviv jedes Jahr im Juni das Open-Air-Festival der Weißen Nacht mit Kunst, Tanz und Musik.

ALTSTADT JERUSALEM (S. 30)

Ein Muss für jeden Israel-Besucher: Die Jerusalemer Altstadt mit Armenischem, Christlichem, Jüdischem und Muslimischem Viertel. Auf nur einem Quadratkilometer Fläche befindet sich das, was allen drei Weltreligionen als heilig gilt – Tempelberg mit Felsendom, Klagemauer und Grabeskirche. Geballte Spiritualität, Geschichte und Emotionen an einem Ort.

ISRAEL MUSEUM (S. 66)

Dieses Museum beherbergt die bedeutendsten Sammlungen zur Kultur und Geschichte des Heiligen Landes. Es zählt zu den weltweit führenden Kunst- und Archäologie-Museen. Hauptattraktion ist der Schrein des Buches mit seiner weißen Kuppel und der ältesten Bibel der Welt. Wunderschön: der Skulpturengarten mit Werken von Henry Moore, Pablo Picasso, Auguste Rodin.

YAD VASHEM (S. 74)

Größte Holocaust-Gedenkstätte weltweit, Dokumentationszentrum und Israels nationaler Erinnerungsort an die Opfer der Schoa. Das Museum windet sich wie ein Prisma durch den »Berg der Erinnerung«. Besonders berührend: das »Children's Memorial«, die Halle der Erinnerung, und der Garten der Gerechten. Ein absolutes Muss für Israel-Besucher!

Gaspipeline im Südosten Haifas in einer Felshöhle 3500 Jahre alte Gefäße aus der kanaanitischen Periode (Bronzezeit).

Politisch ist Israel bis heute die einzige Demokratie im Nahen Osten. Es ist ein moderner, parlamentarischer, hoch entwickelter Industriestaat nach westlichem Vorbild, seine Volkswirtschaft liegt weltweit an 36. Stelle. Israel verfügt über den höchsten Lebensstandard im Nahen Osten.

Wussten Sie beispielsweise, dass Israel, gemessen an seiner Einwohnergröße, pro Kopf weltweit die höchste Anzahl an Museen, Start-ups, Hochschulabschlüssen und Patentanmeldungen hat, dass bislang neun Nobelpreise an Israel gingen und sowohl der USB-Stick als auch die Cherry-Tomaten israelische Erfindungen sind?

Seit seiner Gründung 1948 ist das kleine Land, das gerade einmal so groß ist wie das Bundesland Hessen und in dem etwa acht Millionen Menschen leben, existenziell bedroht. Der Nahostkonflikt – der Konflikt zwischen Israel und seinen arabischen Nachbarn sowie zwischen Israelis und Palästinensern – ist immer präsent, auch wenn er in den Clubs und Cafés von Tel Aviv meilenweit entfernt zu sein scheint. Dennoch bestimmt er unweigerlich den Alltag – dabei wird er kaum irgendwo so hitzig diskutiert wie in Israel selbst.

Oben: Israels südlichster Zipfel: Eilat am Golf von Aqaba
Mitte: Einer der schönsten Strände Israels: Dolphin Reef am Südstrand von Eilat
Unten: Joggen, Fahrradfahren, Wassersport, Ball- und Brettspiele: Aktivurlaub in Tel Aviv

Oben: Liebliches Galiläa: sanfte Hügel, blühende Wiesen, jahrtausendealte Olivenbäume
Mitte: Souvenirs aus dem Heiligen Land
Unten: Viele Festivals rund ums Jahr zelebrieren Kunst, Natur und Genuss.

Doch es gibt auch ein anderes Israel als das in den Nachrichten: ein Land voller Wärme, Lebendigkeit und Vielfalt – gerade wegen seiner aufregenden Gegensätze. Wo sonst kann man am gleichen Tag im Roten Meer mit Delfinen schwimmen, in der Negev-Wüste bei Beduinen Tee trinken, in Jerusalem das spirituelle Flair dreier Weltreligionen erleben, in Tel Aviv ins Museum gehen, durch die Bahai-Gärten in Haifa spazieren und auf dem Hermonberg Ski fahren?

Willkommen in Israel

Man kann in Israel innerhalb kürzester Zeit neue Freundschaften knüpfen. Egal, ob Taxifahrer, Zimmervermieter oder Kellner – Israelis sind offen, neugierig und direkt. Schnell kommt man ins Gespräch und erfährt dabei so manche ungewöhnliche Lebensgeschichte. Davon gibt es hier zahlreiche. So sind es neben Geschichte und Kultur, religiöser Vielfalt und Natur vor allem die Herzlichkeit und Gastfreundschaft seiner Bewohner, die eine Reise durchs Land zu einem besonderen Erlebnis werden lassen. Man kann aber auch erst einmal die vielen Eindrücke auf sich wirken lassen. Denn Israel überrascht: mit jeder Menge Abwechslung zwischen Mittelmeer und Jordantal, See Genezareth und Rotem Meer, mit Lebensart, Hightech und Moderne, vor allem aber durch Intensität und Lebensfreude. Ja zum Leben zu sagen, ist im Judentum fest verwurzelt. Diese Einstellung spürt man in Israel überall.

Anlässe, das Leben mit all seinen Facetten im Hier und Jetzt zu feiern, ja, zu zelebrieren, gibt es immer – zu jeder Jahreszeit und in jeder Region, ob in den toskanaähnlichen Hügeln von Galiläa, im überschäumenden, weltoffenen Tel Aviv, in den Weiten der Wüste Negev, an den Ufern des Toten Meeres oder in Jerusalem, der heiligen Stadt für Juden, Christen und Muslime. Einige der Highlights

den demokratischen Prozessen des Landes. Doch die politische Situation in Israel ist komplex, das Verhältnis zwischen Juden und Arabern seit Jahrzehnten angespannt. Immer wieder kommt es zu Konflikten, selbst in multiethnischen Vorzeigestädten wie Haifa und Akko. Grund dafür ist der Nahostkonflikt.

Seine Wurzeln reichen zurück in die Zeit nach dem Ersten Weltkrieg und die Mandatszeit, als Großbritannien sowohl Juden als auch Arabern Unabhängigkeit zusicherte. Infolge des Unabhängigkeitskriegs 1948/49 wurde das Westjordanland von Jordanien besetzt, die arabische Bevölkerung floh aus Israel; die etwa 600 000 bis 800 000 Palästinenser wurden von den arabischen Aufnahmeländern nicht eingegliedert, sondern in Lagern aufgefangen.

Dem Waffenstillstand von 1949 folgte kein Frieden. Terrorakte, die Sperrung des Suezkanals und des Golfs von Aqaba führten 1956 zum Sinai-Krieg; 1967 besetzte Israel die ganze Sinaihalbinsel, den Gaza-Streifen, das Westjordanland mit Ostjerusalem sowie die syrischen Golanhöhen. Nach den Friedensverträgen mit Ägypten zog sich Israel aus der Sinaihalbinsel zurück.

1987 kam es zur ersten Intifada, dem offenen palästinensischen Aufstand gegen die israelische Besatzung. Friedensbemühungen seit den 1990er-Jahren führten zu vollständigen Truppenabzügen aus Gaza und Jericho und führten zu palästinensischer Selbstverwaltung, später Autonomie. Immer wieder kommt es zu Auseinandersetzungen zwischen beiden Seiten. Touristische Orte bleiben davon nach wie vor unbeeinträchtigt. Sowohl Reisen durch Israel als auch in das Westjordanland gelten als sicher. Nur Reisen an die Grenze zur Sinaihalbinsel und nach Gaza sollte man laut Auswärtigem Amt meiden.

Oben: Arava-Ebene: 60 Prozent des israelischen Exports von Cherrytomaten, Paprika und Datteln stammen aus der Wüste.
Mitte: Israels Vielfalt spiegelt sich auch in seiner Küche wider.
Unten: Jeder jüdische Feiertag hat seine speziellen Gerichte.

Altstadt-Rundgang zu den heiligen Stätte[illegible]

A Jaffator – Beliebter Ausgangspunkt für Rundgänge.

B St.-James-Kathedrale – Dreischiffiger Kuppelbau mit Fresken und Kronleuchtern reich verziert aus dem 12. Jh. im Armenischen Viertel. So–Fr 6.30–7.30 und 15–15.40 Uhr, Sa 6.30–9.30 und 15–15.40 Uhr. Armenisches Viertel, Armenian Patriarchate Road, Tel. 02/628 23 31.

C Klagemauer – Der Zweite Tempel war von 516 v. Chr. bis zu seiner Zerstörung durch die Römer im Jahr 70 religiöser Mittelpunkt jüdischen Lebens. Einziges Überbleibsel ist die Klagemauer.

D Tempelberg – Hochplateau im Muslimischen Viertel mit Felsendom und Al-Aqsa-Moschee. Reglementierter Zugang. Mo–Do 8.30–11.30 und 13.30–14.40 Uhr (Sommer), 7.30–10.30 und 12.30–13.30 Uhr (Winter), Tel. 02/622 62 50.

E St.-Anna-Kirche und Be[illegible] Schlichte Kirche neben dem [illegible] Via Dolorosa am Löwentor, M[illegible] Viertel, Tel. 02/628 32 85.

F Via Dolorosa – Weg der Kreuzigung mit insgesamt 14 Stationen.

G Grabeskirche – Ort, an dem Jesus gekreuzigt wurde und wiederauferstand. April–Sept. 5–21 Uhr, Okt. 5–20 Uhr, Nov.–März 5–9 Uhr, Eintritt frei.

H Erlöserkirche – Deutsch-evangelische Kirche von 1893 südlich der Grabeskirche. 24 Muristan Road, Tel. 02/628 77 04.

I Ecce-Homo-Basilika – Pilgerhaus mit Kirche an der zweiten Station der Via Dolorosa. Mo–Sa 8.30–12.30 Uhr, 14–17 Uhr, So geschl. 41 Via Dolorosa, Tel. 02/627 72 92.

ENTIPP!

ENISCHE GESCHICHTE ND KULTUR

In den kühlen Gemäuern des armenischen Klosters gelegen, zeigt das Armenian Museum Sammlungen zu armenischer Kultur, Kunst und Geschichte. Eine ganze Abteilung widmet sich allein der 1600-jährigen Geschichte der Armenier in Jerusalem und im Heiligen Land, eine andere dem Völkermord von 1915. Einige der Überlebenden fanden damals auch in Jerusalem Unterschlupf. Die ältesten Funde im Museum sind Freskenfragmente aus dem ersten Jahrhundert. Weitere Ausstellungsstücke sind Überreste armenischer Kirchen aus der byzantinischen Zeit vom Damaskustor. Herzstück der Sammlung sind Beispiele armenischer Töpferkunst, alte armenische Handschriften und Bücher.

Armenian Museum. Armenisches Viertel, Mo–Sa 9.30–16.30 Uhr, Eintritt: 5 NIS, Armenian Patriarchate Road, Tel. 02/628 23 31.

Souvenirs, Stoffe, Schmuck und Süßigkeiten: Im arabischen Markt geht es bunt und quirlig zu. Handeln erwünscht!

Weitere Zeugnisse aus dieser Zeit fanden Archäologen unter den jahrtausendealten Altstadtschichten im Jüdischen Viertel, darunter das »Verbrannte Haus«. Weitere Fundstücke sind im Wohl Archäologie Museum ausgestellt. Dahinter erstreckt sich der Cardo, eine ehemalige römische Passage mit historischen Säulen und Wandgemälden, und eine der Hauptattraktionen: die 2010 wiedereröffnete Hurva-Synagoge, die einstige Hauptsynagoge Jerusalems.

Sie wurde 1948 im Arabisch-Israelischen Krieg zerstört. 1977 fand man bei Ausgrabungen einen Bogen, der bis 2006 auf ihrem Fundament an den früheren Prachtbau erinnerte. Seit der Eroberung des Jüdischen Viertels im Sechstagekrieg gab es Pläne für einen Neubau der Ruine. 2006 wurde mit ihrem Neubau begonnen, 2010 vollendet.

Muslimisches Viertel mit Tempelberg

Mit 31 Hektar ist das Muslimische Viertel das größte der vier Altstadtviertel. Im Nordwesten kann man es sowohl durch das Löwentor als auch das Herodes- und Damaskustor betreten. An seinem südlichen Ende mündet es in den Tempelberg mit der Al-Aqsa-Moschee und dem Felsendom. Viele der Gebäude im Muslimischen Viertel stammen aus der Mameluckenzeit. Unbedingt sehenswert sind etwa die Ruinen des Bethesda-Pools, einer Quelle, der heilende Kräfte innewohnen sollen. Herz des Viertels ist der Basar mit seinen farbenfrohen Läden voller Souvenirs, Stoffe, Gewürze, Teppiche und Süßigkeiten. Viele der christlichen Sehenswürdigkeiten liegen in dem Geflecht aus jahrtausendealten Gassen und Straßen, darunter die ersten sieben Stationen des Kreuzweges und zahlreiche Kirchen wie etwa die St.-Anna-Kirche, eine von den Kreuzrittern erbaute Kirche aus dem zwölften Jahrhundert.

Jerusalemer Altstadt

Das frühe siebte Jahrhundert ist eng mit bedeutsamen Ereignissen im Leben des Propheten Mohammed verknüpft. Vom Tempelberg aus trat er laut Koran seine Himmelsreise an und empfing die Offenbarung des Gebots der fünf täglichen Gebete. 620 erklärte Mohammed die Al-Aqsa-Moschee zu einer der drei heiligen Moscheen des Islam. Jerusalem ist somit nach Mekka und Medina die drittheiligste Stätte des Islam.

Dabei markiert der Felsendom mit seiner goldenen Kuppel laut Überlieferung gleich drei Meilensteine der Geschichte: Erschaffung des Menschen, Nicht-Opferung Isaaks durch Abraham und Himmelfahrt des Propheten Mohammed. Er gilt zudem als ältester Sakralbau des Islam. Nichtmuslimen ist das Betreten des Tempelbergs gestattet, jedoch nicht der beiden Moscheen.

Christliches Viertel mit Grabeskirche

Nur wenige Schritte von diesem historischen Schauplatz entfernt liegen weitere heilige Stätten: die Grabeskirche und die Via Dolorosa mit ihren insgesamt 14 Stationen. Hier sollen die Kreuzigung und die Auferstehung von Jesus stattgefunden haben. Die Verwaltung teilen sich insgesamt sechs christliche Konfessionen. Nebenan verkaufen Souvenirläden Holzkreuze, Öllampen und römische Amphoren. Überall duftet es nach Weihrauch.

Spiritualität und Kommerz liegen in Jerusalem dicht beieinander. Will man sich dem Trubel entziehen, findet man gegenüber der neunten Station der Via Dolorosa ein echtes Juwel: Eine kleine knarrende Tür führt mitten aufs Dach der Grabeskirche zu den runden Steinhütten des äthiopischen Klosters Deir es-Sultan – Afrika im Herzen Jerusalems.

Oben: Seit dem 12. Jh. verwalten zwei muslimische Familien die Schlüssel zur Grabeskirche.
Mitte: Die 14 Stationen der Via Dolorosa liegen im Christlichen und Muslimischen Viertel.
Unten: In der Grabeskirche sind die Gebetszeiten streng geregelt.

Infos und Adressen

SEHENSWÜRDIGKEITEN

Burnt House Museum. Fundstücke und Film, die das Leben einer Familie zur Zeit der Tempelzerstörung rekonstruieren. Mo–Do 9–17 Uhr, Fr 9–13 Uhr, So 10–17 Uhr, Eintritt: 14 NIS. 2 Hakarim St/ Tiferet Yisrael St., Jüdisches Viertel, Tel. 02/628 72 11.

Cardo. Alte römische Straße im Jüdischen Viertel, heute wie damals eine Einkaufspassage mit kleinen Läden zwischen römischen Säulen und Bögen. Cardo St., Jüdisches Viertel.

Exotisch: Das Wiener Kaffeehaus im Austrian Hospice serviert Apfelstrudel und Melange.

Davidturm. Interaktives Museum zur wechselvollen Geschichte Jerusalems, im Sommer Lichtershows. So–Do 9–16 Uhr (Juli/Aug. bis 17 Uhr), Fr, Sa 9–14 Uhr (Juli/Aug. Sa 9–17 Uhr), Eintritt: 30 NIS/erm. 15 NIS. Jaffator, Tel. 02/626 53 33, www.tod.org.il/en

Deir es-Sultan. Äthiopisches Kloster von 1187 auf dem Dach der Grabeskirche. Zugang über Treppen an der Suq es-Zait-St. Zur 9. Station der Via Dolorosa. Eingang gegenüber.

Gulbenkian-Biboliothek. Die Bibliothek wurde 1929 vom armenischen Kunstmäzen Calouste Gulbenkian zum Andenken an seine Eltern Sarkis und Dirouhi gesponsert. Mehr als 100 000 armenische Bücher. Mo–Fr 15.30–18 Uhr, St.-James-Kathedrale, Armenisches Viertel, Armenian Patriarchate Road.

Hurva-Synagoge. Frühere Hauptsynagoge Jerusalems, die nach vierjähriger Bauzeit 2010 wieder eröffnet wurde. Besuch nur nach telefonischer Anmeldung. HaYehudim St., Jüdisches Viertel, Tel. 02/626 59 22 und 02/626 59 00.

Western Wall Heritage Foundation Centre. Besucherinformation zur Klagemauer am zentralen Platz. Eintritt: 20/erm. 10 NIS, Tel. 02/627 13 33.

Archäologie Museum Wohl/ Herodianisches Viertel. Faszinierendes Museum mit Mosaikböden, Glas, Keramik und Wandfresken aus der Zeit des Zweiten Tempels. So–Do 9–17 Uhr, Fr 9–13 Uhr. Eintritt:15/erm. 7 NIS. 1 HaKaraim St., Tel. 02/628 34 48.

ESSEN UND TRINKEN

Armenian Tavern. Armenische Gerichte in uraltem Gemäuer. 79 Armenian Patriarchate Rd., Tel. 02/627 38 54.

Wiener Kaffeehaus. Ruhige mitteleuropäische Oase mit Sachertorte und Wiener Melange im orientalischen Altstadttrubel. Sogar Wiener Schnitzel wird serviert. Tgl. 10–22 Uhr, Österreichisches Hospiz, 37 Via Dolorosa, Tel. 02/626 58 00.

ÜBERNACHTEN

Austrian Hospice. Traditionelle Pilgerherberge, gediegene Einzelzimmer. 37 Via Dolorosa, Tel. 02/626 58 00, www.austrianhospice.com

David Citadel. Elegantes Hotel im Herzen der Stadt, nur wenige Meter vom Jaffator entfernt. 7 King David St., Tel. 02/621 11 11, www.thedavidcitadel.com

Dan Panorama. Elegantes Hotel aus Jerusalem-Stein am Übergang zwischen Altstadt und Westjerusalem. 39 Keren Hayesod St., Tel. 03/740 89 66, www.danhotels.com

Waldorf Astoria. Nobles Prunkstück mit 80 Jahre alter Fassade aus griechisch-römischer, gotischer und osmanischer Architektur, zwischen King David, Agron und Mamilla. 26–28 Agron St., Tel. 02/542 33 33, www.hiltonhotels.de/israel/waldorf-astoria-jerusalem

St-Thomas Home. Einfache, saubere Pension der syrisch-katholischen Kirche nahe Damaskustor. Nablus Road Caldean St. 6, Tel. 02/628 26 57.

EINKAUFEN

Chaya. Eine von 4 Filialen in Jerusalem. Souvenirs, Judaika, Silberschmuck. 13 Cardo St., Jüdisches Viertel, Tel. 02/628 07 51, www.chaya.co.il

Jerusalem Pottery. Typische armenische Keramik. 15 Via Dolorosa, Tel. 02/626 15 87, www.jerusalempottery.biz

VERANSTALTUNGEN

Festival of Lights. Alljährlich im Juni erstrahlt die Altstadt von Jerusalem in zauberhaften Lichtinstallationen, die ihr Flair auch bei Nacht zur Geltung bringen. www.lights-in-jerusalem.com

Israel Festival. Seit 1980 feste Größe in Jerusalems Kulturlandschaft. Interdisziplinäres Festival mit Tanz, Musik, Kunst, Theater, Workshops und Konferenzen. Jedes Jahr im Frühling. http://israel-festival.org/en

Havout und Mouses servieren in ihrer Taverne traditionelle armenische Speisen.

Hagop Karakashians handbemalte armenische Keramik ist ein beliebtes Souvenir.

AKTIVITÄTEN

Klagemauer-Tunnel. Eine der spannendsten Sehenswürdigkeiten Jerusalems unterhalb der Klagemauer mit unterirdischen herodianischen Säulen. So–Do 7–nachts, Fr 7–12 Uhr, Sa geschl., Eintritt: 25 NIS/erm. 15 NIS, Anmeldung: Tel. 02/627 13 33.

Ramparts Walk. Ungewöhnliche Einblicke bietet ein Spaziergang auf den Altstadtmauern – Jerusalem von innen, außen und oben zugleich. Etwas anstrengend wegen der vielen Treppen, aber sehr lohnend! Tickets kosten 15 NIS, Eingang am Jaffator, Tel. 02/627 75 50.

INFORMATION

Jerusalemtag. Israelischer Feiertag, der die Wiedervereinigung Jerusalems von 1967 mit Paraden und Aktivitäten überall in der Stadt begeht. Findet traditionell am 28. Ijar statt, der wegen des jüdischen Kalenders auf April oder Mai fällt.

Touristeninformation am Jaffator. Sa–Do 8.30 bis 17 Uhr, Fr 8.30–13 Uhr. Omar Ibn Al-Khattab Square, Tel. 02/628 04 03 oder 02/627 14 22.

Hinter dem Damaskustor beginnt das Muslimische Viertel.

Oben: Blick von der Altstadt zum Ölberg mit Kirche Maria Magdalena und Mormonen-Universität
Unten: Die Olivenbäume auf dem Ölberg sind bis zu 1000 Jahre alt.

2 Ölberg und Davidstadt

Wo Jerusalem begann

Erstmals wird Jerusalem im Ersten Buch Mose erwähnt. Dort begegnet Abraham Melchisedek, dem König von Salem. Bewohnt war die Hügelkette jedoch bereits seit dem fünften Jahrtausend v. Chr., der Kupfersteinzeit. Zur Hauptstadt Israels machte die Stadt schließlich König David. Die Davidstadt ist heute ein archäologischer Park mit Höhlen, Tunneln und Blick zum benachbarten Ölberg.

Vor etwa 3000 Jahren eroberte König David eine kleine Jebusitersiedlung südlich des Tempelbergs außerhalb der heutigen Altstadtmauern. Mit der Überführung der Bundeslade, in der die Zehn Gebotstafeln aufbewahrt wurden, baute er die Siedlung zur Hauptstadt seines Königreichs aus. Der Ort 200 Meter südlich der Altstadt ist so etwas wie der Geburtsort Jerusalems – hier regierten die Könige David und Salomo, von hier aus nahmen die künftigen Pläne zum Tempelbau Gestalt an. Im Süden liegt der Teich von Siloah, im Osten das Kidrontal, in Sichtweite der Ölberg.

Archäologischer Nationalpark

Heute ist die Davidstadt ein Nationalpark. Am Eingangstor begrüßt die Besucher eine mannshohe Bronzeharfe – jenes Instrument, das König David am liebsten gespielt haben soll. Aus im Gras verborgenen Lautsprechern ertönen dazu leise Harfentöne.

Der Hügel ist Schauplatz zahlreicher Bibelgeschichten, nicht nur der über König David. Ausgrabungen förderten Mauern, Türme und Wassersysteme zutage, ebenso wie Ruinen von Wohnhäusern, Festungen und unterirdischen Tunneln aus biblischer Zeit. Ob die Funde allerdings König Davids Palast zugeschrieben werden können, ist unter Archäologen umstritten. Der archäologische Park der Davidstadt bietet spannende Möglichkeiten, die Geschichte Jerusalems buchstäblich im Tiefgang zu erleben – insbesondere dank seiner freigelegten Tunnelsysteme.

Hauptattraktion: Hiskija-Tunnel

Besonderes Highlight sind die archäologischen Workshops und ein etwa 2700 Jahre alter Wassertunnel, der die Davidstadt mit der Klagemauer verbindet. König Hiskija ließ ihn im achten Jahrhundert erbauen, um Jerusalem vor vorrückenden assyrischen Truppen zu schützen und die Wasserversorgung der Stadt aus der Gihon-Quelle sicherzustellen. Der schmale Tunnel gilt als Meisterleistung der antiken Baukunst. 450 von 533 Metern Tunnel kann man mit Taschenlampen durchlaufen – allerdings sollte man sich vorher darüber im Klaren sein, dass es sehr eng und nass werden kann – man watet mitunter durch kniehohes kaltes Quellwasser.

Siloah-Inschrift und Kidrontal

1880 wurde unweit des südlichen Tunneleingangs die sogenannte Siloah-Inschrift gefunden – ein überaus wertvoller archäologischer Fund, der den Tunnelbau bezeugt und heute im Istanbuler Antikenmuseum zu sehen ist. Die Inschrift, die auf Hebräisch verfasst ist, berichtet von den Arbeiten kurz vor dem Tunneldurchbruch.

Sowohl nach jüdischer als auch muslimischer Tradition ist das Kidrontal, das sich östlich der David-

AUTORENTIPP!

ZU BESUCH BEI ISRAELS LITERATURNOBELPREISTRÄGER

Tausende Bücher, die sich in hohen Regalen bis unter die Decke stapeln, und in der Mitte ein massiver Schreibtisch, an dem er Weltliteratur schrieb – in diesem Haus lebte der Schriftsteller Samuel Joseph Agnon bis zu seinem Tod 1970. Vier Jahre zuvor teilte er sich mit der Schriftstellerin Nelly Sachs den Literaturnobelpreis für seine »tiefgründige charakteristische Erzählkunst mit Motiven aus dem jüdischen Volk«. Agnon, der 1888 im damaligen Galizien als Sohn eines chassidischen Rabbiners zur Welt kam, wanderte bereits in jungen Jahren nach Palästina aus. Er gilt als einer der bedeutendsten hebräischen Schriftsteller des 20. Jahrhunderts. Sein Bild ist auf dem 50-Schekel-Schein abgebildet.

Agnon House. Okt.–März So–Do 9–15 Uhr, April–Sept. 9–16 Uhr, Fr 9–13 Uhr, 16 Klausner St., Tel. 02/671 64 98, http://eng.shimur.org/Agnon

Oben: Jüdischer Friedhof: Wer hier begraben liegt, wird zuerst vom kommenden Messias erweckt.
Unten: Die Wände der Paternosterkirche schmücken Gebete in 140 Sprachen.

stadt ausdehnt, der Ort des Jüngsten Gerichts. Die Trennungslinie zwischen Gut und Böse soll genau mittendrin verlaufen. Nach muslimischer Vorstellung wird am Ende aller Zeiten ein Seil vom Tempelberg zum Ölberg gespannt: Darüber sollen die Gerechten gehen.

Ölberg mit Friedhof

Hinter dem Kidrontal erhebt sich der etwa 800 Meter hohe Ölberg. Seinen Namen erhielt er aufgrund der vielen Olivenbäume, die bereits zu biblischen Zeiten zahlreich an seinen Hängen wuchsen. Laut jüdischer Überlieferung führt der Weg des Messias am Ölberg entlang, wo er die Toten erwecken wird. Umso begehrter sind die Plätze auf dem größten jüdischen Friedhof der Welt an seinen Hängen mit rund 70 000 Gräbern. Der Ort war bereits seit der Zeit des Ersten Tempels ein Begräbnisplatz. Zu einem offiziellen Friedhof wurde er im 16. Jahrhundert ausgebaut.

Unter den Toten, die hier begraben liegen, sind auch berühmte Persönlichkeiten wie Eliezer Ben-

Rundgang: Vom Ölberg in die Altstadt

Der Weg vom Ölberg über den Garten Gethsemane in die Jerusalemer Altstadt ist malerisch – auch wenn er an manchen Stellen steil bergauf führt.

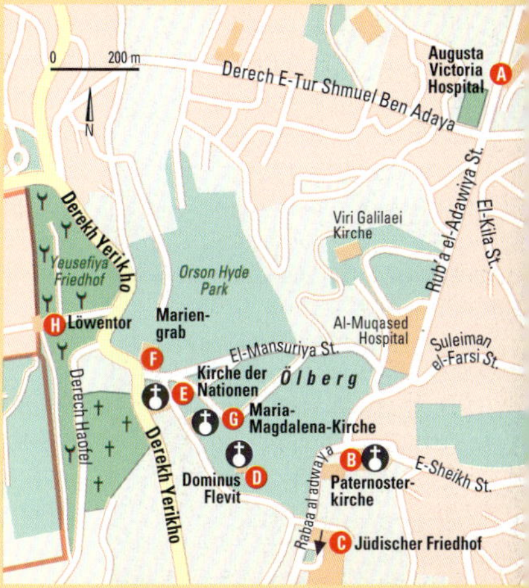

A Augusta Victoria Hospital – Himmelfahrtkirche auf dem Ölberg im wilhelminisch-byzantinischen Stil von 1910. Heute ein Krankenhaus, Kirche und Café für Besucher geöffnet, Di–Sa 10–16 Uhr.

B Paternosterkirche – Die ursprüngliche byzantinische Kirche wurde im 4. Jh. über der Höhle erbaut, in der Jesus seine Jünger das Vaterunser-Gebet gelehrt haben soll. Sie wurde im 7. Jh. von den Persern zerstört. Das heutige Kloster mit seinem breiten Kreuzgang stammt aus dem 19. Jh. Ölberg, Mo–Sa 8.30–11.45 Uhr, 15–17 Uhr. Tel. 02/626 49 04.

C Jüdischer Friedhof – Größter und ältester jüdischer Friedhof der Welt. Informationen und Zugang über das Mount of Olives Information Center.

D Dominus Flevit (»Der Herr weinte«) – Die von dem italienischen Architekten Antonio Barluzzi 1955 auf dem Fundament einer byzantinischen Kirche aus dem 6. Jh. errichtete Kapelle hat die Form einer Träne. Hier soll Jesus laut Bibel im Wissen um die bevorstehende Zerstörung Jerusalems geweint haben. Garten Gethsemane, Ölberg.

E Kirche der Nationen – Die Kirche wurde aus Spendengeldern vieler Nationen errichtet, daher der Name. Der Beiname »Todesangstbasilika« bezieht sich auf den Todesfelsen im Altarraum – hier soll Jesus gebetet haben. Die Kirche wurde auf Ruinen einer Kirche aus dem 4. Jh. und einer Kreuzfahrerkirche aus dem 14. Jh. errichtet. Garten Gethsemane, Ölberg.

F Mariengrab – Nahe der Kirche der Nationen liegt das Grab Marias. Die Krypta einer Kirche aus dem 4. Jh. ist bis heute erhalten geblieben. Garten Gethsemane, Ölberg.

G Maria-Magdalena-Kirche – Die 7 vergoldeten Zwiebeltürme im höher gelegenen Teil des Gartens fallen sofort ins Auge. Zar Alexander III. ließ die Basilika 1895 errichten, in einer Zeit, als europäische Herrscherhäuser in ganz Jerusalem im Baustil ihrer jeweiligen Länder huldigten. Garten Gethsemane, Ölberg.

H Löwentor – Eines der 8 Altstadttore und Zugang vom Ölberg aus.

Nicht weit zu Fuß: Vom Ölberg zur Altstadt

AUTORENTIPP!

EINMAL ARCHÄOLOGE SEIN
Die Ausgrabungen im Zurim-Tal gehören zum Aufregendsten, was Jerusalem für Hobby-Archäologen zu bieten hat. Hier findet garantiert jeder etwas. Römische Münzen, antike Tonscherben, Mosaiksteinchen, Marmorsplitter – erst weisen Archäologen die Besucher per Kurzworkshop in die Aufgabe ein, dann wird gegraben, gesiebt und gewaschen. Dabei erkundet man per Hand die verschiedenen Zeitschichten, die Jerusalem geprägt haben. Am Ende bekommt jeder für seine gefundenen Schätze eine Urkunde. Denn die Funde bleiben selbstverständlich vor Ort.

Zurim-Tal. Anfahrt per Buslinien 19, 28, 26, 23, 4, 30, 48 bis zur Hebräischen Universität, Parkmöglichkeiten auf dem Parkplatz Nähe Universität der Mormonen und Parkplatz der Hebräischen Universität. Sommer So–Do 9–17 Uhr, Winter 8–16 Uhr, Fr 8–13 Uhr. Anmeldung unter Tel. 02/626 87 00, www.cityofdavid.org.il/de/tours

Jehuda (1858–1922), der »Vater des modernen Hebräisch«, die deutsch-jüdische Dichterin Else Lasker-Schüler (1869–1945), der israelische Literaturnobelpreisträger Samuel Josef Agnon (1888 bis 1970) sowie Israels ehemaliger Premierminister Menachem Begin (1913–1992). Die weißen Grabplatten liegen flach auf den letzten Ruhestätten, um den Blick auf Jerusalem freizuhalten.

Der Blick von der Aussichtsplattform oberhalb des Jüdischen Friedhofs ist spektakulär. Besonders bei Sonnenaufgang oder -untergang kann man vom Ölberg aus einen der schönsten Ausblicke über die gesamte Jerusalemer Altstadt genießen. An klaren Tagen kann man sogar das Tote Meer sehen.

Garten Gethsemane

Am Fuße des Ölbergs erstreckt sich der Garten Gethsemane. Die knorrigen Olivenbäume wirken, wie fast alles in Jerusalem, biblisch uralt. Tatsächlich sind einige der Bäume etwa 1000 Jahre alt. Der aramäische Name Gethsemane bedeutet so viel wie Ölpresse – ein möglicher Hinweis auf die einstige Nutzung des Ortes als Olivenplantage. Bei Ausgrabungen fanden Franziskaner hier 1956 eine antike Olivenpresse, die aus biblischer Zeit stammt. Der Garten, in dem neben Olivenbäumen auch Blumen wachsen, wird heute von Franziskanern gepflegt.

Zahlreiche Kirchen sind im Garten Gethsemane verstreut. Sie erinnern an Begebenheiten, die sich laut christlicher Überlieferung in dem Olivengarten ereignet haben sollen. So soll Jesus hier seine letzten Stunden in Freiheit verbracht und vor dem letzten Abendmahl gebetet haben, bevor er, ebenfalls im Garten, verraten und später verhaftet wurde.

Infos und Adressen

SEHENSWÜRDIGKEITEN

Archäologischer Park Davidstadt. Historische Keimzelle Jerusalems südlich des Tempelbergs mit 5000 Jahre alten begehbaren Besiedlungsspuren und Hiskija-Tunnel. Dorf Siloah (arab. »Silwan«), Ostjerusalem, April–Sept. So–Do 8–19 Uhr, Fr 8–16 Uhr, Okt.–März So–Do 8–17 Uhr, Fr bis 14 Uhr, Eintritt 28–45 NIS, Anreise per Bus 1, 99. Anmeldung für Führungen: Tel. 02/626 87 00, www.cityofdavid.org.il

Garten Gethsemane. Ort des letzten Gebets von Jesus in Freiheit. April-Sept. 8–18 Uhr, Okt.–März 8–17 Uhr, www.gethsemane-en.custodia.org

ESSEN UND TRINKEN

Neemans. Traditionsbäckerei und Konditorei mit unwiderstehlichen Kuchen, Gebäcksorten und Torten. 7 Paran, Tel. 02/581 22 11.

Sam's Bagels. Bagels wie in New York, von Mohn und Sesam bis Zwiebel und orientalischem Za'atar. 15 Paran, Tel. 02/581 33 88, http://sambagels.co.il

Gemütlich und altstadtnah: Hotel Eden

Auf den Spuren von König David, der Jerusalems Grundstein legte: Archäologischer Park Davidstadt

ÜBERNACHTEN

Ambassador. Gehobene Mittelklasse mit Spa, Restaurant Al Diwan, hauseigener Patisserie und sehr gutem Preis-Leistungs-Verhältnis. 5 Derech Schehem, Tel. 02/541 22 22, www.jerusalemambassador.com

Eden. Preisgünstiges kleines Familienhotel. 4 Giladi St., Tel. 02/672 49 99, Reservierung myedenhotel@gmail.com

Mount Zion. Modernes Hotel in orientalischem Stil mit grandiosem Blick über das Höllental, an klaren Tagen bis zum Toten Meer. Schöner Frühstückssaal mit reichhaltigem Buffet. Pool. 17 Hebron Rd., Tel. 02/568 95 55, www.mountzion.co.il

INFORMATION

Mount of Olives Information Center. Informationen zum Ölberg und Zugang zum Jüdischen Friedhof. Derech Jericho, östlich vom Löwentor, Tel. 02/627 50 50, www.mountofolives.co.il/eng

Oben: Besonders sehenswert: der Mosaikboden in der Dormitio-Abtei auf dem Zionsberg
Unten: König David und seine Harfe: Der biblische König eroberte Jerusalem um 1000 v. Chr.

3 Berg Zion und Skopusberg

Gelobtes Land und letztes Abendmahl

Ursprünglich ist Zion der Name der Jebusiter-Turmburg, die König David zum Hauptsitz seines Reiches machte. Der heutige Berg Zion ist nicht mit dem biblischen Ort Zion oder dem Tempelberg identisch. Auf ihm liegen die Dormitio-Abtei, das Davidsgrab und ein Friedhof mit dem Grab Oskar Schindlers. Der Berg ist auch Ort des letzten Abendmahls. Auf der gegenüberliegenden Seite liegen der Skopusberg mit der Hebräischen Universität und das Rockefeller Museum.

Der Zionsberg verbindet die Altstadt durch das Zionstor: Innen beginnt das Armenische Viertel, außerhalb der Altstadtmauern liegen Stätten, die sowohl Juden als auch Christen und Muslimen heilig sind. Auf diesem Berg soll König David beerdigt worden sein, Jesus das letzte Abendmahl ausgerichtet und Maria ihre letzten Jahre verbracht haben.

Davidsgrab, Abendmahlsaal und Dormitio-Abtei

Die Grabstätte des biblischen König David befindet sich am unteren Zionsberg direkt hinter dem Zionstor. Ein 1000 Jahre alter Grabstein markiert die Stelle, an der König David bestattet sein soll. Oft drängen sich Betende rund um die Uhr am Grab, besonders an Schawuot, dem jüdischen Wochenfest, an dem David geboren wurde und gestorben sein soll. Über eine Treppe gelangt man hinauf zum zweiten Stock des Grabgebäudes mit dem Abendmahlsaal. Seit der byzantinischen Zeit wurde der Raum als Ort verehrt, in dem Jesus mit seinen Jüngern das Pessachmahl einnahm. Die Kapelle des Abendmahlsaals wurde von Franziskanern gestaltet, die den Saal 1335 errichteten, die Fenster weisen jedoch islamische Kunstelemente auf. 1523 ließ Süleyman I. in dem Gewölberaum eine muslimische Gebetsnische einrichten und das Gebäude in eine Moschee umwandeln – Judentum, Christentum und Islam unter einem Dach vereint.

Direkt nebenan betritt man die Dormitio-Abtei, einen Rundbau von 1910 zu Ehren der Jungfrau Maria, gestiftet vom deutschen Kaiser Wilhelm I. An diesem Ort soll Maria in ewigen Schlaf versunken und zum Himmel aufgestiegen sein. Besonders sehenswert sind der Mosaikboden und eine Darstellung Marias als mediterrane Schönheit.

Friedhöfe am Zionsberg und Kirche St. Peter in Gallicantu

Auf einem der zahlreichen Friedhöfe am Zionsberg ist auch das Grab von Oskar Schindler (1908 bis 1974). Er rettete während des Zweiten Weltkriegs 1200 Juden das Leben und wird deshalb als »Gerechter unter den Völkern« verehrt. Er wurde auf seinen Wunsch hin in Jerusalem beigesetzt. Die Rundkirche St. Peter in Gallicantu am Osthang des Zionsbergs wurde 1931 eingeweiht, auf den Resten einer byzantinischen Kirche aus dem sechsten Jahrhundert.

Skopusberg mit Hebräischer Universität

Als 1918 der Grundstein für die Hebräische Universität Jerusalem gelegt wurde, zählten Wissenschaftler und Denker wie Chaim Weizmann (1874–1952), Martin Buber (1878–1965) und Albert Einstein (1879–1955) zu den visionären Be-

AUTORENTIPP!

KLASSIK UND JAZZ BEI MORMONEN

Mormonen im Heiligen Land? Die Mormonen-Universität auf dem Skopusberg ist ein Ableger der Brigham Young Mormonen Universität (BYU), der weltweit größten religiösen Universität in den USA. Hier kann man Altes und Neues Testament sowie Hebräisch und Arabisch studieren. Die Mormonen-Universität ist ein eher abgeschiedener Ort. Besuchern steht er jedoch tagsüber für Führungen offen. Dabei sollte man sich den Blick auf Altstadt, Ölberg und Kidrontal nicht entgehen lassen! Außerdem bietet das Auditorium jeden Sonntag kostenlose Klassikkonzerte. Darüber hinaus veranstaltet die Universität einmal im Monat donnerstags Jazzkonzerte, ebenfalls bei freiem Eintritt und hervorragender Akustik.

Brigham Young Mormonen Universität. Besichtigungen Mi–Fr 10 bis 11.30 und 14–15.30 Uhr. Hadassa Lampel St., Tel. 02/626 56 66. Konzerttickets Tel. 02/626 56 21, http://ce.byu.edu/jc

Mit Steinen kann man jederzeit ein Denkmal setzen: Oskar Schindlers Grab auf dem Mount Zion

Oben: In der Dormitio-Abtei verblüfft vor allem die Maria-Statue.
Mitte: Das Rockefeller Museums für Archäologie
Unten: Im Garten des American Colony Hotel trafen sich Israelis und Palästinenser zu ersten Gesprächen vor dem Oslo-Friedensvertrag.

fürwortern des Projekts. Eröffnet wurde sie 1925. Im Unabhängigkeitskrieg 1948 wurde die Universität vom israelischen Teil Jerusalems abgeschnitten und erst nach 1967 wiedereröffnet. Heute verfügt sie über sieben Fakultäten, 14 Fachbereiche und 90 Forschungsinstitute – Einrichtungen von Weltrang. In unmittelbarer Nähe der Hebräischen Universität liegen zwei Sehenswürdigkeiten, die man auf jeden Fall gesehen haben sollte.

Rockefeller Museum und American Colony Hotel

Das Rockefeller Museum, direkt außerhalb der Altstadtmauer nahe am Herodestor, ist eines der renommiertesten und schönsten Museen des Landes. Allein das Gebäude ist einen Besuch wert – gefördert von John David Rockefeller jr., gestaltete es der britische Architekt Austin Harrison 1927 im neogotischen Stil. Der armenische Künstler David Ohannessian fertigte seine Wanddekoration, der Bildhauer Eric Gill seine Reliefs. Die Sammlungen umfassen Funde aus prähistorischer Zeit bis zur osmanischen Zeit, darunter eine 9000 Jahre alte Statue aus Jericho.

Weiter nordwestlich trifft man auf ein traditionsreiches Stück Jerusalem – das American Colony Hotel, das Lieblingshotel vieler westlicher Journalisten und Berühmtheiten in Ostjerusalem. Pascha Effendi al-Husseini ließ es als Palast erbauen. 1881 übernahmen es strenggläubige Christen aus Chicago, die es mit ihrer Familie bewohnten. 1902 wurde die Familienresidenz in ein Hotel umgewandelt, behielt jedoch seine seit Familiengenerationen gepflegte neutrale Haltung bei – so auch bei geheimen Gesprächen und Verhandlungen zwischen Israelis und Palästinensern, darunter den Friedensgesprächen, die 1993 zum Vertrag von Oslo führten.

Infos und Adressen

SEHENSWÜRDIGKEITEN

Abendmahlsaal. Ort, an dem Jesus das letzte Abendmahl einnahm. Sa–Do 8–17 Uhr, Fr 8–13 Uhr, Eintritt frei. Zionsberg, Jerusalem.

Dormitio-Abtei. Kirche mit byzantinischer und Kreuzfahrervergangenheit. Zionsberg, Tel. 02/565 53 30, www.dormitio.net

Rockefeller Museum. Eines der größten und schönsten archäologischen Museen Israels. So, Mo, Mi, Do 10–15 Uhr, Sa 10–14 Uhr. Di, Fr geschl. Eintritt frei. Busse 1, 3, 51 oder Shuttlebus vom Israel Museum Mo und Mi 11 Uhr. 27 Sultan Suleiman St., Skopusberg, Tel. 02/670 80 74.

Skopusberg. Direkt gegenüber der Hebräischen Universität gibt es zwei Aussichtsplattformen. Wegen der größeren Entfernung kann man die Umrisse der Altstadt genau erkennen.

St. Peter in Gallicantu. Moderne Kirche auf byzantinischem Fundament, Zionsberg. Mo–Sa 9–17 Uhr, Tel. 02/673 17 39.

Vom Universitäts-Café Aroma auf den Skopusberg hat man einen herrlichen Blick.

Das Rockefeller Museum ist im neugotischen Stil erbaut. Die Sammlungen zeigen Funde aus prähistorischer Zeit.

ESSEN UND TRINKEN

Aroma. Von der Terrasse aus eine der schönsten Aussichten auf die Altstadt, dazu preiswerter Lunch bei Salat, Sandwiches und Espresso. So–Do 7–23 Uhr, Fr 7–16 Uhr, Sa 7–23 Uhr, Goldschmidt-Flügel, The Hebrew University Mount Scopus, Tel. 02/5324785, http://en.aroma.co.il

Burgers Bar. Hausgemachte Hamburger. Beliebter Studententreff. 21 Hahagana, Tel. 02/582 95 55, www.burgersbar.co.il

ÜBERNACHTEN

American Colony Hotel. Das Frühstücksbuffet ist phänomenal, der Baustil mit palmengesäumtem Innenhof ein Erlebnis, die Geschichte des traditionsreichen Hauses spannend. 1 Louis Vincent, Ecke 23 Nablus Rd., Ostjerusalem. Tel. 02/627 97 77, www.americancolony.com

Jerusalem Hotel. Familiengeführtes arabisches Hotel seit 1960 mit 14 individuell eingerichteten Zimmern und sehr gutem Gartenrestaurant. Tel. 02/628 32 82, www.jrshotel.com

St. Georges. Geschmackvolle Zimmer nahe der Altstadt und Pool auf der Dachterrasse. 6 Amr Ibn Al A'as St., Tel. 02/627 72 32, www.stgeorgehoteljerusalem.com

4 Westjerusalem

Erste Viertel, modernes Zentrum

Die ersten Viertel außerhalb der Altstadtmauern entstanden gegenüber vom Zionsberg. Von hier aus breitete sich ab dem 19. Jahrhundert Westjerusalem aus – modern und weitläufig, europäisch und orientalisch zugleich. Sinnbild für den verbindenden Übergang zwischen Alt und Neu, aber auch den verschiedenen Einwohnern, ist heute das Mamillaviertel – ein gelungenes Stadtplanungsprojekt zwischen Jaffator und Jaffa Street.

Die Calatrava-Brücke ist eine Fußgängerbrücke. Darunter fährt die Jerusalemer Straßenbahn.

Weiter westlich, am anderen Ende der Jaffa Street, thront die weiße Brücke des spanischen Architekten Santiago Calatrava wie ein weiteres Tor nach Westjerusalem. Seit ihrer Eröffnung 2008 ist sie mit ihrer Harfen-Form, dem Symbol Davids, längst zum Wahrzeichen der Stadt geworden. Einen ersten Eindruck vom modernen Jerusalem bekommt man auf einer Rundtour per Bus. Die Doppeldecker der Linie

MAL EHRLICH

LAMM ODER KÄSEAUFLAUF?

In koscheren Restaurants gelten strenge jüdische Speisevorschriften. Sie besagen zum Beispiel, Milch und Fleisch strikt zu trennen. Praktisch hat das zur Folge, dass man entweder Lamm oder Käse serviert bekommt. Es gibt aber auch einige wenige koschere Lokale, die zwei Küchen haben – eine milchige und eine fleischige. Je nachdem, was man bestellt, wird man entweder in der milchigen oder fleischigen Ecke platziert, notfalls auch getrennt voneinander. Am besten also vorher überlegen, was man essen will. Oder sich einigen – entweder Milch oder Fleisch. Schließlich will man ja gemeinsam speisen.

Ein Spaziergang auf der Altstadtmauer

99 gelten als beste individuelle Tourguides: An 25 Stationen kann man aus- und zusteigen, zum Beispiel an der Calatrava-Brücke oder am Jaffator. Nur ein paar Schritte davon entfernt liegen die ersten drei Viertel außerhalb der Altstadt.

Das erste Viertel: Mishkenot Sha'ananim

Als der amerikanische Geschäftsmann Judah Touro 1860 den britischen Unternehmer und Philanthropen Sir Moses Montefiore mit der Verwaltung seines Erbes beauftragte, legte er damit den Grundstein für das erste jüdische Viertel außerhalb der Altstadt, Mishkenot Sha'ananim (»Friedliche Wohnstätte«). 1891 finanzierte Montefiore zusätzlich zu den zwei Häuserreihen mit insgesamt 28 winzigen Wohnungen, einer Wasserzisterne und einem rituellen Tauchbad weitere Straßen und Häuser – samt einer Windmühle, um die Nachbarschaft mit Mehl zu versorgen, einer Druckerpresse, einer Textilfabrik und landwirtschaftlichen Siedlungen. Ziel war es, sich selbst versorgen zu können.

Yemin Moshe: Windmühle und Gärten

Nur wenige Familien wagten sich seinerzeit aus dem Schutz der Altstadtmauern heraus, aus Angst

AUTORENTIPP!

KINO MIT AUSBLICK

Jerusalems Filmtheater ist eine Klasse für sich. Nicht nur, dass in dem lang gezogenen Flachbau aus hellem Jerusalem-Sandstein anspruchsvolle Filme, Retrospektiven und Themenreihen gezeigt werden, die jeden Kinoliebhaber ins Schwärmen geraten lassen. Auch Vorträge, Workshops und Festivals ergänzen das laufende Programm. Eröffnet 1981, ist die Cinematheque aus der Jerusalemer und internationalen Kulturlandschaft nicht wegzudenken. Das jährliche Jerusalem Film-Festival im Juli ist ein einheimischer Publikumsmagnet. Israelische Filme, die hier Preise gewinnen, kommen auch international ganz groß raus. Ihre Lage im Hinnom-Tal macht sie zudem zu einem idealen Ausflugsziel, und sei es, um auf der Terrasse des Cafés zu frühstücken oder nach dem Kinobesuch einen Aperitif zu genießen – mit Blick auf die angestrahlte Altstadtmauer.

Cinematheque. 11 Derech Hevron, Tel. 02/565 43 33, www.jer-cin.org.il

AUTORENTIPP!

JÜDISCH-ITALIENISCHE RENAISSANCE

Ziel des Museums bei seiner Eröffnung 1983 war es, jüdisch-italienische Kunst und Kultgegenstände von der Renaissance bis zur Gegenwart zu bewahren. Es ist das einzige Museum seiner Art weltweit. Das Besondere daran: Der Sammlung gelingt es, die Fülle und Vielfalt jüdischen Lebens in Italien zu zeigen. Besonderes Highlight ist eine Synagoge aus dem 17. Jahrhundert. Sie stammt aus dem venezianischen Dorf Conegliano zwischen Padua und Venedig und wurde nach dem Zweiten Weltkrieg nach Jerusalem transportiert und dort liebevoll rekonstruiert, inklusive ihres reich verzierten Thoraschranks. Seit ihrer Restaurierung ist die Synagoge nicht nur Museumsartefakt, sondern aktives Gotteshaus für Jerusalemer mit italienischen Wurzeln.

Umberto Nahon Museum of Italian Jewish Art. Mo, Sa geschl., So, Di, Mi 10–17 Uhr, Do 12–21 Uhr, Fr 10–13 Uhr, Tel. 02/624 16 10, http://ijamuseum.org

vor nächtlichen Überfällen. Die Bewohner des neuen Viertels umgaben daher ihr neues Viertel, das sie zu Ehren seines Gründers Moses Montefiore Yemin Moshe nannten (»Zum Gedenken an Moses«), mit einer Mauer. Abends wurde das Tor zum Schutz verriegelt.

Vor 150 Jahren als Armenviertel gegründet, gehören die Straßen rund um das Windmühlenviertel heute zu den exklusivsten Wohngebieten Jerusalems. In den pittoresken Häusern leben viele Künstler, in den idyllischen, von Bougainvillen umrandeten Gärten und Parks wie dem HaPa'amon-Park, kann man wunderbar spazieren gehen. Im Jerusalem Music Center unterhalb der Windmühle finden Konzerte und Lesungen statt, viele hier ansässige Restaurants haben eigenwillige Konzepte.

Im »Eucalyptus« zum Beispiel verwendet Küchenchef Moshe Basson für seine Gerichte biblische Kräuter, die er auf der Dachterrasse im hauseigenen Kräutergarten pflückt. Außerdem engagiert er sich gemeinsam mit palästinensischen Kollegen im Verbund »Köche für den Frieden«. Von der Dachterrasse aus sind sowohl die Altstadtmauer als auch die Windmühle zum Greifen nahe.

Nahalat Shiva: das Erbe der Sieben

Als 1866 eine Cholerawelle die Jerusalemer Altstadt erfasste, fielen ihr viele Bewohner zum Opfer – nicht zuletzt aufgrund der Enge. Sechs Jahre zuvor hatten sich sieben Familien vorgewagt und nordwestlich von Mishkenot Sha'ananim niedergelassen. Das Viertel, dessen Fußgängerzonen Salomon und Rivlin Street heute für Cafébesuche, Nachtleben und Shoppingtouren stehen, liegt nur 300 Meter westlich der Altstadt. Zu Ehren der sieben Familien heißt es Nahalat Shiva (»Erbe der Sieben«).

Da das Viertel keinem ausgefeilten Stadtplanungskonzept folgte wie die anderen ersten Viertel außerhalb der Altstadt, entwickelte es sich entsprechend den Bedürfnissen seiner Bewohner – mit verwinkelten Gassen und eng stehenden, flachen Häusern. In den 1960er-Jahren verfiel Nahalat Shiva zunehmend, doch Pläne, es abzureißen, scheiterten am Widerstand der Bewohner. Zum Glück! Denn heute ist es eines der beliebtesten Ausgehviertel Jerusalems. In den 1980er-Jahren wurde das Viertel komplett saniert und ist heute bestes Beispiel für historisch erhaltene Bausubstanz, die sowohl den Charme einer Altstadt versprüht als auch das Flair quirligen Nachtlebens.

First Train Station: Jerusalems türkischer Bahnhof

Weiter südlich ist der erste Jerusalemer Bahnhof unbedingt einen Besuch wert. Mit zunehmender Ausdehnung der Stadt nach Westen stieg um 1880 auch der Bedarf nach schnelleren Transportwegen. Den Bau des Bahnhofs und der Strecke Jerusalem–Jaffa unterstützten Moses Montefiore (1784–1885), der Architekt Conrad Schick (1822–1901) und der Jerusalemer Geschäftsmann Joseph Navon (1858–1934).

Immerhin dauerte die Reise von Jerusalem nach Jaffa per Kamel oder Eselskarren damals gut zehn Stunden. Umso bahnbrechender feierten die Jerusalemer die Eröffnung ihres ersten Bahnhofs, als 1892 der erste Zug aus Jaffa dampfend in Jerusalem einrollte – nach drei Stunden Fahrt. Die Architektur war europäisch inspiriert – ganz ähnlich der Bahnstation in Jaffa (S. 100). Einziger Unterschied bestand in der Wahl des Baumaterials – in Jerusalem wurde der sandfarbene Jerusalem-Kalkstein verwendet.

Nachdem er 1998 stillgelegt worden war, wurde das Gelände 2013 nach umfassender Rekonstruk-

Oben: Jerusalems erster Bahnhof wurde unter osmanischer Regentschaft erbaut.
Mitte: Das Café Landwer ist berühmt für seinen Kaffee.
Unten: Im Literaten-Café Tmol Shilshom in Nahalat Shiva finden Lesungen und Konzerte statt.

AUTORENTIPP!

IMMER GEÖFFNET

Dass ein Restaurant in Jerusalem immer geöffnet hat, auch am Sabbat, ist mittlerweile keine Sensation mehr. Doch »Zuni« serviert auch dann Frühstück, Kuchen, Sandwiches und Quiches, wenn alle anderen Restaurants schon oder noch geschlossen haben. 24 Stunden, rund um die Uhr, bei Wind und Wetter. Denn unvorhergesehene Schneefälle in Jerusalem sind für die meisten Lokale ein Grund zu schließen – nicht für »Zuni«. Auf die gemütlich-elegante Club-Version eines 24/7-Diners im Herzen von Nahalat Shiva ist immer Verlass, egal, wie spät es ist. Auch mit den Kaschrut nehmen es die Köche nicht so ernst. Das Lokal liegt in der Fußgängerzone auf zwei Etagen, oben hat man durch die großzügige Fensterfront Blick auf das drittälteste Viertel von Westjerusalem. Einzige drei Ruhetage sind der Fastentag Jom Kippur und die Gedenktage Jom Hazikaron und Jom Haschoa.

Zuni. 15 Yoel Moshe Salomon, Nahalat Shiva, Tel. 02/345 67 89, http://zuni.co.il

Busse fahren oft und dicht vernetzt – außer am Sabbat.

tion wiedereröffnet – allerdings nicht als Verkehrsknotenpunkt, sondern als neuer Hotspot für Restaurants, Bars, Galerien, Festivals und Kulturevents und dem Khan-Theater um die Ecke. Ein bemerkenswertes kleines Stück Kulturgeschichte ist dabei das Café Landwer, eine von 20 Filialen in Israel: 1919 eröffnete Moshe Landwer ein kleines Café in Berlin. 1933 emigrierte der Kaffeehausbesitzer nach Tel Aviv, wo er die erste Kaffeerösterei des Landes gründete.

Alrov Mamilla Mall

Seit ihrer Eröffnung 2008 ist die Alrov Mamilla Mall ein Phänomen. Lärm, Hektik, dröhnende Musik und schrille Geschäfte sucht man in der modernen Einkaufspassage zwischen Altstadt und Jaffa Street vergeblich. Stattdessen findet man in den Cafés und Läden die weltoffene Atmosphäre einer urbanen Oase. Alle scheinen in der Mamilla Mall entspannt zu sein, israelische Kellner, arabische Studentinnen, Touristen aus aller Welt.

Damit scheint das Konzept von Jerusalems langjährigem Bürgermeister Teddy Kollek (1911–2007) aufzugehen, der während seiner fast 30-jährigen Amtszeit insbesondere Projekte zur friedlichen Koexistenz förderte – eine Brücke zu schaffen zwischen alten und neuen Fassaden, Altstadt und Neustadt, Ost- und Westjerusalem, Juden, Christen und Muslimen. So leicht entflammbar die religiösen Funken rund um den Tempelberg mitunter auch sein mögen – in der Mamilla Mall scheint das friedliche Miteinander ohne viele Worte zu funktionieren.

Ben Yehuda und King Georges

Die Ben Yehuda Street, auch »Midrachov« genannt, gilt als Herz Westjerusalems. Die Fußgängerzone beginnt am Ende von Nahalat Shiva am

Zionsplatz und führt hinauf zur King Georges Street. Straßencafés, Musiker, Buchläden, Schmuckgeschäfte, Souvenirshops und Eisdielen reihen sich aneinander. Besonders am Sabbatende füllt sich die Ben Yehuda mit Leben. Früher, als es das legendäre Café Atara noch gab, trafen sich dort Künstler und Intellektuelle, darunter viele »Jeckes« (deutschsprachige Juden). Der israelische Schriftsteller Amos Oz beschreibt das Flair der 1930er-Jahre auf der Ben Yehuda und im Café Atara ausführlich in seinem Roman *Eine Geschichte von Liebe und Finsternis*.

King David Hotel

Kaum ein anderes Hotel in Jerusalem hat so viele Monarchen und Präsidenten beherbergt und so viele Epochen kommen und gehen sehen wie das legendäre King David Hotel – abgesehen vielleicht von seinem Pendent in Ostjerusalem, dem American Colony Hotel (S. 46). In diesem Fall kommt es mitunter einer politischen Stellungnahme gleich, wo Staatsoberhäupter und Filmstars ihre Häupter betten.

Erbaut 1920 und eröffnet 1931, wurde das »King David« vor allem durch den Bombenanschlag vom 22. Juli 1946 bekannt, den die radikale Untergrundorganisation Irgun während der britischen Mandatszeit verübte. Seit Ende der 1950er-Jahre empfängt das Luxushotel in zeitloser Pracht seine Gäste, darunter Marc Chagall, Simone de Beauvoir und Barack Obama. Betritt man die imperial anmutende Lobby mit ihren ornamentalen Säulen, Diwanen und Art-déco-Möbeln, bekommt man eine Ahnung von der Geschichte, mit der die prunkvollen Gemäuer verwoben sind. Durch die großen Fenster mit den schweren Samtvorhängen hat man zudem einen herrlichen Blick auf die Stadtmauern, Minarette und Kuppeln der Altstadt.

Oben: Brücke zwischen den Welten, Altstadt und Westjerusalem: Alrov Mamilla Mall
Mitte: Das King David Hotel ist legendär: Hier residieren Staatschefs und Filmstars.
Unten: In der Lobby kann man als Besucher Tee und Gebäck bestellen.

Infos und Adressen

SEHENSWÜRDIGKEITEN

Alrov Mamilla Mall. Urbane Einkaufspassage, die Fassaden des 19. Jahrhunderts mit moderner Architektur verbindet. 6 Yitshak Kariv St., Mamilla, www.alrovmamilla.com

Calatrava-Brücke. 2008 eingeweihte Brücke des Architekten Calatrava in Form einer Harfe, unter der die Jerusalemer Straßenbahn hindurchrattert. Central Bus Station, Givat Scha'ul, 227 Jaffa St.

Jerusalem Music Center. Gegründet 1973 vom Violinisten Isaac Stern und Jerusalems langjährigem Bürgermeister Teddy Kollek, gehört das Haus zu den renommiertesten Klassikbühnen Jerusalems, vor allem bei der Förderung junger Talente. Tel. 02/624 10 41, Mishkenot Sha'ananim, www.jmc.co.il/eng

First Train Station. Erster Bahnhof Jerusalems aus osmanischer Zeit. Heute beliebte Ausgeh-Location mit Restaurants, Galerien, Festivals und Kulturevents. Tgl. 8–24 Uhr. 4 David Remez, Mishkenot Sha'ananim, Tel. 02/653 52 39, www.firststation.co.il/en

HaPaamon-Park (Liberty Bell Park). Die Freiheitsglocke wurde zu Ehren des 200. Jahrestages der amerikanischen Unabhängigkeitserklärung aufgestellt. Viele Freizeitaktivitäten, darunter Sport, Amphitheater, Puppentheater und Picknickplätze. Zwischen den Vierteln Yemin Moshe und Talbiye.

ESSEN UND TRINKEN

Alice. Weizenbier zum Ziegenkäse, Pasta und Pizza in gemütlicher, herzlicher Atmosphäre. Di und Do Livemusik. 17 Shammai St., Nahalat Shiva.

Adom. Vorzügliches Restaurant in der First Station, italienisch, französisch und Fisch. 4 David Remez St., Mishkenot Sha'ananim, Tel. 02/624 62 42.

Eucalyptus. Kochen mit biblischen Zutaten. So bis Do 18–23 Uhr, Sa 20.30–23 Uhr, Fr geschl. Felt Alley, zwischen 14 Hativat Yerushalayim und Dror Eliel St., Yemin Moshe, Tel. 02/624 43 31, www.the-eucalyptus.com

Canela. Koscheres Gourmetlokal mit französisch inspirierter Küche. Gute Auswahl an israelischen Spitzenweinen. 8 Shlomzion Hamalka St., Mamilla, Tel. 057/944 36 36, www.canela.rest-e.co.il

Cavalier. Das Geheimnis liege in der Schlichtheit, nach diesem Prinzip kombiniert Küchenchef Didi Ben Arush französische Küche mit israelischer Kreativität. Tgl. 12–15.30 und 13.30–23.30, So bis Do wechselnde Mittagsangebote. 1 Ben Sira St., Mamilla, Tel. 073/758 56 36, www.restaurantcavalier.co.il

Chakra. Essen zelebriert als soziales Erlebnis – zum Beispiel mit Probiermenüs zum Teilen für alle. So–Fr 18 Uhr bis Open End, Sa 12.30 Uhr bis Open End. 41 King George St., Nahalat Shiva, Tel. 02/625 27 33, www.chakra-rest.com

Cielo. The sky is the limit – sowohl in Küche als im Design. Offene Räume, köstliches italienisches Essen. So–Sa 13–16 und 18.30–23.30 Uhr, Fr 18.30–23.30 Uhr, 18 Ben Sira St., Mamilla, Tel. 02/625 11 32, www.cielo.rest-e.co.il

Gabriel. Gehobenes Ambiente, kreative Küche, gute Lage. 7 Shimon Ben Shatakh St., Mamilla, Tel. 02/624 64 44, http://gabriel-jerusalem.co.il

Hamarakia. Vegetarische und vegane Suppen. Schlichte Einrichtung, gutes, preiswertes Essen. 4 Koresh St., Mamilla, Tel. 02/625 77 97.

Kadosh. Der Name bedeutet »heilig« – das sind hier vor allem die leckeren Mittagsangebote zu moderaten Preisen. Eine Institution bei Jerusalemern, gemütlich und sehr weltlich. 6 Shlomzion St., Nahalat Shiva, Tel. 02/625 42 10.

Landwer. Israels erste Kaffeerösterei von 1919 mit Filiale im Ersten Bahnhof. 4 David Remez St., Mishkenot Sha'ananim, tgl. ab 8 Uhr, Tel. 02/587 79 88, http://landwercafe.co.il

Montefiore. Für koschere Gourmets, mit Blick auf die Altstadtmauer direkt neben der Windmühle. So–Do 8–24 Uhr, Fr 8–15 Uhr, Sa Sabbatende bis 24 Uhr, Yemin Moshe, Tel. 057/943 84 39, www.montefiore.rest-e.co.il

Taami. Winziges Lokal in Nahalat Shiva namens »Koste!« Das lässt man sich nicht zweimal sagen, denn Motis Hummus und Falafel zählen zu den besten der Stadt. So–Do 8.30–16.30 Uhr, Fr 8.30–14 Uhr, 3 Shammai St., Nahalat Shiva.

Tmol Shilshom. Der Titel bezieht sich auf S.J. Agnons Erzählung *Gestern, vorgestern.* Legendäres Büchercafé mit einem Hauch Nostalgie in Nahalat Shiva. Solomon St., Tel. 02/623 27 58.

ÜBERNACHTEN

Dan Boutique Hotel. Designerhotel mit jungem, coolem Ambiente gegenüber vom alten türkischen Bahnhof. 31 Hebron Road, Mishkenot Sha'ananim, Tel. 03/520 25 52, http://de.danhotels.com/JerusalemHotels

Inbal. Preisgekröntes 5-Sterne-Hotel in ausgezeichneter Lage – zwischen Altstadtblick und Ausgehvierteln. 3 Jabotinsky St., Liberty Bell Park, Mishkenot Sha'ananim, Tel. 02/675 66 66, www.inbalhotel.com

King David Hotel. Legendäres Luxushotel seit 1931. 23 King David St., Yemin Moshe, Tel. 02/620 88 88, http://de.danhotels.com/JerusalemHotels

Mamilla Hotel. Luxushotel neben der Mamilla Mall mit Blick auf die Altstadt. 11 King Salomon St., Tel. 02/548 22 00, www.mamillahotel.com

Three Arches. Vom Architekten des Empire State Building entworfenes Hotel, das heute ganz im Zeichen der Völkerverständigung steht – die Lobby schmücken Bilder israelischer und palästinensischer Künstler. 26 King David St., Yemin Moshe, Tel. 02/623 51 92, http://ymca3arches.com

In der Mamilla Mall kann man Kleider der israelischen Designerin Dorin Frankfurt kaufen.

AUSGEHEN

Mahsan Bar. Club, Bar und Tanz tgl. ab 19 Uhr. 2 Ben Sira St., Nahalat Shiva, Tel. 02/672 53 29, http://mahsanbar.wix.com

Zaazua (»Toy Bar«). Hier legen allabendlich bekannte DJs auf. Tanzen und Party bis zum Morgengrauen. 6 Du Nawas St., Nahalat Shiva, Tel. 02/623 66 66, www.thetoybar.com

EINKAUFEN

Dorin Frankfurt. Angesagte israelische Designerin. So–Do 9.30–22 Uhr, Fr 9–14.30 Uhr, Mamilla Mall, 1. Etage, http://dorinfrankfurt.co.il

Gans. Judaika, Silberschmuck, Seide. 8 Rivlin St., Tel. 02/625 11 59.

AKTIVITÄTEN

Bus 99. Jerusalem entdecken an 24 Stationen, in 8 Sprachen, 4-mal am Tag. Tickets 80/erm. 68 NIS, Tel. 050/842 24 73, Central Bus Station, 227 Jaffa St., Givat Scha'ul, www.citytour-jerusalem.com

Khan-Theater. Renommierte Jerusalemer Bühne. Die Stücke sind teilweise mit Übersetzung. 2 David Remez Square, Mishkenot Sha'ananim, Tel. 02/671 82 81, www.khan.co.il

5 German Colony, Rechavia und Talpiot

Jerusalems Trendviertel

Weltlich, bunt und entspannt – so zeigt sich Jerusalem in Talpiot, Rechavia und der German Colony. Rechavia gründeten deutsche Juden 1921. In dem grünen Bezirk dominieren Theater und Museen; hier residiert auch der israelische Präsident. In der German Colony überwiegen der ottomanische Baustil und Templer-Architektur. Talpiot ist ein Wohnviertel, das mehr von Einheimischen als von Touristen geprägt ist.

In der German Colony dominieren Templer-Architektur und ottomanischer Baustil.

Als der deutsch-jüdische Architekt und Stadtplaner Richard Kauffmann (1887–1958) Anfang des 20. Jahrhunderts den Auftrag erhielt, eine Gartenstadt zu entwerfen, schuf er ein Viertel, das mancherorts mit seiner stillen Atmosphäre an europäische Parks und Wohngebiete erinnert. Die Architektur orientierte Kauffmann am Bauhausstil.

Rechavia

Dementsprechend beliebt wurde Rechavia unter europäischen Juden, darunter viele Intellektuelle, Politiker und Akademiker. So haben in dem Bezirk sowohl der israelische Präsident als auch der Premierminister jeweils ihren Wohnsitz. Um den intellektuellen Charakter des Viertels zu erhalten, wurden viele Straßen und Boulevards nach jüdischen Gelehrten und Dichtern des sogenannten Goldenen Zeitalters im mittelalterlichen Spanien benannt, so wie Maimonides, Abarbanel und Bartenura Street.

Rund um die Aza Street ist die Atmosphäre lauschig. Entlang der Aza Street und ihren Nachbarstraßen findet man überall kleine ausgesuchte Geschäfte, Patisserien und Boutiquen. Eines der interessantesten Museen der Gegend ist das L. A. Mayer Institute for Islamic Art. Auf dem Weg zur German Colony kommt man am Jerusalem Theatre vorbei – hochkarätiges Konzerthaus, Kino und Bühne für Lesungen, Tanz, Ausstellungen und Vorträge.

German Colony

Die »Deutsche Kolonie« entstand Mitte des 19. Jahrhunderts. Gründer war die deutsche Templergesellschaft, eine pietistische Bewegung aus Württemberg, die zeitgleich in Tel Aviv, Haifa und Galiläa landwirtschaftliche Siedlungen mit typischer Bauweise errichtete – meist zweistöckige Steinvillen mit roten Ziegeldächern, Vorgärten und Bibelversen als Inschriften. Wegen ihrer offenen Sympathie mit den Nazis betrachtete das britische Mandatsgovernment die deutschen Templer während des Zweiten Weltkriegs als Staatsfeinde und wies sie aus Palästina aus. Einige von ihnen ließen sich in Australien nieder.

Heute steht die »Deutsche Kolonie« unter Denkmalschutz. Entlang ihrer Lebensader, der Emek Refaim Street, pulsiert das Leben zu jeder Tages- und Nachtzeit. Cafés, Restaurants, Läden, familiäre Hotels und sogar ein Programmkino sowie Jerusalems einziges öffentliches Schwimmbad machen den Stadtteil zu einem attraktiven Aufenthaltsziel. Ihren Namen verdankt die Straße den biblischen Büchern Josua und Samuel, in denen das »Tal der Geister« (hebr. *Emek Refaim*) beschrieben wird. Die Bezeichnung leitet sich von einem Wettkampf zwischen zwei Riesen ab, die zu Bibelzeiten in dem Tal gelebt haben sollen. Auch außerhalb der Altstadt stößt man immer wieder auf biblische Spuren – ist das Stadtviertel auch noch so weltlich und urban.

AUTORENTIPP!

JERUSALEMS KLEINSTES HOTEL

Das Bed-and-Breakfast-Konzept der »kleinen Häuser« hat Inhaber Oded Niv in Rechavia, der German Colony und deren Nachbarviertel Baka umgesetzt. Alle drei Häuser strahlen Wärme, Herzlichkeit und familiäre Atmosphäre aus. Die Pension in der German Colony ist ein altes Templerhaus. Es steht unter Denkmalschutz und ist zudem Jerusalems kleinstes Hotel. Erbaut hat es der Templerarchitekt Gottlieb Bauerle (1840–1923). Auch das B&B in Baka steht unter Denkmalschutz. In dem ottomanischen Steinhaus mit seinen romantischen Rundbogenfenstern von 1930 sind heute 33 Gästezimmer untergebracht. Das kleine Haus in Rechavia hingegen erinnert in seinem Baustil eher an Bauhausarchitektur.

Little House Hotels. In Rehavia: 20 Ibn Ezra St., Tel. 02/563 33 44. In Baka: 1 Yehuda St., Tel. 02/673 79 44. In German Colony: 4 Lloyd George St., Tel. 02/566 24 24, http://jerusalem-hotel.co.il

Oben: Das Jerusalem Theater ist Konzertsaal, Bühne und Kino in einem.
Mitte: Alles hausgemacht: Im Café Masaryk in der German Colony gibt es Frühstück, Pizza und Focaccia.
Unten: Neben Brüllaffen beherbergt der biblische Zoo mehr als 270 Tierarten.

Talpiot

Das gilt auch für Talpiot. Eine Mischung aus Wohngegend, Industriegebiet und Ausgehviertel, wurde auch dieser Vorort 1921 von Richard Kauffmann konzipiert. Seine Besiedlung begann 1922. Heute verfügt der Bezirk über zahlreiche Tanzbars und Clubs, darunter das »Yellow Submarine«, eine Talentschmiede mit Bühne, Shows und Studios, sowie eine von Jerusalems beliebtesten Attraktionen – den biblischen Zoo. Jerusalems erster Zoo stand 1940 mitten im Stadtzentrum. Sein Gründer war Aharon Shulov (1907–1997), einer der führenden Zoologen an der Hebräischen Universität Jerusalem. Nach diversen Umzügen fand er schließlich in Talpiot ein Zuhause.

Das Zoogelände mit seinen Wiesen, Hügeln, Wasserfällen und Seen erstreckt sich auf einer Fläche von 25 Hektar auf zwei Ebenen. Anliegen ist es, so viele Tiere wie möglich vorzustellen und vor dem Aussterben zu schützen, die ursprünglich im Nahen Osten beheimatet sind. Zu den Tierarten im biblischen Zoo gehören daher neben Löwen, Eseln und Eulen auch Steinböcke, Schildkröten und Schlangen. Natürlich darf in einem biblischen Zoo die Arche Noah nicht fehlen – als das Symbol für Artenschutz schlechthin.

Infos und Adressen

SEHENSWÜRDIGKEITEN

Biblischer Zoo. Jerusalems Zoo und biblische Artenvielfalt. Busse 26, 99 oder Zug bis »Zoo« oder »Malcha«. So–Do 9–18 Uhr, Fr 9–16.30 Uhr, Sa 10–17 Uhr, Eintritt: 42-55 NIS, 1 Derech Aharon Shulov, Talpiot, Tel. 02/675 01 11, http://jerusalemzoo.org.il

Jerusalem Theatre. Israels größtes Zentrum für Kultur und Kunst. 20 David Marcus St., Rechavia, Tel. 02/560 57 57, www.jerusalem-theatre.co.il

L.A. Mayer Institute for Islamic Art. Museum zu islamischer Geschichte und Kunst. Mo, Di, Mi 10 bis 15 Uhr, Do 12–18 Uhr, Fr, Sa 10–14 Uhr, So geschl., Eintritt: 20–40 NIS, 2 Hapalmach St., Rechavia, Tel. 02/566 12 91, www.islamicart.co.il

ESSEN UND TRINKEN

B'Gina (Gartencafé). Eines der schönsten versteckten Cafés in Jerusalem in altem Kolonialstil-Haus mit großzügigem schattigem Garten. 74 Derech Beit Lehem, German Colony, Tel. 02/672 08 25.

Masaryk. Vegetarisches italienisches Restaurant. 31 Emek Refa'im St., German Colony, Tel. 02/563 64 18, www.tomasmasaryk.co.il

Das Museum für islamische Kunst gibt es seit 1974. Es liegt um die Ecke vom Jerusalem Theater.

Tachanat Hacafe. Kaffeevielfalt aus aller Welt, verfeinert mit exotischen Kombinationen wie Minzschokolade. 23 Emek Refaim, German Colony, Tel. 02/566 16 65.

Talbiye. Edle Weinbar mit Gourmet-Snacks, ein paar Stufen unterm Jerusalem Theatre. Rechavia, Exotisch! 5 Chopin St., Tel. 02/581 19 27.

Waffle Bar. Paradies für Waffelfans. So–Do 9 bis 23.30 Uhr, Fr 8.30–13.30 Uhr, Sa Abend–Mitternacht. 41 Derech Beit Lechem, German Colony, Tel. 02/673 07 60.

ÜBERNACHTEN

Arcadia Ba'Moshava. Ruhiges, kleines Hotel in der German Colony. 13 Yehoshu'a Bin Nun St., German Colony, Tel. 02/542 30 00, www.arcadia-hotels.co.il/arcadia-bamoshava

AUSGEHEN

Yellow Submarine. Der Ort für Musik in Jerusalem! 13 Herkevim St., Talpiot, Tel. 02/679 40 40, http://yellowsubmarine.org.il

EINKAUFEN

Malcha Mall. Beliebtes Einkaufszentrum in Talpiot in der Nähe vom Zoo.

Yad Lakashish. Geschenkartikel aus sozialem Projekt. 14 Shivtei Israel St., Russian Compound, www.lifeline.org.il

AKTIVITÄTEN

Schwimmbad. Jerusalems öffentlicher Pool mit Dach, Wiesen und drei Schwimmbecken. So 12 bis 21.45 Uhr, Mo, Mi, Fr 5.30–17.45 Uhr, Di, Do 5.30 bis 21.45 Uhr, Sa 8–18.45 Uhr, 43 Emek Refaim St., German Colony, Tel. 02/563 20 92.

Smadar. Kleines Programmkino mit Independent-Filmen. 4 Lloyd George St., German Colony, Tel. 02/561 78 19, www.lev.co.il/english

6 Künstlerviertel Nachlaot

SoHo von Jerusalem

Nachlaot ist wie ein Spiegel der ehemals vielfältigen jüdischen Gemeinden in aller Welt – noch heute leben viele religiöse und traditionelle Juden in den engen Gassen. Ihre Vorfahren kamen aus Europa, Syrien und dem Irak. Ihre Nachbarn heute sind Studenten und Künstler, viele von ihnen studieren an der benachbarten Kunstakademie Bezalel. Ateliers grenzen an Religionsschulen, Pubs an Synagogen und alle zusammen an den Markt Mahane Yehuda.

Nachlaot ist nicht nur ein Viertel. Nachlaot ist eine Geisteshaltung. Das behauptet jedenfalls der gleichnamige Jerusalemer Radiosender, der regelmäßig aus dem Künstlerviertel berichtet. Ein ganzer Radiosender für nur ein Viertel? Aus gutem Grund. Denn die Gegend zwischen Agrippas und Bezalel Street entwickelte sich in den letzten Jahren immer mehr zum SoHo Jerusalems. Das liegt vor allem daran, dass hier orthodoxe und säkulare Juden einträchtig nebeneinander leben.

Architektur

Typisch für die Bauweise in Nachlaot sind die eingeschossigen, dicht aneinanderklebenden Häuser mit ihren weiträumigen Innenhöfen, so wie das Market Courtyard Hotel. Das Originalhaus wurde 1886 zu Ehren von Baron Montefiore erbaut. Eine Inschrift am Torbogen zum Hoteleingang erinnert daran. Die stillen Steingassen führen durch ein Mosaik aus 32 Minivierteln, jedes von ihnen zeugt von einer anderen jüdischen Kultur in verschiedenen Ländern, darunter Persien, Jemen, Griechenland, Syrien. In Nachlaot leben Aschkenasen und

Oben: Der Mahane-Yehuda-Markt heißt seit seiner Gründung 1887 unter Einheimischen einfach nur Shuk (»Markt«).
Unten: An mehr als 250 Ständen verkaufen Händler frische Backwaren, Früchte und Gewürze.

Marktrundgang

Auf dem Markt gibt es alles – von Kleidung und Haushaltswaren bis hin zu Blumen, Katzenfutter, frischem Obst, Gemüse, Fisch, Fleisch, Broten und Gewürzen. Sowohl in trendigen wie unscheinbaren Markt-Restaurants kann man sich zwischen Bummeln, Einkaufen und Schauen mit hausgemachten lokalen Gerichten stärken.

Ⓐ **Juice Bar –** Frisch gepresste Säfte und Fruchtshakes aus Granatäpfeln, Orangen, Karotten und Grapefruits. 1 HaTapuach St.

Ⓑ **Ochlim BaShuk (»Man isst auf dem Markt«)** – In der Tat, wo, wenn nicht in dem winzigen Lokal von Naomi und Aharon, die auf dem traditionellen Kerosinherd köstliche persische, marokkanische, kurdische Gerichte und Beduinenspeisen zubereiten. 8 HaTapuach St.

Ⓒ **Rachmo –** Hausgemachte irakische Gerichte seit 1930. 5 HaEshkol St., Tel. 02/623 45 95.

Ⓓ **Ethiopia Spice Shop –** Spezialgeschäft für äthiopische Gewürze. HaAfarsek St.

Tali Friedmann kocht im Haatelie nach alten Jerusalemer Rezepten.

Ⓔ **Café Mizrachi –** Familiengeführtes Marktrestaurant mit lokalen Gerichten, gegrilltem Fisch auf Kapern. 6 Hashazif St., Tel. 02/624 21 05.

Ⓕ **Mizrachi Pitzuchim –** Trockenfrüchte, Granola, Honig, Olivenöl und Nüsse seit 1961. 9 HaShaked St.

Ⓖ **Haatelie –** Küchenchefin Tali Friedmann kocht nach alten Jerusalemer Rezepten und führt auch kulinarisch über den Markt. 14 Haharov, Tel. 053/809 48 72, www.haatelie.com

Ⓗ **Morris –** Griechische Taverne mit Livemusik jeden Abend. Ecke HaCharuv und HaTut Street.

Ⓘ **Kippa Man –** Samt, Seide, Baumwolle, gehäkelt, gemustert, einfarbig, bunt, bestickt mit Fußbällen und Davidsternen – das Sortiment des Kippa-Mannes ist unerschöpflich. 26 Machane Yehuda St.

Ⓙ **Chai Boneh Delicatessen –** Alles von eingelegten Oliven bis zu hausgemachten Salaten, gehackter Leber und Mixed Pickles – seit 1923 ist der Familienshop berühmt für seine koscheren Delikatessen. 15 Machane Yehuda St.

AUTORENTIPP!

SOUL FOOD VOM MARKT
Flippig, unkonventionell, eigenwillig, teuer und dauernd ausgebucht – dieses kleine Restaurant mitten auf dem Markt Mahane Yehuda ist ein rätselhaftes Phänomen. Doch das Rätsel löst sich in purem Wohlgefallen auf, sobald Salat *Fattoush* (arabischer Salat mit geröstetem Brot), Entrecote »Django Unchained Style«, Pilzrisotto und Tahina-Eis auf dem Tisch stehen. Der Kochstil ist eine Reminiszenz an Jerusalem – mit frischen Zutaten direkt vom Markt, einem Gefühl für die Stadt und ihre Seele. Dabei ändert sich die Speisekarte ständig. Die Küchenchefs probieren immer wieder neue Rezepte aus. Manchmal lassen sie sich in der kleinen offenen Küche hinter der Bar zu einer spontanen, ausgelassenen Jamsession mit Topfdeckeln und Kochlöffeln hinreißen. Der Restaurantbesuch im Mahaneyuda: ein Gesamtkunstwerk!

Mahane Yehuda. 10 Beit Yaakov St., Tel. 02/533 34 42.

Sepharden, Kurden, Iraker und Urfalim (eine kleine Gemeinde aus dem anatolischen Urfa).

Kunst und Religion

Dass das Zusammenleben zwischen Tradition und Moderne in Nachlaot so gut funktioniert, macht den besonderen Charme des Viertels aus. Dabei wirkt sich vor allem die Nähe zur renommierten Jerusalemer Kunstakademie Bezalel auf das weltoffene Künstlerflair aus. Bestes Beispiel für die kreative Symbiose aus Religion und Kunst ist die Ades-Synagoge, ein Geschenk der Ades-Familie aus dem syrischen Aleppo 1901 an ihre jüdischen Glaubensbrüder in Jerusalem. Die kalligrafischen Art-nouveau-Wandmalereien gestaltete 1912 der säkular-zionistische Künstler Yaacov Stark (1881 bis 1915), der gerade in Israel wiederentdeckt wird. Ein echtes Kleinod! Mehr Kunst und Kultur kann man im Gerard Behar Centre erleben, einem Kulturzentrum für Off-Theater, Konzerte und Tanzproduktionen. Unter ihrem Dach finden zudem viele Veranstaltungen des Israel Festivals sowie des Jerusalemer Kunst-Festivals statt.

Markt Mahane Yehuda

Vorbei sind die Zeiten, als Jerusalemer zum Essen nach Tel Aviv fuhren. Heute ist die Auswahl an Restaurants in jeder Preisklasse enorm. Viele der besten, kreativsten und mitunter sogar preiswertesten Jerusalemer Restaurants und Snackbars findet man rund um den Markt Mahane Yehuda. Mahane Yehuda ist eines der vielen Herzen von Jerusalem, auf jeden Fall eines der authentischsten, und das nun schon seit 150 Jahren, als Bauern auf dem Platz ihre Produkte verkauften. Teilweise überdacht, teilweise im Freien, kaufen zwischen Agripas und Jaffa Street mehr Einheimische als Touristen ein, darunter viele Küchenchefs.

Infos und Adressen

SEHENSWÜRDIGKEITEN

Ades-Synagoge. Prachtvolle syrische Synagoge mit Damaszener Teppichen, Holzschnitzereien und Fresken. 3 Beersheba St., Tel. 050/532 67 35.

Bezalel Akademie. Weltweit renommierte Kunstakademie. Die meisten ihrer Fakultäten befinden sich heute auf dem Skopusberg. Auf dem Campus in Nachlaot wird heute Architektur gelehrt. 1 Bezalel St., Tel. 02/625 31 21, www.bezalel.ac.il/en

Gerard Behar Centre. Kulturzentrum für Off-Theater, Konzerte und Tanzproduktionen. Spielort beim Israel-Festival und Jerusalemer Kunst-Festival. 11 Bezalel St., Tel. 02/625 13 06.

ESSEN UND TRINKEN

Hashipudia. Kebab von Lamm bis Truthahn. So–Do 12–22 Uhr, 5 Haarmonim St., Tel. 050/285 55 78.

Maoz Falafel. Schon vor 40 Jahren eine Institution. Ausgezeichnete hausgemachte Falafel. 19 King George St., Tel. 02/625 77 06.

Mona. Gehobene französische Küche. Liegt etwas versteckt. 12 Shmuel Hanagid St., Tel. 02/622 22 83, http://monarest.co.il

ÜBERNACHTEN

Agripas Boutique Hotel. Zentral für alle Richtungen – Altstadt, Westjerusalem, Markt. 15 Agripas St., Tel. 02/594 10 00, www.agripas.com

Montefiore. B&B mit gutem Preis-Leistungs-Verhältnis. 7 Shatz St., Tel. 02/622 11 11, www.montefiorehotel.co.il

The Market Courtyard. Wunderschönes Haus mit gemütlichen Apartments und freundlichem Service. 30 Hacarmel, Tel. 050/295 32 34, www.marketcourtyard.com

EINKAUFEN

Bezalel Kunstmarkt. Jeden Freitag bieten lokale Künstler Bilder, Schmuck, Design und Kosmetik an, sehr beliebt bei Israelis. Sommer 10–14 Uhr, Winter 9–13 Uhr. Bezalel Hakatan.

Sacher-Park: Jerusalems größter öffentlicher Park zwischen Nachlaot und Regierungsviertel

Oben: In den Gassen von Mea Shearim scheint die Zeit im 19. Jh. stehen geblieben zu sein.
Unten: Challot, die Brote zum Sabbat, bekommt man hier schon ab Donnerstagnacht.

7 Mea Shearim

Alte Welt der hundert Tore

Ein Viertel, in dem die Zeit wie angehalten wirkt – die engen Straßen von Mea Shearim, dem »Viertel der 100 Tore«, könnten auch in einer polnischen, rumänischen oder ungarischen Kleinstadt des 19. Jahrhunderts gelegen haben. Überall sieht man Männer in schwarzen Kaftanen, Jungen mit Schläfenlocken, Frauen mit Kopftüchern, Perücken und langen Röcken. Es ist das Viertel der ultraorthodoxen, strenggläubigen Juden.

Mea Shearim gleicht einem osteuropäischen Schtetl, jener Welt, die in den Vernichtungslagern der Nazis für immer verschwand. Der israelische Schriftsteller Samuel Josef Agnon (1888–1970) schrieb einmal, das Viertel sei »eine Stadt innerhalb der Stadt«. Diese Feststellung gilt heute noch, ebenso wie Ende des 19. Jahrhunderts, als die ersten Wohnanlagen dieses eigentümlichen Ortes entstanden.

Religion als Alltag

Entworfen hatte es 1874 der deutsche Architekt und Archäologe Conrad Schick (1822–1901), der sich seinerzeit vor allem mit nachgebauten Modellen des Jüdischen Tempels einen Namen machte. Das von Schick entworfene Viertel war 1880 bezugsfertig. Es umfasste einen Innenhof mit etwa hundert Wohnungen für eine Gruppe strenggläubiger Juden, die bereits 1875 unter Führung von Rabbi Meir Auerbach (1815–1878), dem »Kalischer Rebbe«, die Altstadt verlassen hatte.

Etwa zehn Jahre später entstanden am Nachbarhof weitere Wohnungen, in die vornehmlich Juden aus Ungarn einzogen. Beide Wohnanlagen liegen in der Mea Shearim, Ecke Strauss Street. Schon allein zwischen ihnen liegen Welten, denn jede Gruppe verehrte ihre eigenen Rabbis.

Aus vielen Häusern zwischen Mea Shearim und Strauss Street dringen Gebetsgesänge, denn in den engen Gassen reiht sich ein orthodoxes Lehrhaus (hebr. *Jeschiwa*) ans andere. Männliche Schüler widmen sich darin rund um die Uhr dem Studium von Talmud und Thora. Die traditionelle Auslegung der jüdischen Vorschriften wird in den streng religiösen Gemeinschaften von Generation zu Generation weitergegeben. Jiddisch ist hier die vorherrschende Sprache, das weltliche Israel wird größtenteils abgelehnt. Immer wieder kommt es deshalb zu Zusammenstößen zwischen ultraorthodoxen und säkularen Israelis in der überwiegend laizistisch geprägten Gesellschaft. Manche reden sogar von einem Kulturkampf.

In Mea Shearim bleiben die Ultraorthodoxen lieber unter sich. Verständlich, wer will schon wie in einem Museum bestaunt werden. So fordern mehrsprachige Hinweisschilder Besucher am Eingang zum Stadtteil auf, Kleider- und Verhaltensvorschriften zu beachten: Schultern und Beine sollten bedeckt und Kameras ausgeschaltet bleiben. Unbedingt zu respektieren ist die Sabbatruhe.

Duftende Sabbatbrote

Wer sich daran hält, wird ebenfalls in Ruhe gelassen, wenn er neugierig das mysteriöse Labyrinth aus Gassen durchstreift. Restaurants gibt es kaum, dafür die besten Bäckereien der Stadt. Schon ab Donnerstagnacht erfüllt der Duft frisch gebackener *Challot*, der traditionellen Sababtbrote, die Straßen. Denn in Mea Shearims Bäckereien wird die ganze Nacht durchgebacken.

Infos und Adressen

SEHENSWÜRDIGKEITEN

Conrad Schick Wohnanlage und Ungarisches Viertel. Mea Shearims erste Wohnanlage, entworfen von Conrad Schick. Gegenüber eine Wohnanlage ultraorthodoxer Juden aus Ungarn von 1890. Mea Shearim/ Ecke Strauss Street. Besuche sind erlaubt, Fotografieren nicht.

ESSEN UND TRINKEN

Avihayil Bakery. Die Backstube verströmt schon ab Donnerstagnacht den Duft frisch gebackener Sabbatbrote. 8 Pri Hadash St.

Brooklyn Bakery. Ob traditionelle *Sufganiot* (gefüllte Donuts) zum jüdischen Lichterfest Chanukka oder Cookies New York Style – hier schmeckt alles. 15 Mea Shearim St., Tel. 02/538 06 30.

Hadar Geula Delicatessen. Spezialitäten der osteuropäisch-jüdischen Küche wie *Gefilte Fish* (ein kaltes Fischgericht) und *Blintzes* (eine Art Eierkuchen) sowie Salate im Lokal und zum Mitnehmen. 13 Malkhei Yisrael St., Tel. 02/538 28 32.

Nehama Bakery. Unbedingt Donnerstagnacht oder Freitagmorgen frische *Challot* kaufen. 3 Sonnenfeld St., Tel. 02/532 30 42.

Streng religiöse Juden lassen sich nur ungern fotografieren.

In Tonkrügen wie diesen fand 1947 ein Beduinenjunge die älteste Bibel der Welt.

8 Regierungsviertel und Israel Museum

Zwischen Menora und Schrein des Buches

Westlich von Rechavia liegt der Museumskomplex mit dem bedeutendsten Museum des Landes, dem Israel Museum mit dem Schrein des Buches. Nebenan bringt das Bible Lands Museum die Geschichte der Zivilisationen aus der Bibelzeit bis zum Frühchristentum unter einem Dach zusammen. In unmittelbarer Sichtweite erhebt sich auf einem Hügel die Knesset, der Sitz des israelischen Parlaments.

Die Knesset, hebräisch für »Haus der Versammlung«, thront weithin sichtbar auf einem Hügel an der Rothschild Street im Stadtteil Givat Ram. Das quadratische Gebäude, dessen flaches Dach von Säulen gestützt wird, besteht aus Jerusalem-Sandstein. Es wurde von dem Architekten Joseph Klarwein (1893–1970) entworfen und ist seit 1966 Sitz des Parlaments.

Knesset

Gegenüber vom Eingang schuf der Bildhauer Benno Elkan (1877–1960) eine fünf Meter hohe Bronze-Menora (siebenarmiger Leuchter) als Symbol des Staates Israel. Mit ihren klassischen Bauelementen erinnert das Gebäude an den griechischen Parthenon-Tempel in Athen, innen ist es schlicht und funktional gehalten. Umso strahlender kommen die Wand- und Bodenmosaike sowie die drei Wandteppiche zur Geltung, die der russisch-jüdische Maler Marc Chagall (1887–1985) eigens für das Parlament gestaltete – mit biblischen und modernen Themen aus der Geschichte des jüdi-

Das israelische Parlament besteht aus 120 Abgeordneten.

schen Volkes. Hier kann man zudem auch eine Kopie der Unabhängigkeitserklärung besichtigen.

Gegenüber der Knesset befindet sich der Gebäudekomplex des Obersten Gerichtshofs. Zwischen beiden gibt es eine direkte Verbindung. Er wurde 1992 eingeweiht und gilt als modernes architektonisches Meisterwerk der Architekten Ada und Ram Karmi. Lichtdurchflutet, offen und geometrisch verspielt greift das Gebäude byzantinische Stilelemente auf. Seine Wände symbolisieren irdische und himmlische Gesetze, deren kontrastreiche Diskussion sich im ganzen Komplex etwa in Form von Licht und Schatten oder geraden Linien und Kurven wiederfindet. Ein aufregendes Stück Architektur!

Israel Museum

Seit 50 Jahren gehört das Israel Museum zu den führenden Museen der Welt. Knapp eine Million Besucher zieht es jedes Jahr hierher. Größter Publikumsmagnet ist der Schrein des Buches – seine Form erinnert an die Gefäße, in denen zwischen 1947 und 1956 in elf Felshöhlen bei Qumran die Schriftrollen vom Toten Meer gefunden wurden. Hier kann man die älteste Bibel der Welt besichti-

AUTORENTIPP!

CAFÉ AM SEE

Seit 25 Jahren ist das »Caffit« eine Institution in Jerusalem. Das Original steht in der Deutschen Kolonie an der Emek Refaim Street, das wohl schönste Lokal der Cafékette ist im Botanischen Garten – und im Umkreis von mehreren Hundert Metern auch das einzige. Gut, dass es ohnehin außer Konkurrenz laufen würde, selbst in Vierteln mit hoher Cafédichte. Denn was das »Caffit« so besonders macht, ist neben der ausgesprochen vielseitigen Speisekarte und den leckeren Gerichten von Kartoffelsalat bis Lachsspießen die urgemütliche Wiener-Kaffeehaus-Atmosphäre. Und dann noch das Ambiente im Grünen mit Blick auf den See – mitten im hektischen Jerusalem eine kleine Ausruhinsel. Die Gerichte gibt's auch zum Mitnehmen.

Caffit. 1 Yehuda Burla St., Botanischer Garten, Jerusalem, Tel. 053/943 86 18.

Oben: Im Schrein des Buches werden die Schriftrollen vom Toten Meer aufbewahrt.
Mitte: Innen kann man weitere wertvolle Handschriften bewundern.
Unten: Daneben zeigt das Israel Museum Skulpturen, Gemälde und archäologische Kostbarkeiten.

gen, darunter eine Schriftrolle des Buches Jesaja. Zu den weiteren Schätzen des Israel Museum gehören das Bodenmosaik einer byzantinischen Kirche aus dem sechsten Jahrhundert, das mit 4000 Jahren älteste erhaltene Segelschiffmodell der Welt und ein Skulpturengarten. Daneben sind es insbesondere die wertvolle Sammlung moderner, impressionistischer und zeitgenössischer israelischer Kunst und die hochkarätigen Wechselausstellungen, die einen Besuch im Israel Museum zu einem absoluten Muss für Kunstliebhaber machen.

Bibel und Botanik

Unweit vom Israel Museum wurde 1992 das Bible Lands Museum (BLMJ) eröffnet. Die Idee dazu hatte Elie Borowski (1913–2003), ein israelischer Altertumsforscher und Antikenhändler, der seine Privatsammlung als Grundstock stiftete. Es ist weltweit das einzige Museum seiner Art, denn es entfaltet die Kulturen sämtlicher in der Bibel erwähnten Völker: Philister, Aramäer, Hethiter, Elamer, Phönizier und Perser. Besonderen Akzent legt das BLMJ dabei auf historische und archäologische Aspekte. Religion spielt in den Ausstellungen eine eher untergeordnete Rolle. Vielmehr präsentiert das Museum die Regionen, in denen Bibelgeschichte geschrieben wurde, in einem größeren historischen Zusammenhang. Wie weit Ägypten und der Kaukasus, Nubien und Afghanistan auch geografisch auseinanderliegen mögen, im BLMJ werden sie durch den roten Faden der Bibel miteinander verbunden.

Entfernungen spielen auch im Botanischen Garten keine Rolle – auf dem gut zwölf Hektar großen Gelände kann man zwischen Europa und Nordamerika, Afrika, Australien, Asien und dem Mittelmeerraum umherschlendern, und das innerhalb weniger Stunden. Highlights sind das Tropenhaus, der Bibelpflanzenpfad und der afrikanische Savannen-Irrgarten.

Infos und Adressen

SEHENSWÜRDIGKEITEN

Bible Lands Museum. Grandioses Museum zu Zivilisationen der Antike im Nahen Osten. So–Di, Do 9.30–17.30 Uhr, Mi 9.30–21.30 Uhr, Fr, Sa, Feiertag 10–14 Uhr, Eintritt: 20–40 NIS. 21 Stefan Wise St., Tel. 02/561 10 66, www.blmj.org

Botanischer Garten. Grüne Insel inmitten der Stadt. 1 Zalman Shneor St., Givat Ram, Tel. 02/679 40 12, http://en.botanic.co.il

Israel Museum. Schrein des Buches, Kunst und Skulpturen – ein absolutes Muss! www.imj.org.il

Knesset. Israelisches Parlament mit Großer Menora und Wandteppichen von Chagall. http://main.knesset.gov.il

Oberster Gerichtshof. Spektakuläre architektonische Verbindung aus Form und Inhalt. http://elyon1.court.gov.il/eng/home/index.html

ESSEN UND TRINKEN

Berman Bakery. Süßer Start in den Tag vor einem ausgedehnten Museumsbesuch – oder eine Pause danach: Gebäck, Kuchen, Sandwiches, alles hausgemacht. So–Do 7–21 Uhr, Fr 6–15.30 Uhr, 42 Agripas St., Tel. 02/563 67 86, www.berman.co.il

Die Gemäldesammlung umfasst u.a. Werke von Renoir, van Gogh, Gauguin, Rubens und Rembrandt.

Zwischen Kunst und Kultur: kulinarischer Zwischenstopp im gemütlichen Restaurant »Ima«

Greg's. Frühstück, Lunch, Suppen, Salate, *Shakshuka* (pochierte Eier in Tomatensauce), Kaffee, Crêpes – Speisekarte für jeden Geschmack. Lecker und große Portionen! 10 Sderot Yitchak Rabin, Tel. 02/534 22 92.

Ima (»Mutter«). Der Name ist Programm. mediterrane Hausmannskost wie bei Muttern. 55 Harav Shmuel Barukh St., Tel. 02/624 68 60.

ÜBERNACHTEN

The Happy Apartment. Wohnen wie ein Einheimischer – Ferienwohnung mit viel Flair. Zentrale Lage, etwa 15 Minuten Fußweg zum Israel Museum. Die Vermieterin spricht Deutsch. Harav Haim Berlin, Tel. 050/857 76 56.

EINKAUFEN

Flatter. Individuelle Boutique mit farbenfrohen Kollektionen israelischer Designer. So–Do 10–19 Uhr, Fr 9–13 Uhr, 9A Diskin, Tel. 02/940 05 20, http://flatter.me

Oben: Ein Kerem liegt etwas außerhalb Jerusalems in idyllisch-hügeliger Berglandschaft.
Unten: Das pittoreske Künstlerdorf im Südwesten Jerusalems ist bei Ausflüglern und Pilgern beliebt.

9 Ein Kerem und Chagall-Fenster
Kunst für die Ewigkeit

Das malerische Dorf Ein Kerem im Südwesten Jerusalems besticht durch seine Lage an den Ausläufern der Judäischen Berge mit historischen Stätten, beschaulichen Galerien und gemütlichen Lokalen. Nur wenige Schritte entfernt kann man in der Hadassa-Klinik von Marc Chagall gestaltete Synagogenfenster bestaunen.

Ein Kerem (»Quelle des Weinbergs«) ist ein reizvolles Ausflugsziel, vor allem am Sabbat, denn in dem Dorf westlich von Jerusalem haben auch am jüdischen Ruhetag fast alle Sehenswürdigkeiten, Läden, Galerien und Restaurants geöffnet. Alternativ dazu kann man die idyllischen Dorfstraßen zwischen Zypressen und Zitronenbäumen ganz in Ruhe für sich entdecken, wenn der Wochenend- und Pilgeransturm abgeflaut ist.

Christliche Spuren

Wegen zahlreicher Ereignisse, die sich laut Neuem Testament hier zugetragen haben sollen, verehren besonders christliche Pilger den Ort. So wurde laut Überlieferung Johannes der Täufer in Ein Kerem geboren, Elisabeth erfuhr das Wunder der Empfängnis und Maria und Elisabeth begegneten sich an der Quelle, der Ein Kerem seinen Namen verdankt. Das Wasser des Marienbrunnens gilt als heilig. Die Quelle ist auch der Grund für die frühe Besiedelung Ein Kerems. Neben Keramikkacheln in der Bronzezeit fand man hier auch eine Aphrodite-Statue, die heute im Rockefeller Museum (S. 46) steht. Im Panorama des Dorfes fällt sofort die Johanneskirche ins Auge – eine Franziskanerkirche

Der Stamm von Gad ist auf einem Fenster verewigt.

von 1675. An dieser Stelle stand bereits zu byzantinischer Zeit eine Kirche, die nach dem arabischen Sieg über die Kreuzfahrer in eine Karawanserei umgewandelt wurde. Innen beherbergt sie einen Mosaikfußboden und eine Grotte, in der Johannes geboren worden sein soll.

Besuchskirche und Gorny-Kloster

Auch die Heimsuchungskirche ist mit Johannes dem Täufer verbunden. Erbaut 1939 bis 1955 von Antonio Barluzzi (1884–1960), ist sie relativ jung. Doch wie so oft in Jerusalem, erzählen darunterliegende Überreste eine ältere Geschichte, in diesem Fall die einer Kreuzfahrerkirche – genau an der Stelle, wo laut Überlieferung das Sommerhaus von Johannes' Eltern Elisabeth und Zacharias stand und Maria während ihres Familienbesuchs gewohnt haben soll. Das nahe gelegene Gorny-Kloster wurde 1871 erbaut, als auch Russland sich im Heiligen Land mit Bauwerken verewigen wollte.

Chagall-Fenster

Zwölf individuelle Glasfenster in der hauseigenen Synagoge der Hadassa-Klinik waren 1962 Chagalls ganz persönliches Geschenk an das jüdische Volk.

AUTORENTIPP!

FUSION AUS ALT UND NEU

Das Hotel im Herzen von Ein Kerem spiegelt all das wider, was den Stadtteil ausmacht: Idylle und Weltläufigkeit, Künstlerflair und Stil, Wärme und Eleganz. Es ist eine Fünf-Sterne-Fusion der Kontraste: Jerusalem-Sandstein verschmilzt mit elegantem Interieur. Die Wände zieren Kunstwerke einheimischer Künstler. Ein Springbrunnen im Garten greift das Quellenmotiv auf, das Ein Kerem schon seit Jahrtausenden zum begehrten Wohnort macht. Eine Oase abseits von Jerusalems geballter Heiligkeit und dennoch mittendrin in Geschichte und Kultur, umgeben von der traumhaften Natur der Jerusalemer Berge. Außer elf eleganten Designersuiten verfügt das Hotel über ein Gourmetrestaurant und ein Wellness-Spa.

Boutique Hotel Alegra. 13 Derech Haachaiot, Ein Kerem,
Tel. 02/650 05 06,
www.hotelalegra.co.il

Oben: Das Fenster zum Stamm Naftali, Jakobs zweitgeborenem Sohn
Mitte: Wie in Gold getauchte Zwiebeln leuchten die Türme des russisch-orthodoxen Gorny-Klosters.
Unten: Chagalls schwebende Figuren verwandeln die Glasfenster in eine lebendig scheinende Welt.

Rot-, Gelb-, Grün-, Blau-, Purpur- und Goldtöne: Jedes Fenster gestaltete der russisch-jüdische Künstler in einer anderen Farbe. Inspiriert vom Ersten und Fünften Buch Mose, wählte der »Maler-Poet« als Motiv Jacobs Segen für seine zwölf Söhne sowie Moses' Segen für die zwölf Stämme Israels. Jedes Fenster trägt den Namen eines Stammes, in jedem ist ein biblischer Segensspruch eingraviert. »Die ganze Zeit, während ich arbeitete, spürte ich meinen Vater und meine Mutter neben mir«, beschrieb Chagall seine Inspiration. »Und mit ihnen Juden, Millionen anderer verschwundener Juden von gestern und vor 1000 Jahren.« Egal, zu welcher Tageszeit man die Synagoge betritt, die Fenster tauchen den Raum in ein fließendes Licht, das vom Jerusalemstein der Wände zurückgeworfen wird.

Kunst, Kulinarik und Konzerte

Ein Kerem ist genau der richtige Ort, um nach diesem besonderen Erlebnis von Chagalls fantasievollem Mikrokosmos wieder in die reale Welt zurückzukehren – und zu den Galerien, Cafés und Pflastersteinstraßen der Dorfidylle. Neben Keramikläden und Restaurants hat Ein Kerem auch einen Konzertsaal zu bieten, das Eden Tamir Music Centre. Das ganze Jahr über finden hier Kammerkonzerte und wöchentliche Liederabende statt. Israelische Talente treten ebenso auf wie internationale Künstler.

Infos und Adressen

SEHENSWÜRDIGKEITEN

Besuchskirche. Eine der drei wichtigsten Kirchen in Ein Kerem: Stätte der Verkündigung und der Geburt Johannes des Täufers. Nahe Ein Kerem St., Tel. 02/641 72 91.

Chagall-Fenster. Zwölf individuelle Fenster für die zwölf Stämme Israel. Kiriat Hadassah, So–Do 8–15.30 Uhr, Fr, Sa geschl., Tel. 02/677 62 71, www.hadassah-med.com

Gorny-Kloster. Drei Kirchen der russisch-orthodoxen Kirche und Pilger-Hostel. Tgl. 6–9 und 15–19 Uhr, So geschl., Eingang durch das Hadassah-Krankenhaus, Ein Kerem St., Tel 02/641 28 87.

Johanneskirche. Erst byzantinische, dann Franziskanerkirche. Ein Kerem Zentrum, Mo–Fr 8–12 und 14.30–17 Uhr, So 9–12 und 14.30–17 Uhr.

ESSEN UND TRINKEN

Agua. Französische Küche mit Jerusalemer Lokalkolorit. 1 Hamaayan St., Tel. 02/644 94 94.

Charlotte. Orientalische Go gine mit Tahini bis Merguez. Tel. 02/643 45 45, www.cha

Karma. Vorzügliche Küche, romantisches Ambiente an lauen Sommerabenden. 74 Ein Kerem St., Tel. 02/643 66 43.

Neeman. Café und Bäckerei im Einkaufszentrum Yishpro des Hadassah Medical Center. Frühstück, Lunch, Toast, Salate, Suppen, Eis, Kuchen. Tgl. 9–21 Uhr, Kiriat Hadassah, Tel. 02/642 86 21.

ÜBERNACHTEN

Natural House. B&B mit Garten mitten im pittoresken Dorfkern unweit der Johanneskirche. Homat Hazalfim St., Tel. 02/641 12 88, www.naturalway.co.il

AKTIVITÄTEN

Sweet'N'Karem. Chocolaterie mit Laden und Workshops. Köstlich und fantasievoll! Tgl. 8–20 Uhr, 10 Haachaiot St., Tel. 077/446 01 60.

Die Chocolaterie »Sweet'N'Karem« bietet auch Schokoladen-Workshops an.

10 Herzlberg und Yad Vashem

Erinnere dich!

Die Holocaust-Gedenkstätte Yad Vashem ist Israels nationales Mahnmal für die sechs Millionen Juden, die in der Schoah ermordet wurden, zur Erinnerung an die zerstörten jüdischen Gemeinden Europas und an den Mut der Gerechten unter den Völkern, die für die Rettung von Juden ihr Leben riskiert haben. Sie ist außerdem das weltweit führende Zentrum für Holocaustforschung und -dokumentation.

Yad Vashem, auf Deutsch »Denkmal und Name« – das Prophetenbuch Jesaja gab Israels zentraler Gedenkstätte für Holocaust und Heldentum ihren Namen: »Und ihnen will ich in meinem Hause und in meinen Mauern ein Denkmal und einen Namen (Hebräisch: »Yad Vashem«) geben, der nicht getilgt werden soll.«

Vier Säulen der Erinnerung

Die Aufforderung, sich zu erinnern, *Zachor*, ist eines der zentralen jüdischen Gebote. 169-mal taucht es in der Thora auf. Bewusst wurde Yad Vashem daher 1953 an den Hängen des Har Hazikaron, des »Berges der Erinnerung«, eröffnet. Es ist heute eine lebendige Begegnungsstätte. Vier Säulen der Erinnerung fühlt sich Yad Vashem seit mehr als einem halben Jahrhundert verpflichtet: Gedenken, Dokumentation, Forschung und Erziehung. Im Archiv der Gedenkstätte lagern rund 60 Millionen Seiten Originaldokumente, darunter Zeugenaussagen von Überlebenden. In der Bibliothek stehen über 100 000 Bände. Es ist die weltweit umfangreichste Sammlung von Holocaustliteratur.

Die Halle der Namen erinnert an jeden einzelnen Juden, der in der Schoah ermordet wurde.

Rundgang mit Karte

Vorbei an Archiv- und Bibliotheksgebäuden sowie der Internationalen Schule für Holocauststudien gelangt man auf den zentralen Platz mit der Kindergedenkstätte.

A Kindergendenkstätte – Über eine Steinpassage steigt man in eine unterirdische Höhle hinab. Kerzen erzeugen die Illusion von Sternengalaxien, während eine Tonbandstimme die Namen, Alter und Herkunftsländer der 1,5 Millionen ermordeten Kinder verliest.

B Museum zur Geschichte des Holocaust – Originalgegenstände, Zeugenaussage, Fotos, Dokumente, Kunst, Multimedia und Videos erzählen in neun unterirdischen keilförmigen Galerien die Geschichte der Schoah aus jüdischer Perspektive.

C Halle der Namen – Mehr als zwei Millionen Gedenkblätter mit biografischen Notizen werden in den Regalen aufbewahrt, die Raum für sechs Millionen solcher Gedenkblätter bieten. Die Porträts der Opfer spiegeln sich im Wasser am Boden eines gegenüberliegenden Felskegels wider.

D Halle der Erinnerung – Ewige Flamme in schwarzem Basalt, in den die 22 berüchtigtsten Ortsnamen der Vernichtung eingraviert sind. Unter der Steinplatte ist die Asche von Opfern der Vernichtungslager begraben.

E Deportationswaggon – Stellvertretend für die Millionen von Juden errichtet, die in Viehwaggons gepfercht und aus ganz Europa in die Vernichtungslager deportiert wurden. Der originale deutsche Viehwaggon wurde Yad Vashem von der polnischen Regierung übergeben.

F Tal der Gemeinden – Auf 107 Wänden stehen Namen von mehr als 5000 jüdischen Gemeinden, die im Holocaust zerstört wurden oder nur knapp überlebten.

G Allee der Gerechten – Bäume zur Ehrung von Nichtjuden, die ihr Leben aufs Spiel setzten, um während des Holocaust Juden zu retten. Neben jedem Baum befindet sich eine Gedenktafel mit Namen und Herkunftsland der Geehrten.

H Garten der Gerechten – Die Namen derer, die während der Schoah Juden retteten, sind in alphabetischer Reihenfolge auf nach Ländern angeordneten Wänden eingraviert.

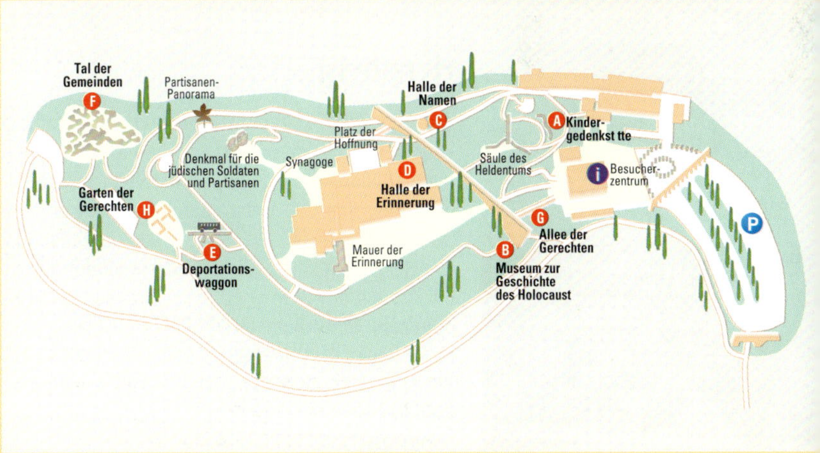

AUTORENTIPP!

AUTHENTISCHES FLAIR

Inhaberin Atalya Ein Mor ist eine echte »Ein Keremerin«: Sie wurde in Ein Kerem geboren und ist hier aufgewachsen. Ihr Heimatstadtteil hat sie nie losgelassen. So beschloss sie nach Jahren kulinarischer Erfahrung in Israels renommiertesten Restaurantküchen, ihr eigenes Restaurant zu eröffnen – natürlich in Ein Kerem. In ihrem Restaurant »Atalya, Ein Kerem Secrets«, das zugleich auch Hotel und Bed & Breakfast ist, kombiniert sie Feinschmeckerküche mit Wohnzimmerflair. Das renovierte uralte Haus aus dem 18. Jahrhundert steht inmitten von knorrigen Oliven- und Obstbäumen und verströmt den natürlichen Charme ländlicher Idylle, umgeben von den lieblichen Hügeln der Jerusalemer Berge.

Atalya. 9 Ein Kerem St., Tel. 052/475 51 67, www.atalya.co.il

Zum Museumskomplex gehören das Museum zur Geschichte des Holocaust, darunter die Halle der Namen, das Kunstmuseum, der Ausstellungspavillon, das Lernzentrum, das Filmzentrum und die Synagoge. Das Kunstmuseum beherbergt die weltweit größte Sammlung von Kunst, die Menschen angesichts des Todes in Konzentrations- und Vernichtungslagern angefertigt haben. Die Synagoge zeigt Judaika, die aus den zerstörten Synagogen Europas zusammengetragen wurden.

Holocaust-Museum

Das Museum zur Geschichte des Holocaust erstreckt sich über eine überwiegend unterirdisch gelegene Fläche von etwa vier Quadratkilometern. Es zeigt die Geschichte des Holocaust aus einer einzigartigen jüdischen Perspektive anhand von Originalgegenständen, persönlichen Habseligkeiten und Augenzeugenberichten von Überlebenden. Wie ein Keil bohrt sich das Museumsgebäude durch den Berg hindurch. Die Ausstellungsräume sind unterschiedlich hoch. Am Ende des historischen Überblicks steht die Halle der Namen mit Gedenkblättern für Millionen von Holocaustopfern.

Herzlberg

Auf dem an Yad Vashem angrenzenden Herzlberg liegt der Jerusalemer Nationalfriedhof, benannt nach Theodor Herzl (1860–1904), dem Begründer des modernen politischen Zionismus. Auf der Spitze des Hügels liegt Herzls Grab, am Eingang das Herzl Museum. Seit der Staatsgründung Israels wurden auf dem Friedhof zahlreiche weitere politische Persönlichkeiten beigesetzt, darunter Levi Eschkol (1895–1969), Golda Meir (1898 bis 1978) und Jitzchak Rabin (1922–1995), außerdem der Schriftsteller Wladimir Zeev Jabotinsky (1880–1940).

Infos und Adressen

SEHENSWÜRDIGKEITEN

Herzl Museum. Multivisuelle Einblicke in Herzls Visionen und die Anfänge der zionistischen Bewegung. So–Mi 8.30–18 Uhr, Do bis 19 Uhr, Fr bis 13 Uhr. Herzl Blvd., Jerusalem, Tel. 02/632 15 15, www.herzl.org

Yad Vashem. Israels zentrale Holocaust-Gedenkstätte und weltweit führendes Schoah-Dokumentationszentrum. So–Mi 9–17 Uhr, Do 9–20 Uhr, Fr und am Vorabend von jüdischen Feiertagen 9–14 Uhr, Sa und jüdische Feiertage geschl. Eintritt zum Museum zur Geschichte des Holocaust und zu allen anderen Einrichtungen frei. Eintritt ins Museum zur Geschichte des Holocaust erst für Kinder ab 10 Jahren. Har Hazikaron, Herzl Blvd., Jerusalem, www.yadvashem.org

ESSEN UND TRINKEN

Brasserie. Mittelmeerküche. Businesslunch wochentags und Brunch am Wochenende. So–Mi ab 12 Uhr, Do ab 10 Uhr, Fr–So ab 9.30 Uhr bis Open End, 15 Hamaayan, Ein Kerem, Tel.053/8094836, www.2eat.co.il/eng/brasseriejer

Ein Rundgang in Yad Vashem ist ein emotionales Erlebnis.

Viele Besucher legen am Grab von Jitzchak Rabin Steine nieder.

Esti & Perla. Mediterrane Küche mit marokkanischen Familientraditionen. 18 Hamaayan, Ein Kerem, Tel. 02/643 73 26.

ÜBERNACHTEN

Notre Dame de Sion. Ehemaliges Kloster aus dem 19. Jahrhundert, das heute Gästehaus, Café und einen Garten anbietet, in dem man die Stille fast greifen kann. 23 Rehov Ha Oren, Tel. 02/641 57 38.

AKTIVITÄTEN

Eden Tamir Music Center. Gegründet 1966 vom Pianistenduo Bracha Eden and Alexander Tamir, heute eine erstklassige und intime Bühne für Kammermusik und Konzerte. 29 Hamaayan St., Ein Kerem, Tel. 02/641 42 50, www.einkeremusicenter.org.il

11 Ausflüge rund um Jerusalem

Bethlehem und Jerusalem Hills

Rund um Jerusalems Nordwesten liegen sie verteilt – die versteckten Perlen, die man nicht gleich auf Anhieb findet. Ob Weingut, Käsefarm, Spa, Höhlen oder Ausflugsrestaurant – Weg und Ziel in den Jerusalemer Bergen lohnen gleichermaßen. Ein Muss im Süden Jerusalems ist Bethlehem – die berühmte Geburtsstadt von Jesus liegt nur eine halbe Stunde von der Heiligen Stadt entfernt.

Westlich von Jerusalem erstrecken sich die Jerusalemer Berge. Auf jedem einzelnen ihrer bewaldeten Hügel liegen Ausflugsziele versteckt, die man mitunter erst nach einigem Suchen findet. Doch allein der Weg ist das Ziel schon wert. Und ist man erst einmal angekommen, belohnt das Ziel mit Originalität, Geschmack und Geschichten. Südlich der Stadt kann man Bethlehem in den Palästinensischen Autonomiegebieten besuchen – für viele Jerusalemreisende ein Muss.

Die Wanderwege rund um Jerusalem, wie hier in Ein Rafa, sind gut ausgebaut.

MAL EHRLICH

GEPÄCKAUFBEWAHRUNG AM FLUGHAFEN

Mehr Service am Flughafen Ben Gurion ist nicht immer praktikabel. Neue Schließfächer S, M und L sollen Urlaubern das Reisen erleichtern. Koffer, Kinderwagen, Reisetaschen, Mäntel oder Regenschirme soll man gegen Gebühr sicher verwahren können. Zudem hat jedes Fach Steckdosen für das Aufladen von Handys oder Laptops. Einziger Haken: Aus Sicherheitsgründen liegen die Fächer am Parkplatz, weitab von der Abflughalle. Der Grund: Gepäck ohne eindeutigen Besitzer gerät schnell in Verdacht.

Abu Ghosh und Kiryat Anavim

Abu Ghosh ist ein arabisches Dorf zwischen Jerusalem und Tel Aviv. Der Ort ist besonders beliebt wegen seiner vielen kleinen Ausflugslokale in den Bergen in herrlicher Lage. Musikliebhaber wissen vor allem sein jährliches Chormusikfestival im Frühjahr und im Herbst zu schätzen, Wanderer die Spazierwege und Geschichtsentdecker das 1000 Jahre alte Benediktinerkloster, ein prunkvolles Zeugnis der Kreuzfahrer-Architektur. Das Dorf selbst wurde in osmanischer Zeit von der Abu-Ghosh-Familie gegründet, deren Zweige noch heute die Mehrheit der Dorfbewohner stellen.

Zwölf Kilometer von Jerusalem und 50 von Tel Aviv entfernt war Kiryat Anavim (»Stadt der Trauben«) der erste Kibbuz in den Judäischen Bergen. Die Zionistische Bewegung hatte das Stück Land 1912 vom Effendi der Abu-Ghosh-Familie erworben. Erwies sich die landwirtschaftliche Bewirtschaftung anfangs wegen des Wassermangels als schwierig, produzierte der Kibbuz ab 1968 Tomaten, Pfirsiche und Trauben. 2013 eröffnete im Kibbuz das »Cramim Resort & Spa« – mit Restaurant, Hamam und Weintherapie im Spa.

Wein im Ella-Tal und Käse in Har Eitan

Eine der Weinsorten, die extra für das Resort hergestellt werden, kommt vom Ella-Valley-Weingut. Schon in der Antike wurde in dieser Gegend rund um Jerusalem Wein angebaut, unter anderem für den Tempel in Jerusalem. Heute produziert die Winzerei 200 000 Flaschen pro Jahr, die meisten davon für den Export. Auf der anderen Seite des Ella-Tals in Givat Yeshayahu liegen die Weinberge des Sternbach-Weinguts. Unter Feigenbäumen und Weinranken stellt Inhaber Gad Sternbach jedes Wochenende Tische und Stühle auf und lädt

AUTORENTIPP!

UNTERIRDISCHE ENTDECKUNGEN

Das unterirdische Höhlennetz ist seit 2014 Israels jüngster UNESCO-Weltkulturerbe-Schatz. Es ist eine faszinierende Stadt unter der Stadt mit richtiger Infrastruktur. Ihre Kammern und Gänge zeugen von einer frühen Besiedelung bereits ab der Eisenzeit. Später wurden rund 500 Höhlen in den weichen Kalkstein gehauen und als Grabanlagen, Amphitheater, Zisternen, Badeanlagen, Öl- und Traubenpressen genutzt. Die Höhlen liegen auf einer Fläche von etwa fünf Quadratkilometern. Zum Nationalpark gehört ebenfalls die antike Stadt Maresha – ein weitläufiges, spannendes Ausflugsziel, für das man sich unbedingt Zeit nehmen sollte. Besonders für Kinder ein echtes Abenteuer!

Beit-Guvrin-Maresha-Höhlen. Anfahrt über Straße Nr. 35 zwischen Beit Shemesh und Kiryat Gat, gegenüber Kibbuz Bet Guvrin. April–Okt. 8–17, Nov–März 8–16 Uhr, Tel. 08/681 957.

AUTORENTIPP!

LIEBE GEHT DURCH DEN MAGEN

Das bezaubernde Lokal in den Jerusalemer Bergen ist noch fast unentdeckt von Touristenströmen, denn es liegt etwas abgelegen in einem malerischen arabischen Dorf und ist einigermaßen schwer zu finden. Doch das Durchfragen lohnt sich allemal. Bei Einheimischen hat sich die grandiose Küche des jüdisch-muslimischen Paares Michal und Yakub längst herumgesprochen – als fantastischer Platz zum Frühstücken auf dem Weg nach oder von Jerusalem und, besser noch, zum Mittagessen oder Abendessen im Majda. Küchenchefin Michal variiert klassische arabische Gerichte mit raffinierten Speisen. Alles zusammen bekommt eine persönliche Handschrift.

Majda. Inhaber Michal und Yakub. Anfahrt Highway 1 zwischen Tel Aviv und Jerusalem, Ausfahrt Ein Rafa, Schilder Richtung Dorf, rote Schrift auf Hebräisch zum Restaurant. Mi–Sa geöffnet. Ein Rafa, Tel. 02/579 71 08.

zu Weinverkostungen seiner Rebsorten ein, während seine Frau köstliche Hausmannskost auftischt. Eine der exklusivsten Winzereien des Landes ist Domain du Castel in Ramat Raziel. Der Inhaber Eli Ben Zaken des koscheren Familienweinguts begann 1988 seinen Betrieb – anfangs als Hobby. Vier Jahre später gewann der erste Tropfen Grand Castel Vin bereits internationale Preise. Seitdem belieferte Castel sogar den Papst und Angela Merkel.

Ähnlich preisgekrönt und schwer zu finden ist die Ziegenkäsefarm von Shai Seltzer. Zu der Käsemanufaktur bei den Sataf-Quellen in den Bergen von Eitan führt eine holprige Straße. Seit 1974 bepflanzt Seltzer auf seinem Hof Biokräuter auf Hügelbeeten und Terrassen. In einer Felshöhle neben dem Biogarten lagert er seine Schätze: Ziegenkäse in verschiedenen Reifestadien. An einem rustikalen Holztisch neben der Höhle breitet er seine Schätze aus, serviert dazu selbst gemachten Ziegenjoghurt und Brot. Dazu erzählt er Geschichten aus seinem ereignisreichen Leben. Ein Ausflug, der alles bietet, von Abenteuer bis Natur, fein abgeschmeckt mit Käse und Wein.

Bethlehem – Lage und Reisezeit

Die Stadt liegt im Westjordanland und wird von der Palästinensischen Autonomiebehörde verwaltet. Dennoch ist die Anreise von Jerusalem aus unkompliziert. Die Stadt selbst mit rund 25 000 Einwohnern ist überwiegend christlich geprägt, der Tourismus mit mehr als einer Million Touristen jährlich eine wichtige Einnahmequelle.

Bethlehem ist jederzeit einen Besuch wert, denn die Einwohner sind sehr gastfreundlich, die Restaurants und Geschäfte vielfältig und ansprechend. Will man jedoch das besondere Flair der Weihnachtstage erleben, ohne sich durch Pilger-

Rundgang durch Bethlehem

Nur etwa eine halbe Stunde per Mietwagen oder Bus von Jerusalem entfernt liegt Bethlehem. Hauptattraktion ist die Geburtskirche am Manger Platz.

A Geburtskirche – Hauptattraktion in Bethlehem am Manger Platz. Die Basilika ist eine einfache Kirche, die auf der Höhle errichtet wurde, in der Jesus geboren worden sein soll. Die Geburtsgrotte schmückt ein Stern. Anfahrt von Jerusalem am besten mit einem arabischen Bus ab Busbahnhof beim Damaskustor, alternativ mit arabischem Taxi. Tgl. 6.30–12 und 14–19.30 Uhr (Sommer), 5.30 bis 12 und 14–17 Uhr (Winter), So-vormittag ist die Geburtsgrotte für Besucher geschlossen. Eintritt frei. Tel. 02/274 24 25.

B Milchgrotte – An diesem Ort soll Maria der Überlieferung nach Jesus auf ihrer Flucht aus Bethlehem gestillt haben.

C Hirtenfeld (Shepherd's Field) – Rundbau zu Ehren der Hirten, die ihre Herden zurückließen, um Jesus zu folgen. Manger St.

D Rachels Grab – An dieser Stelle soll Urmutter Rachel begraben sein. Heiliger Platz für Juden. Hebron Rd./ Ecke Manger St.

E Herodion – Antike Palastanlage von König Herodes (74–4 v. Chr.) zwischen Bethlehem und Jerusalem auf dem Gipfel eines kegelartigen Berges. Das Herodion östlich von Bethlehem wurde in nur drei Jahren erbaut, von 23–20 v. Chr. Es enthält eine Befestigungsanlage, Höfe, Bäder, Zisternen, Hallen und Überreste einer Synagoge. Sie stammt aus der Zeit des jüdischen Aufstands gegen die Römer. April–Sept. 8–17 Uhr, Okt–März 8–16 Uhr, Eintritt: 14–27 NIS. Anfahrt über Har Homa-Teko'a-Nokdim Road Nr. 356, Tel. 02/563 62 49 und 050/623 58 21.

Bethlehem liegt etwa eine halbe Autostunde von Jerusalem entfernt.

Oben: Bethlehem im Palästinensischen Autonomiegebiet
Mitte: Auf dem arabischen Suq in der Altstadt
Unten: Die Geburtskirche ist Bethlehems Hauptattraktion.

ströme hindurchdrängen zu müssen, empfiehlt sich ein Besuch zwischen Dezember und Januar, in der Zeit nach Weihnachten und vor dem orthodoxen Weihnachten Anfang Januar: Die Atmosphäre ist noch da, aber die Stadt ist wieder leerer.

Bethlehem – Bedeutung für Christen und Juden

Hauptmagnet ist die Geburtsgrotte als Geburtsort von Jesus, für Christen aus aller Welt seit Jahrtausenden begehrte Pilgerstätte. Die Stätte wird schon seit dem zweiten Jahrhundert verehrt. Seit 333 erhebt sich über der Grotte die Geburtskirche, die 2012 in die Liste des Weltkulturerbes der UNESCO aufgenommen wurde.

Auch für Juden hat Bethlehem große Bedeutung. Denn auch König David soll hier geboren sein. Zudem liegt an Bethlehems Nordeingang, fast schon am Übergang zu Jerusalems Stadtgrenze, das Grab von Rachel, einer der drei biblischen Urmütter und Ehefrau von Jakob. Seit Generationen beten Juden an diesem Ort, den ein kleiner Kuppelbau mit Olivenbaumsymbol umgibt. Denn nach jüdischer Tradition haben Rachels Tränen Wunderkräfte. Wer ihr Grab besucht, erhofft sich oftmals Trost, Heilung, Erfüllung von Wünschen und Zugang zu Gott.

Infos und Adressen

ESSEN UND TRINKEN

Abu Eli. Lamm, Reis und Salate, sehr lecker; freundlich. Manger St, Bethlehem, Tel. 02/274 18 97.

Afteem. Frühstück, Snacks, Falafel. Kleines Lokal, lecker und preiswert. Manger Square, Bethlehem, Tel. 02/274 79 40.

Hans Sternbach. Weingut und Ausflugslokal auf der anderen Seite des Ella-Tals in einer Pergola unter Feigenranken mit Blick aufs Ella-Tal Wein und feine israelische Hausmannskost genießen. 83 Givat Yeshayahu, Tel. 02/999 01 62, www.hsw.co.il

Mimi's Patisserie. Köstliche Kuchen und Desserts, alles hausgemacht. Meshek 70, Givat Yeshayahu, Tel. 054/783 37 50.

Naura In The Wadi. Restaurant mit der ganzen Vielfalt der arabischen Küche. 9 Ha'vadi St., Abu Ghosh, Tel. 02/534 11 75, www.naura.rest-e.co.il

Sultan Sweets. Die besten *Knafeh* (arabische Süßspeise aus Käse) außerhalb der Jerusalemer Altstadt. Rehov Hashalom, Abu Ghosh.

ÜBERNACHTEN

Dar Sitti Aziza. Gastfreundliches, charmantes Boutiquehotel in Familienbesitz seit osmanischer Zeit. Manger Square, Tel. 02/274 48 48, http://darsittiaziza.com

Falafel, Oliven, Hummus und Salat – lecker und günstig im »Afteem«

Das gastfreundliche Hotel Dar Sitti Aziza ist seit Generationen im Familienbesitz.

Kibbutz Ramat Rachel. Schönes Kibbuzhotel mit Pool etwas außerhalb Jerusalems Richtung Bethlehem. D.N Tzfon Yehuda, Anfahrt über Hebron Road, Tel. 02/670 25 55, www.ramatrachel.co.il

EINKAUFEN

Shai Seltzer Cheese & Goats Sataf. Har-Eitan-Farm, Judäische Berge, Tel. 054/440 37 62, www.goat-cheese.co.il

VERANSTALTUNGEN

Abu Ghosh Festival. Festival des Chorgesangs zweimal im Jahr, im Mai und Okt. Tel. 054/640 71 44, www.agfestival.co.il/en

AKTIVITÄTEN

Cramim Resort & Spa. 15 Min. von Jerusalem entfernt liegt dieser Spa-Komplex inmitten bezaubernder Natur. Kiryat Anavim, Tel. 08/638 77 97, www.isrotel.com/kiryat_anavim

Domaine du Castel Winery. Koscheres Edelweingut, das sogar Bundeskanzlerin Angela Merkel für Staatsbesuche beliefert. Meshek 39, Ramat Raziel, Tel. 02/534 22 49, www.castel.co.il

Ella Valley Vineyards. Boutique-Weingut in den Jerusalemer Bergen in dem Tal, wo die Schlacht Davids gegen Goliath stattgefunden haben soll. Netiv HaLamed Hei, Anfahrt über Straße 375 zwischen Givat Yeshayahu und Aviezer, Tel. 02/999 48 85, www.ellavalley.com

HERODS
LEONARDO

TEL AVIV UND JAFFA

Sehenswürdigkeit, Denkmal
Aktivität, Ausgehen, Theater
Museum, Galerie
Shopping
Restaurant, Bar, Café
Übernachtungsmöglichkeit
Synagoge
Kirche
Moschee
0 300 m
N
MITTEL-
MEER
Marina
Gordon Beach
Frischmann Beach
Trumpeldor Beach
Yerushalayim Beach
Ge'ula Beach
Hamisbaa
17
Gordon Pool
Marina Hotel
Crown Plaza Beach
12
Mersand
Raphael
Comfort 13
Ramat Aviv Mall
Nola. Bäckerei
Arbel
Eretz Israel Museum, Palmach Museum
Beit Hatfutsot (Diaspora-Museum)
19
Ben Gurion House
Central Synagoge
City Hall
Rabin Memorial
Bauhaus Museum
Cinema Hotel
Center Chic Hotel
Giraffe Noodle Bar
Performing Arts Center
Tel Aviv Museum of Art
Dubnov Park
Abu Hasan
Indigo
Ichilov Hospital
Hakirya
20
City Center
Dizengoff Center
18
Helena Rubinstein Pavilion
Philharmonie
Habima
Beit Ha'ir
Bauhaus Foundation Museum
Bialik Haus
Rubin Museum
PriOr Photohouse
Hanasich Hakatan
Orna und Ella
Kerem Hateimanim
Shuk Hacarmel
16
Shenkin Boutique Hotel
Rothschild Hotel
Wholesale Market
Hemda Cakes
Survey of Israel
Beit Liessin
Arlosoroff
Ibn Gabirol
Dizengoff
Sd. David Ben Gurion
Sd. Yitzak Rabin
Frischmann
Ben Yehuda
Hayarkon
Herbert Samuel
Retzif
Allenby
Bograshov
Eliezer Kaplan
Sderot Shaul Hamelech
Chaim Weizmann
Derech Menachem Begin
Yitzhak Sadeh
Sd. Rothschild
Yehuda Halevi
Lincoln
Carlebach
Hahashmona'im
Marmorek
Sheinkin
Ge'ula
Harav Kook
Y. L. Gordon
Moshe Sharett
Tashah
Be'eri
Nehardea
Pumedita
Uri
Modigliani
Zeitlin
Dubnow
Leonardo da Vinci
Hashoftim
Hanevi'im
Sapir
Hisin
Huberman
Bilu
Laskov
Aranya Oswaldo
David Elazar
Daniel Frisch
Ha'arba'a
Hamasger
Soncino

Charles Clore Garden
Etzel Museum
Manta Ray
Kaufmann
Prof. Yehezkel
Shabazi
Nevch Tzedek
Florentin
Old Jaffa
Merkaz Yafo
Tzahalon
Brown TLV
Synagoge
The Townhouse
Independence Hall
Kimel
Villa Vilina
Popina
Hatraklin Bistro
Nanuchka
North Abraxas
Blaumilch Bar
Nachum Gutmann Museum
Suzanna
Bellini
Suzanna Dellal Center
HaTachana
Bar Kaima
Pereg Spices
Derech Menachem Begin
Harakevet
Derech Yafo
Eilat
Raziel
Allenby
Herzl
Yehuda Halevi
Chelouche
Levinsky
Lewinsky
Matalon
Hahalutzim
Ha'aliya
Sd. Hartsiyon
Laguardia
Hamasger
Yadharutsim
Hatsfira
Neve
Sha'anan
Rosh Pina
Markolt
Hakishon
Mesilat Wolffsohn
Wolffsohn
Hacongress
Tchlenov
Harav Frankel
Cordovero
Abrabanel
Vital
Hamehoga
Harabbi Mibacharach
Ma'on
Levanda
Golomb
Amaliya
Saloona
Poriya
Nitzana
Haj Kahil
Uhrturm
Marzouk Ve'azaar
Mahmadiyya-Moschee
Abulafia
Margaret Tayar
Al-Bahr-Moschee
Old Jaffa Khan
Jaffa Antikmuseum
Arabisch-hebräisches Theater
The Clock
St. Peterskirche
Kalamata
Farkash Gallery
Cordelia
Ilana Goor Museum
Yemenite Art Gallery
Itakia
Bapishpeshim
Casa Nova
Andromeda Hill Holiday Suites
Container
Alma
Derech Shlomo
Haoman 17
Hashach
Rabenu Hananel
Alfasi
Hizkiyahu
Bar Yohai
Ha'amel
Hasadna
Hamanor
Hapatish
Hatnufa
Yesharim
Sd. Hachmai Israel
Sd. Hachmein Lublin
Meor Hagola
Mesilat
Yisra'el Misalant
Derech Kibbutz Galuyot
Hatekuma
Ometz
Schnitzler
She'erit Yisra'el
Bloomfield Stadium
Groningen Park
Hatehiya
Hayesod
Hazerem
Shlabim
Zoological Garden
Batanical Garden
Ofer Cohen
Gan Hahagana
Gan Histadrut
Gan Canada
Hakeshet
Lavon
Derech Izhak Ben Zvi
Gan Abu Nabut
Sherira Gaon
Or Hahayim
Midrash Tanhuma
Universität
Hever Hale'umin
Bukurei Tzion
Yad Shapira
Aza
Sd. Yerushalayim
Victor Hugo
Michelangelo
Gan Maritza
Albert Kyoso
Yisra'el
Pestalozzi
R. Roland
Shivtei
Dr. Ehrlich
Tziona Tajar
Gan Hashanim
Yitzak Avineri
Yefet
Yehuda Hayamit
Yehuda
Dror
Meragusa
No'am
Griechische Kirche
Hamigdalor
Namal Yafo
Hatzedef
Hashahaf
Hadolfin
Bistro 60
Sha'arei
Nicanor
Hamifras
Kedem
Samuel Ben Adaya
Ben Ahituv
Tapu'ah
Heharuv
Hazaken Vehayam, Afloka
Beit Sidi
Sd. Yisra'el Guri
Dirossi
Meirber
Zultser
Minkovski
Golomb

Seite 84/85: Abendstimmung an der Strandpromenade von Tel Aviv
Oben: Ein Häusermeer in Weiß: Tel Aviv ist Israels dynamischste Stadt.
Unten: Surfen, segeln, sonnenbaden: An 14 Strandabschnitten ist die Sportauswahl groß.

12 Strandpromenade Tayelet

Schönste Flaniermeile des Mittelmeers

Schon der Landeanflug ist spektakulär: Funkelnde Wolkenkratzer ragen zwischen flachen, weißen Häusern auf. Segelboote schaukeln im Meer. Strand – so weit das Auge reicht. Tel Aviv zeigt sich jung, dynamisch und urban. Ob weltoffene Großstadt, Kulturmetropole, Architekturlegende oder Gourmethauptstadt – die Liste der Superlative ist lang. Das Erstaunliche daran: alle treffen zu.

»Stadt, die niemals schläft«, »Israels Miami Beach« oder »San Francisco des Nahen Ostens« – Beinamen wie diese schmeicheln den Tel Avivern zwar, doch sehen die meisten von ihnen solche Vergleiche eher gelassen. Wissen sie doch ohnehin, dass sie in der aufregendsten Stadt der Welt leben. Denn das typische Tel Aviver Lebensgefühl, das findet man nur hier. Neben der Warmherzigkeit und Lebensfreude ist es vor allem diese ganz besondere Mischung aus Europa und Orient, aus Dy-

MAL EHRLICH

AUTO STEHEN LASSEN
Parkplätze sind in Tel Aviv rar, heiß umkämpft und teuer. Den Mietwagen also am besten stehen lassen und eher für einen Ausflug nutzen. Tel Aviv lässt sich wunderbar zu Fuß erkunden, das Busnetz ist leicht zu erschließen. Am besten Fahrrad oder Segway mieten. Damit kommt man überall gut durch und lernt die Stadt zudem wie ein Einheimischer kennen.

namik und Entspannung, aus Weltoffenheit und Toleranz, aus Laissez-faire und Savoir-vivre, aus Kreativität und Unternehmergeist, die das Ambiente dieser Stadt so einzigartig macht.

Global City: Schmelztiegel, Start-ups und UNESCO

Tel Aviv ist eine junge Stadt. 35 Prozent der Einwohner sind zwischen 18 und 35 Jahren alt. Nirgends sonst in Israel gibt es so viele Start-ups. Gemessen an der Einwohnerzahl Tel Avivs von gut 500 000 sind 700 junge Unternehmen schon rekordverdächtig. Das befand auch die UNESCO und nahm Tel Aviv 2014 in die Liste der kreativen Städte in der Kategorie »Media Arts« auf – gut elf Jahre nach der Würdigung seiner weißen Bauhaus-Architektur als Weltkulturerbe (S. 120). Zudem leben in der Stadt mehr als 180 Nationen einträchtig zusammen – ein kultureller Schmelztiegel ohnegleichen, der seine Entsprechung unter anderem in der abwechslungsreichen israelischen Länderküche findet (S. 134).

Hügel des Frühlings

Der Gründergeist wurde den Tel Avivern quasi in die Wiege gelegt: Waren doch die Stadtväter 60 jüdische Familien, die 1909 aus dem arabischen Jaffa auszogen, um Theodor Herzls (1860–1904) Traum von einer modernen jüdischen Stadt zu verwirklichen. Auf einem Stück Land in den Sanddünen, das sie 1907 gemeinschaftlich kauften, bauten sie etwa 50 Häuser. Ihre geplante Gartenstadt nannten sie Tel Aviv, hebräisch für »Hügel des Frühlings« – als Reminiszenz an den gleichnamigen hebräischen Titel von Herzls visionärem Essay *Altneuland*. Die Gründerhäuser sind heute im inzwischen restaurierten Stadtteil Neve Tzedek zu bestaunen (S. 108).

Oben: Schwimmen, essen, radfahren: Die Strandpromenade Tayelet bietet viel Abwechslung.
Mitte: Mobile Saftbars gibt es an jeder Straßenecke.
Unten: Sehen und gesehen werden – in der jungen Stadt am Mittelmeer ist immer etwas los.

AUTORENTIPP!

EINHEIMISCHE TOURGUIDES

Ja, Tel Aviv ist eine Weltmetropole. Doch die besten Plätze kennen immer noch die Einheimischen. »Erkunde die Stadt entlang deiner Hobbys, Interessen und Leidenschaften« – das ist das Motto der jungen Start-up-Firma Mekomy, was übersetzt so viel heißt wie »lokal«. Die Idee: Tel Aviver führen Touristen durch ihre Stadt. Und zwar nicht irgendwelche Tel Aviver. Ein Küchenchef zeigt die ganze kulinarische Vielfalt der Tel Aviver Gastroszene, ein Architekt erklärt die Stadt anhand ihrer Bauwerke, ein Künstler geleitet durch Galerien, Jazzclubs, Theater und Konzertsäle. Weitere Hobby-Kategorien sind Mode, Shopping, Fotografie, Geschichte, Religion, Spiritualität und Szenekultur. Unterwegs wie ein Einheimischer mit Einheimischen – den Service gibt es neben Tel Aviv auch für Jerusalem und Nordisrael.

Info. Buchung online.
www.mekomy.com

Gründung von Stadt und Staat

1914 hatte Tel Aviv rund 3000 Einwohner. Sie wurden 1917 ebenso wie die jüdische Bevölkerung Jaffas von der neuen türkischen Zentralregierung vertrieben. Erst nach 1918, als die britische Armee das Land erobert hatte, durften sie zurückkehren. An die Gründerfamilien, darunter auch Tel Avivs ersten Bürgermeister Meir Dizengoff (1861 bis 1936), erinnert heute vor allem die Independence Hall auf dem Rothschild Boulevard (S. 93 f.). Hier erfährt man auch, dass Tel Aviv rasant wuchs, nachdem die britischen Mandatsverwalter dem Frühlingshügel 1921 kommunale Rechte verliehen hatten – ein historischer Moment. So ist es kein Zufall, dass David Ben Gurion genau hier am 14. Mai 1948 die Unabhängigkeitserklärung verlas und den Staat Israel ausrief. Der original belassene Saal in der Independence Hall versetzt Besucher in die Zeit von Stadt- wie Staatsgründung zurück.

Vom Frühlingshügel nach Tel Aviv-Jaffo

1925 wuchs die Zahl der Einwohner auf 34 000. Aus diesem Jahr stammt auch der erste Bebauungsplan Tel Avivs. Er stammt vom englischen Architekten Sir Patrick Geddes (1854–1932) und diente künftigen Stadtplanern später als Grundlage. Nur zehn Jahre später zählte die Stadt bereits 120 000 Einwohner. Die meisten von ihnen waren jüdische Einwanderer aus Europa, die vor Pogromen in Russland und Polen, später vor der Verfolgung durch die Nazis flüchteten.

Mit den Emigranten kamen viele Künstler, Architekten und Mittelständler nach Tel Aviv. Einer von ihnen war der Fotograf Rudi Weissenstein (1910–1992). Sein Privatarchiv in der Tcherni-

chovsky Street dokumentiert seit 1936 eindrucksvoll israelische Zeitgeschichte. Die Emigranten brachten Kunst und Kultur mit, gründeten Museen und Theater und bauten eklektische Stadthäuser mit viel Bauhausstil. Heute fließen Tel Avivs Stadtgrenzen nahtlos in angrenzende Nachbarorte über. Die gesamte Metropolregion mit etwa 3,2 Millionen Menschen gilt als größter Ballungsraum Israels.

1950 wurde Tel Aviv mit der arabischen Stadt Jaffa vereint. Ihr offizieller Name ist seitdem Tel Aviv-Jaffo. Noch immer spürt man in der Altstadt von Jaffa den zeitlosen Puls des Orients, während Tel Aviv eher dem Ruf der Moderne folgt – als pulsierende, weltoffene Stadt, die niemals schläft.

Strandpromenade Tayelet

Sinnbild dafür ist die Strandpromenade Tayelet. Sie erstreckt sich von Jaffa bis zum Hafenviertel Namal (S. 118) und gilt als eine der schönsten Flaniermeilen des Mittelmeers. Hier treffen alle Facetten der israelischen Gesellschaft aufeinander, die das spezielle Tel-Aviv-Flair mit ausmachen – orientalisch und westlich, cool und familiär, säkular und religiös, multikulturell und kosmopolitisch. Und das einträchtig, friedvoll und in Partylaune.

Die Tayelet ist 14 Kilometer lang. Die breite schwungvolle Promenade entlang der Strände

Oben: Palmen, Kunst und Bauhausstil prägen die quirlige Metropole.
Mitte: Abkühlung mit Meerblick: Der Gordonpool wird jeden Tag mit frischem Salzwasser gefüllt.
Unten: Überall am Strand stehen kostenlose Fitnessgeräte bereit.

AUTORENTIPP!

STRANDLEKTÜRE

Bücher und Lesen haben im Judentum einen hohen Stellenwert. Ein gutes Buch zum Entspannen und Sonnenbaden ebenso. Die kostenlose mobile Strandbibliothek im Sommer kommt daher gut an. Alles auf Vertrauensbasis und ohne Mitgliedsausweis. Nach der Lektüre legt man die Bücher einfach wieder zurück in den Bücherwagen. Insgesamt acht mobile Bücherwagen laden zum Draußenlesen ein. Die klimatischen Bedingungen dafür sind ideal. Bei 318 Sonnentagen im Jahr erfreut sich die Freiluftbibliothek in den Sprachen Hebräisch, Englisch, Französisch, Russisch und Arabisch wachsender Beliebtheit.

Info. Die mobilen Leseboxen findet man zum Beispiel an den Strandabschnitten von Gordon, Metzitzim, Tsok und Sheraton-Strand sowie am Rothschild Boulevard inklusive Sonnenliegen auf der Wiese. Nur im Sommer. Tgl. 7.30–18.30 Uhr.

Der Strand ist am Wochenende ein beliebter Treffpunkt.

wird von Cafés und Restaurants gesäumt. Zu jeder Tageszeit kann man hier spazieren gehen, Rad fahren, träumen, flanieren, schauen und sogar tanzen. Jeden Freitagabend trommeln Musiker zu Chill-out-Beats das Wochenende herbei, während sich allmählich die Strandbars füllen – für viele Tel Aviver beginnt auf der Promenade die Vorfreude aufs Wochenende. Denn anders als in Jerusalem ist der Sabbat hier eher Aufforderung zum Tanz als zum Innehalten. Und lange Partynächte enden oft dort, wo sie begonnen haben – am Strand. Grundsätzlich gilt: Morgens kommen die Jogger und Spaziergänger, vormittags die Familien, nachmittags alle und abends die Nachtschwärmer. Egal, ob am Drum Beach oder Frischman Strand, irgendjemand feiert immer.

Strand für alle

Doch Strand ist in Tel Aviv nicht gleich Strand. Alle 13 Strandabschnitte haben Namen. Sie sind benannt nach den Straßen, die zu ihnen führen oder Hotels, zu deren Füßen sie sich erstrecken. Frischman- und Sheraton-Strand sind besonders beliebt bei Familien. Am Banana Beach kann man beim Sonnenbaden gemütlich Drinks schlürfen. Am lagunenartigen Hilton-Strand kann man besonders gut surfen und schwimmen, denn zwei Molen brechen die Wellen. Wer ungestört von Wassersportlern baden will, kann den öffentlichen Gordon-Swimmingpool nutzen. Er liegt auf einem Holzdeck mit Blick aufs Meer und wird täglich mit frischem Salzwasser aufgefrischt. Überall entlang der Strandpromenade stehen zudem kostenlose Fitnessgeräte zur Verfügung. Badesaison ist von Mai bis Oktober. In den milden Wintermonaten hat man die meisten Strände bei immer noch angenehmen 20 Grad Celsius fast für sich allein, denn vielen Israelis ist das Wasser dann zu kalt.

Infos und Adressen

SEHENSWÜRDIGKEITEN

Independence Hall. Fotos, Nachlass und Originalmöbel von 1948 – hier wurde Geschichte geschrieben. So–Do 9–17 Uhr, Fr 9–14 Uhr, Eintritt: 20 NIS, 16 Rothschild Boulevard, Tel. 03/510 64 26, http://ihi.org.il

PriOr Photohouse. Israel in Bildern im Archiv von Fotograf Rudi Weissenstein. Museum und Laden in einem. Ein seltenes Juwel! So–Do 10–18 Uhr, Fr 10–13 Uhr, 5 Tchernichovski St., Tel. 03/517 79 16, http://thephotohouse.co.il

ESSEN UND TRINKEN

Raphael. Top-Adresse im King David Tower, wo Küchenchef Raffi Cohen marokkanische und kurdische Küche mit Einflüssen aus Paris, London und New York kombiniert. 87 Hayarkon, Tel. 03/522 64 64, www.raphaeltlv.co.il

Manta Ray. Gourmet-Seafood und orientalische Mittelmeerküche in entspanntem Ambiente mit Meeresblick. Auch Frühstück. Alma Beach, Tel. 03/517 47 73, www.mantaray.co.il

Marina Hotel. Herrliche Dachterrasse mit Bar und Pool. 167 Hayarkon St., Tel. 03/521 17 77, www.marina-telaviv.co.il

ÜBERNACHTEN

Crown Plaza Beach. Schöne Zimmer direkt am Strand. Innenpool und Espressobar mit Meerblick, Bistro mit mediterraner Küche. 145 Ha-Yarkon, Tel. 03/520 11 11, www.crownplaza.com

AUSGEHEN

Nanuchka. Georgisch-veganes Restaurant und Lounge. Tgl. 12–3 Uhr, 30 Lilienblum St., Tel. 03/516 22 54, http://nanuchka-tlv.com

North Abraxas. Tagsüber spektakuläres Restaurant, abends Bar und Tanzclub. 40 Lilienblum St., Tel. 03/516 66 60.

Tel Aviver Zeitgeschichte aus 60 Jahren auf zwei Etagen im »PriOr Photohouse«

AKTIVITÄTEN

Gordon Pool. Öffentlicher Swimmingpool, auch Sauna und Fitnesskurse. 14 Eliezer Peri, hinter dem Hotel Carlton Tel Aviv, So 13.30–21 Uhr, Mo–Do 6–21 Uhr, Fr 6–19 Uhr, Sa 7–18 Uhr, Tel. 03/762 33 00, www.gordon-pool.co.il

Mieträder. So–Do 10–19 Uhr, Fr 10–17 Uhr, Sa nur nach Vorbestellung, pro Tag 75 NIS (ca. 15 €), 13 Ben Yehuda St., Tel. 03/525 21 34, www.polepositiontlv.com

Segway-Touren. Touren am Hafen, Strandpromenade und Hayarkon-Park. Pro Pers. ca. 60 $, Tel. 03/977 30 60, Buchung auch online unter www.zu-zu.co.il

INFORMATION

Touristeninformation. Infos und Karten zu ausgeschilderten kostenlosen Thementouren – blau für Strand, grün für Parks, weiß für Geschichte und Architektur, extra: Jaffa. 46 Herbert Samuel, Ecke 2 Geula St., Tel. 03/516 61 88.

Oben: Bauhaus und Wolkenkratzer: Tel Avivs Architektur ist kontrastreich.
Unten: Sehenswert: Das Bauhausmuseum in der Bialik St. liegt mitten in der Weißen Stadt.

13 Rund um den Rothschild Boulevard

UNESCO-Weltkulturerbe im Bauhausstil

Nirgends sonst auf der Welt stehen so viele Häuser im Bauhausstil wie in Tel Aviv. 4000 sind es insgesamt, gebaut von Architekten, die in den 1930er-Jahren nach Palästina emigrierten, viele von ihnen aus Deutschland. Seit 2003 gehört die »Weiße Stadt« zum Weltkulturerbe der UNESCO. Seitdem feiert sie ihr architektonisches Kulturerbe jedes Jahr im Juni mit dem Festival »Weiße Nacht«.

Auf den ersten Blick wirkt Tel Avivs Architektur kunterbunt zusammengewürfelt – eine Stadt, die sich am Mittelmeerstrand entlangzieht und fast nahtlos in ein Knäuel aus Vororten und Nachbarstädten übergeht. Im Zentrum bestimmen moderne Wolkenkratzer das Bild, die Küste säumen mehrstöckige Hotels. Von Jaffa aus sieht diese moderne Skyline atemberaubend aus.

MAL EHRLICH

STRANDLOKALE

Sie sind gnadenlos überteuert, ihre Speisekarten ein Mix aus allem – und auf den Plastikstühlen sitzt man alles andere als bequem. Doch der Standort ist es wert. Kaum ein schönerer Platz, um den Urlaub zu beginnen oder ausklingen zu lassen als am Strand von Tel Aviv, in der Hand ein kühles Goldstar-Bier, im Ohr Wellenplätschern und melancholische hebräische Songs aus den Lautsprechern, vor sich weites Meer und Sonnenuntergang und ringsherum das weiche Licht von Papierlaternen.

Häusermeer in Weiß

Doch die ewige Jugend Tel Avivs begann vor immerhin 100 Jahren – eine Zeit voller historischer Ereignisse und Geschichten. Wandert der Blick gen Osten, entdeckt man das alte Tel Aviv und darin neben vielen Juwelen seine Geschichte: ein Häusermeer in Weiß mit flachen Dächern. Es ist die Weiße Stadt, zwischen 1931 und 1956 zweckmäßig erbaut, jahrzehntelang vernachlässigt, schließlich in den Neunzigerjahren wiederentdeckt und restauriert – und verewigt in einem beliebten israelischen Song: »Aus dem Rhythmus einer Welle und einer Wolke baute ich mir eine weiße Stadt, schaumig, wogend, schön.« Weiß deshalb, weil die Häuserfassaden meist mit weißem Gips verkleidet wurden.

Dabei war Winston Churchill (1874–1965), damals britischer Mandatsverwalter der Region, noch skeptisch. »Das wird hier nichts«, soll er gesagt haben. Ausgerechnet hier! Auf dem Sand, von dem man nicht wusste, wo die Wüste aufhört und die Düne anfängt. Doch die anfänglichen Zweifel wichen rasch der Realität. Denn mit Ankunft der fünften Alija (Einwanderungswelle) zwischen 1929 und 1939 begann sich der nüchterne Bauhausstil durchzusetzen, der 1919 in Weimar von Walter Gropius (1883–1969) entwickelt worden war und die Weiße Stadt von nun an prägen sollte.

Hinzu kam, dass er hervorragend zu den wachsenden Wohnbedürfnissen der Stadt passte: Schnörkellos, ästhetisch und platzsparend, dem Mittelmeerklima angepasst und vor allem funktional sollte die Bauweise sein. Hinter den schlichten Fassaden der neuen Mehrfamilienhäuser mit ihren abgerundeten Ecken, tief heruntergezogenen Balkons und flachen Sonnendächern verbargen sich kleine und einfache Wohnungen. Die Flachdächer boten zusätzlichen Platz für Ereignisse.

AUTORENTIPP!

MONTEFIORE HOTEL

Bauhaus allein war nicht genug: 1922 ursprünglich als Wohnhaus im eklektischen Stil erbaut, vereint das detailgetreu restaurierte Boutiquehotel mit seinen drei Etagen europäische Architektur des 19. und 20. Jahrhunderts mit lokalen orientalischen Elementen. Hinter der dezenten terrakottafarbenen Außenfassade und seinen bauchigen Erkern verbirgt sich eines der geschmackvollsten Hotels von Tel Aviv. Jedes Zimmer ein Unikat mit Holzfußboden, großen Fenstern, Marmorbad und verspielten Details. Das dazugehörige Restaurant im elegant-lässigen Brasserie-Stil bietet abwechslungsreiche Genüsse. Man frühstückt israelisch, speist vietnamesisch zu Mittag und diniert französisch. Eklektisch eben.

Montefiore Hotel. 36 Montefiore St., Tel. 03/564 61 00, www.hotelmontefiore.co.il

AUTORENTIPP!

SCHOKOLADENKULTUR

Wer Schokolade mag, ist hier genau richtig. Eine Hommage an Schokolade, nein Schokoladenkultur, in allen erdenklichen Varianten. Angefangen hat die Erfolgsgeschichte mit einer kleinen Schokoladenboutique in Raanana bei Tel Aviv und fein verzierten handgemachten Pralinen, und auch das nur dank eines Zufalls. Denn Inhaber Oded Brenner wollte eigentlich Schriftsteller werden. Doch um sich nach dem Militärdienst seinen Lebensunterhalt zu verdienen, besuchte er einen Kurs vom Arbeitsamt und wurde Konditor. Nach Lehrjahren in Österreich, Düsseldorf und Paris kehrte er 1995 als erster Chocolatier des Landes nach Israel zurück. In den Filialen kann man mittlerweile nicht nur in süßen Desserts wie Crêpes, Fondue und Milkshakes schwelgen, sondern auch herzhaft frühstücken und zu Mittag essen.

Max Brenner. 45 Rothschild Boulevard, Tel. 03/560 45 70, www.max-brenner.co.il

UNESCO-Weltkulturerbe

Zwischen 1931 und 1956 entstanden auf diese Weise etwa 4000 Häuser. Sie sind überall im Stadtzentrum verstreut. In den Neunzigerjahren des letzten Jahrhunderts beschloss die Stadtverwaltung, diesen Schatz zu erhalten. Sie stellte rund 1000 Häuser unter Denkmalschutz. Dagegen gab es zunächst Proteste. Denn viele Hausbesitzer und Investoren fürchteten, wichtiges Baugelände in der City zu verlieren, insbesondere 2003 nach der Aufnahme der Weißen Stadt in die Liste des UNESCO-Weltkulturerbes.

Die Mietpreise vieler historischer Gebäude im Zentrum schnellten seitdem in astronomische Höhe. Viele Mieter konnten sich den neuen Bauhaus-Luxus schlicht nicht mehr leisten. Doch die UNESCO-Ehrung schuf auch ein neues Bewusstsein für Denkmalschutz und Bewahrung kultureller Traditionen, zumal die Weiße Stadt als größtes Bauhaus-Open-Air-Museum der Welt jährlich Millionen Besucher anzieht.

Überall in Tel Aviv findet man heute Wohn- und Geschäftshäuser in diesem internationalen Stil. In vielen von ihnen sind Restaurants, Hotels, Banken, Rechtsanwaltsbüros und Museen untergebracht. Ihr Stil ist meist eklektisch: nüchterne, moderne Architektur neben Jugendstilelementen und verträumten Details wie ausschweifende Treppen, bauchige Erker, gusseiserne Balkone und zierliche Türme.

Prachtbauten rund um den Rothschild Boulevard

Die Weiße Stadt erstreckt sich zwischen den Straßen Allenby im Süden bis zum Yarkon-Fluss im Norden sowie zwischen dem Derech Begin im Osten bis zum Mittelmeerufer im Westen. Ihre

Rundgang: die schönsten Gebäude der Weißen Stadt

Die Architekten, die Tel Aviv erbauten, darunter Zeev Rechter (1899–1960), Arieh Sharon (1900 bis 1984) und Erich Mendelsohn (1887–1953), studierten alle an berühmten Architekturschulen Europas. Aufgrund der damals fehlenden Isolierungsmöglichkeiten machten sie sich Sonne und Wind zunutze. Erfinderisch, denn das ideale Tel Aviver Apartment sollte im Sommer kühl und im Winter warm sein. Noch heute liegen daher viele Wohnzimmer in Richtung Westen, wo morgens eine kühle Brise weht und Schlafzimmer gen Osten gerichtet sind.

A Tel Avivs erster Kiosk – Auf dem 1909 gebauten Rothschild Boulevard haben Kioske eine lange Tradition. Seit 1910 boten die kleinen Pavillons auf dem grünen Mittelstreifen Erfrischungsgetränke und Snacks an. Der Original-Kiosk im neuen Anstrich verkauft heute Espresso und Cappuccino. Rothschild Boulevard, Ecke Herzl St.

B Levin House – 1924 erbaute Yehuda Magidovich (1886–1961) das Haus für den litauisch-amerikanischen Philanthropen Zvi Levin (1856 bis 1934) und seine Familie als luxuriöse urbane Oase: stufenartige Terrassen, üppiges Grün und ein Fischteich kombiniert mit italienischem Neoklassizismus. 46 Rothschild Boulevard.

C Kruskal House – Der Bauhausboom war schon in vollem Gange, als der Frankfurter Architekt Richard Kaufmann das Wohnhaus 1931 entwarf. 90 Rothschild Boulevard.

D Pagoda House – Erbaut 1925 am King Albert Square, war es das erste Tel Aviver Wohnhaus mit einem Aufzug. Die drei Etagen bestehen aus verschiedenen architektonischen Elementen und Epochen – chinesische Pagode, orientalische Rundbögen und griechische Säulen. Nachmani St. /Ecke Montefiore St.

E Chelouche Art Gallery – Eines der schönsten Gebäude in der Mazeh Street nahe Rothschild Boulevard für zeitgenössische israelische Kunst. 7 Mazeh St. Mo–Do 11–19 Uhr, Fr 10–14 Uhr, Sa 11–14 Uhr.

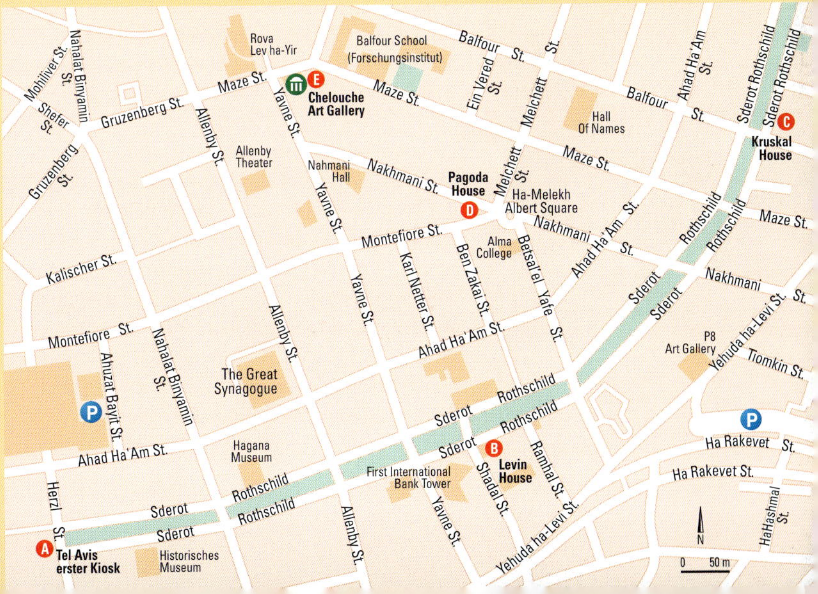

Oben: Das Bauhaus Foundation Museum ist eines von drei Museen in der Bialik St.
Mitte: Am Rothschild Boulevard mit seinen Cafés schlägt das Herz der Weißen Stadt.
Unten: Flanieren und frühstücken: in Tel Aviv beginnt der Tag entspannt.

schönsten Häuser stehen rund um den Rothschild Boulevard und den Dizengoff-Platz (S. 120).

Der elegante Rothschild Boulevard mit seinen Cafés, Restaurants, Fahrradwegen schattigen Akazienbäumen und Bougainvillen ist eine der Hauptpromenaden in Tel Aviv. Sie führt vom trendigen Neve Tzedek (S. 108) im Süden bis zum Habima-Theater (S. 121 ff.) im mondäneren Norden. Wegen seiner Architektur, Museen, Galerien und historischen Kioske und Pavillons gilt die Allee mit ihren Seitenstraßen von Mazeh bis Montefiore auch als Kunstdistrikt.

Festival White Night im Juni

Rund um den Rothschild Boulevard huldigt Tel Aviv jedes Jahr am 30. Juni mit dem Festival der Weißen Nacht seiner weltberühmten Architektur: mit Straßenfesten, Open-Air-Konzerten, Rundtouren, Strandpartys und freiem Eintritt in Museen und Ausstellungen. Galerien, Läden und Boutiquen öffnen bis in die frühen Morgenstunden, in allen Straßen des Viertels bis zum nahe gelegenen Strand herrscht Partystimmung – die ganze Stadt ist auf den Beinen. Das Festival ist eines der vielen willkommenen Anlässe, das Leben zu feiern.

Lebensfreude im Hier und Jetzt prägen das Lebensgefühl in Tel Aviv – nicht nur beim Festival der Weißen Nacht. Dabei ist der Puls der Stadt mal entspannt und sinnlich, mal aufregend und schnell. Das intensive Lebensgefühl der Tel Aviver steckt an. Das Geheimnis dieser überschäumenden Lebensfreude? Jeder Tag könnte der letzte sein: Denn bei aller Partylaune sind sich die Tel Aviver bewusst, dass ihre Stadt nicht nur dem Rhythmus einer Welle und einer Wolke entsprang, sondern den Schicksalen und Geschichten ihrer Menschen.

Infos und Adressen

SEHENSWÜRDIGKEITEN

Bauhaus Museum. Kleines sehenswertes Museum zur Bauhaus-Architektur. 21 Bialik St., Tel. 03/620 46 64.

ESSEN UND TRINKEN

Giraffe Noodle Bar. Preisgekrönte Restaurantkette mit moderner asiatischer Küche. 49 Ibn Gvirol St., Tel. 03/691 62 94, www.giraffe.co.il

Hatraklin Bistro. Familiäres Restaurant mit Soulfood. 4 Heichal Hatalmud, Tel. 054/455 27 48, www.hatraklin.co.il

Hemda Cakes. Familiengeführte Bäckerei und Café mit köstlichen Kuchen, Torten und Gebäck. Unbedingt die Tahina-Kekse probieren. 13 Carlibach St., Tel. 03/561 50 05.

Popina. Speisekarte gliedert sich nach Garmethoden. Highlights: Thunfisch-Carpaccio mit Wasabi und Champagner-marinierter Wildspargel. So–Fr 18–1 Uhr, Sa 12–15 und 18–1 Uhr, 3 Echad Ha'am St., Tel. 03/575 74 77, www.popina.co.il

In der Giraffe Noodle Bar speist man asiatisch und mediterran.

Beliebtes Fotomotiv: die Skulpturen auf dem Balkon des Rothschild Hotels

ÜBERNACHTEN

Diaghilev Hotel. Kunstambitioniertes Boutiquehotel in Toplage. 56 Mazeh St., Tel. 03/545 31 31, www.diaghilev-tel-aviv.com

Rothschild Hotel. Elegantes Bauhaus-Prunkstück mit Skulpturen auf dem Balkon. 96 Rothschild Boulevard, Tel. 03/957 88 88, www.rothschild-hotel.co.il

The Townhouse. Etwas abseits gelegen und dennoch mittendrin im Herzen der Weißen Stadt – ein schickes Hotel, das von außen wie ein Wohnhaus aussieht. 32 Yavne St., Tel. 03/944 43 00, www.townhousetelaviv.com

AUSGEHEN

Blaumilch Bar. Drinnen Tanzclub mit Livemusik, draußen lauschige Terrasse mit Wein und Cocktails. 32 Rotschild Boulevard, Tel. 03/560 88 52.

Social Club. Bistro, Bar und Promi-Treff. Abends immer voll. Besser reservieren. 54 Ahad Ha'am St., http://socialclub.co.il

Oben: Jaffa ist Tel Avivs orientalisches Herz – eine arabisch geprägte Stadt mit viel Flair.
Unten: Jaffa Old Port: früher Handelshafen, heute Hotspot mit Galerien und Restaurants

14 Altstadt von Jaffa

Märchen aus Tausendundeiner Nacht

Auch wenn die Moderne hier und da unverkennbar herüberschwappt – in Jaffa scheint die Zeit stillzustehen. Bis heute ist die Jaffa-Orange, für die schon die Stars wie Louis Armstrong und Ingrid Bergman warben, nicht nur Teil des israelischen Gründungsmythos, sondern vor allem Symbol für Tel Avivs orientalisches Herz, seine Kunstgalerien und den alten Hafen.

Einst pulsierender Mittelmeerhafen, von dem aus Händler die berühmten Orangen der umliegenden Zitrushaine nach Europa verschifften, erlebt Jaffa heute eine Renaissance aus Kunst, Kultur und Lifestyle. Ihren orientalischen Charme hat sich die 5000 Jahre alte Stadt dennoch bewahrt.

Noch vor zehn Jahren war der Hafen ein heruntergekommener Ankerplatz für Fischer, Segler, Künstler und Obdachlose. Doch eine umfassende Renovierung seiner baufälligen Lagerhallen verlieh

MAL EHRLICH

TAXIFAHREN

Taxifahren ist günstig – angesichts der teuren Preise in Supermärkten, Restaurants und Einkaufszentren ein unerwarteter Luxus, zumal fast jeder Taxifahrer in Israel ein Experte in nahezu allem ist. Politik, Kultur, Wirtschaft, ganz egal, irgendeine Geschichte oder Analyse gibt's gratis dazu. Doch aufgepasst! Bevor man ins Taxi steigt, sollte man den Fahrer freundlich darauf hinweisen, den Zähler einzuschalten. Sonst kann es schnell passieren, dass die preiswerte Tour zum teuren Vergnügen wird.

Rund um die St. Peterskirche gibt es viele Souvenirläden.

der alten Anlegestelle neuen Glanz. Auch hier findet man ein Miteinander von Altem und Neuen, von Tradition und Moderne – wie so oft in Israel. Zwischen Galerien, Coffee Shops, Buchläden, Boutiquen liegen noch immer Fischernetze verstreut. Auf den Stegen zählen Fischer ihren morgendlichen Fang, während bereits die ersten Kajakfahrer in See stechen und nebenan die letzten Partygäste aus Nachtclubs und Bars strömen.

Älteste Stadt am Mittelmeer

Nicht ohne Grund gilt Jaffa als die älteste Stadt am Mittelmeer. Nach griechischer Überlieferung soll hier einst Andromeda vom Meeresgott Poseidon gefangen gehalten und an einen Felsen gekettet worden sein. Bevor Poseidon sie opfern konnte, eilte Perseus auf den geflügelten Sandalen des Hermes herbei und rettete sie. Man kann den Andromeda-Fels sowohl auf Ausflugsdampfern vom Wasser aus als auch an Land vom Kai aus gut erkennen. Am Hafen von Jaffa begann zudem die Flucht des Propheten Jona, bevor ihn der Wal verschluckte.

In diesem Hafen wurden auch die Zedern des Libanon verladen, die König Salomon zum Bau des Tempels in Jerusalem verwendete. Die alten Kaianlagen haben schon viele Eroberer erlebt: Juden,

AUTORENTIPP!

KÜCHENCHEF MIT DOKTORTITEL

Wenn ein Küchenchef ehrenhalber einen Doktortitel verdient, dann Dr. Shakshuka, der gemütliche Mann mit Halbglatze. Denn in seinen gusseisernen Spezialpfannen, die überall im Lokal die Wände und Decken zieren und das Gefühl erzeugen, man säße mitten in Dr. Shakshukas Wohnzimmer, brutzelt, rührt, würzt und mixt der Küchenchef Shakshuka in allen erdenklichen Variationen. Das landestypische israelische Nationalgericht, ursprünglich eine Art Frühstücks-Ragout aus Libyen, besteht prinzipiell aus pochierten Eiern in einer Sauce aus Tomaten, Zwiebeln und Chili. Dr. Shakshuka variiert gern auch mal mit verschiedenen Zutaten. Dazu gibt es ungefragt reichlich Nachschub an Pitabrot, denn wer will schon die köstlichen Reste in der Pfanne belassen?

Dr. Shakshuka. 3 Beit Eshel, Jaffa, Tel. 03/682 28 42, http://shakshuka.rest.co.il

AUTORENTIPP!

BESTER HUMMUS IN ISRAEL
Das kleine Lokal hieß früher Ali Karavan, heute Abu Hasan. Ob so oder so – Ali Karavan/ Abu Hasan ist einer der besten Hummus-Treffpunkte in ganz Israel. Am besten vormittags hierherkommen, denn der Laden schließt schon gegen 14 Uhr, was den Andrang eher verstärkt. Deshalb sollte man sich besser auf lange Warteschlangen einstellen und nicht damit rechnen, einen Platz an einem der Tische zu ergattern. Reservieren zwecklos, hierher kommt man einfach so. Wer endlich dran ist, greift einen der begehrten Teller, zahlt und vergisst auf dem Weg nach draußen garantiert die Warterei, die Enge und den fehlenden Service. Denn Abu Hasans Hummus schmeckt himmlisch. Abu Hasan serviert nichts außer Hummus in verschiedenen Varianten. Besonders lecker: *Messabaha* – gekochte und leicht zerdrückte Kichererbsen in warmer Tahini-Sauce. Würzig und cremig!

Griechen, Römer, Sarazenen, Kreuzfahrer, Mamelucken, Ägypter und Türken. Ende des 19. Jahrhunderts war Jaffa mit 8000 arabischen und 2000 jüdischen Einwohnern die größte Stadt an der nahöstlichen Mittelmeerküste und außerdem der bedeutendste Seehafen und Handelsplatz der Region. Im 19. Jahrhundert stieg die Zahl der jüdischen Einwohner sprunghaft an. Grund dafür war die Einwanderung von Juden aus dem Jemen, aus Nordafrika und aus Osteuropa.

Uhrturm unter Palmen

Schon von Weitem ragt der Clock Tower in den blauen Mittelmeerhimmel hinein und neben ihm drei majestätische Palmen – einst Symbol osmanischer Herrschaft, heute Jaffas Wahrzeichen und beliebter Treffpunkt für geführte Touren. Der Uhrturm an der Yeffet Street ist einer von insgesamt sieben seiner Art in ganz Israel. Die anderen stehen unter anderem in Safed, Nazareth, Akko und Haifa. Der türkische Sultan Abdul Hamid II. erbaute sie allesamt um 1900 zum Jahrestag seines Sieges. Der Clock Tower ist insgesamt drei Stockwerke hoch und verfügt über vier Uhren, eine an jeder Seite. Der Sultan wollte damit die Reformen betonen, die er eingeläutet hatte: Von nun an sollten sich die Städte seines Imperiums nach genauem westlichem Zeitplan richten.

Eine andere Geschichte erzählt, dass Josef Moial, ein jüdischer Ladenbesitzer aus Jaffa, den Anstoß zum Turmbau gegeben habe. Er sei es leid gewesen, dass Fußgänger auf dem Weg zur Bahnstation immer in seinem Laden nach der Zeit gefragt hätten. 1965 wurde der Uhrturm von Grund auf überholt und um farbenfrohe Mosaikfenster ergänzt, die die Geschichte Jaffas zeigen. Jeden Mittwoch um 9.30 Uhr startet hier eine kostenlose Tour durch Jaffa.

Rundgang: Spaziergang durch Jaffa

Der schönste Weg nach Jaffa führt am Strand entlang. Zu Fuß dauert der Spaziergang entlang der Strandpromenade Richtung Süden gut 40 Minuten. Aber auch mit dem Taxi und per Bus ist die Altstadt gut zu erreichen. Von hier aus empfiehlt sich ein Rundgang zum Hafen.

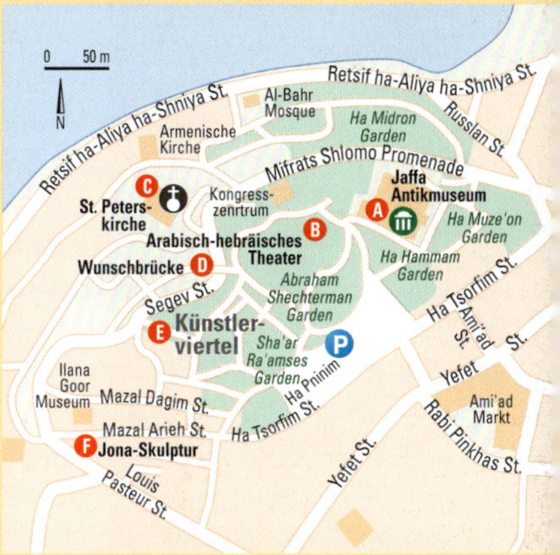

A Jaffa Antikmuseum – Neben seiner archäologischen Sammlung zeugt die Geschichte des Hauses selbst von Jaffas jahrtausendealter multikultureller Vergangenheit. Speere aus der Bronzezeit, ägyptische Torbogenreste, antike Inschriften und türkische Öllampen sind Überbleibsel aus dieser reichen Geschichte. Mo–Mi 16–20 Uhr, Do 16–21 Uhr, Fr, Sa 10–16 Uhr, 10 Mifrats Shlomo, Tel. 03/682 53 75.

B Arabisch-hebräisches Theater – Koexistenz kann so einfach sein. Nicht nur auf der Bühne, auch im Alltag. Davon erzählen jüdische und arabische Schauspieler, die Stücke arabischer und israelischer Autoren auf die Bühne bringen, meist zu sozialen und gesellschaftspolitischen Themen. 10 Mifrats Shlomo, Tel. 03/518 55 63, www.arab-hebrew-theatre.org.il

Mit dem Uhrturm in Jaffa wollte der türkische Sultan 1900 ein neues Reform-Zeitalter einläuten.

C St. Peterskirche – Franziskanerkirche von 1888 am Kedumim-Platz, wo laut Überlieferung der Apostel Petrus bei Simon dem Gerber übernachtet haben soll. Mo–Sa 8–12 und 15–17 Uhr, So 15–17 Uhr.

D Wunschbrücke – Links neben der St. Peterskirche, auf einer Holzbrücke zwischen Kedumim-Platz und Pisga-Park, umrunden Bronzereliefs aller Sternzeichen das Holzgeländer. Nach einer alten Legende sollen hier Wünsche in Erfüllung gehen, wenn man sein eigenes Sternzeichen berührt und dabei aufs Meer schaut.

E Künstlerviertel – Übergang zum Künstlerviertel mit seinen schmalen Gassen, Galerien, üppigen Blumenranken auf den Balkonen.

F Jona-Skulptur – Laut Bibel soll der Prophet Jona von Jaffa aus nach Tarschich aufgebrochen sein, um Gottes Auftrag zu entgehen. Dabei wurde er von einem Wal verschluckt. Die Künstlerin Ilana Goor, deren offene Galerie ein paar Schritte weiter liegt, erinnert mit dieser Skulptur an die Geschichte. Louis Pasteur St.

AUTORENTIPP!

DAS ETWAS ANDERE KULTURZENTRUM

Lagaat heißt übersetzt »berühren« und *Na* »bitte«. »Bitte berühren« also statt »nicht anfassen«. Genau darum geht es in diesem ungewöhnlichen Kulturzentrum in Jaffa mit Theater, Workshops und Restaurant. Denn die Darsteller und Schauspieler von Nalagaat sind blind oder gehörlos. Ihre Vorstellungen sind daher umso berührender und sinnlicher – zielen sie doch auf alle Sinne und stellen gewohnte Sichtweisen infrage. Im »Blackout Restaurant« isst man in völliger Dunkelheit – eine ergreifende Erfahrung, die direkt unter die Haut geht, so wie die Theatervorstellungen und Workshops selbst. Das Projekt will Menschen durch Kunst und Emotionen miteinander verbinden – ungeachtet ihrer Kultur, Religion oder sozialen Herkunft. Es versteht sich zudem als Brücke zwischen Menschen mit und ohne Behinderungen.

Nalagaat Center. Retsif Haaliya Hashniya, Tel. 03/633 08 08.

Von außen eher unscheinbar, innen prächtig: Mahmadiyya-Moschee

Moschee und St. Peterskirche

Bevor man in den restaurierten Teil der Altstadt gelangt, fällt die kleine Mahmadiyya-Moschee ins Auge. Sie wurde 1812 auf dem Fundament einer früheren Moschee erbaut – mit umgedrehten Marmorsäulen, einem sechseckigen Minarett, reich verzierten Torbögen und Innenhöfen. Dahinter beginnt die herausgeputzte Altstadt.

Die heutige St.-Nicholas-Kirche an der Hafenpromenade Netiv HaMazalot ist eines der ersten Gebäude, das ins Auge fällt. So ging es auch vielen Einwanderern vor 100 Jahren. Bei ihrer Ankunft am Hafen diente das damalige Armenian Hostel ihnen als erste Anlaufstation. Wo die dazugehörige Kirche 1663 erweitert wurde, soll laut armenischer Überlieferung das Haus von Simon dem Gerber gestanden haben – jenes Haus, in dem Petrus übernachtete und Visionen erlebte. Hier soll auch Napoleon übernachtet haben, als er Jaffa 1799 eroberte.

Direkt gegenüber wurde Petrus zu Ehren die barocke St. Peterskirche errichtet, eine der Hauptattraktionen von Jaffa. Das Franziskanerkloster auf dem Hügel beherbergt die Botschaft des Vatikans. Weiträumige Plätze, breite Promenaden, restaurierte Steinhäuser, schattige Parks – an dieser Stelle wirkt Jaffa wie blank poliert. Nur um wenige Schritte dahinter in ein verwinkeltes Labyrinth zu münden.

Jaffa-Museum

Das Jaffa-Museum mit seinen archäologischen Funden hat selbst eine kontrastreiche Geschichte. Im 18. Jahrhundert war es das Hauptquartier eines ottomanischen Gouverneurs. Das sogenannte Sraya-Haus steht gegenüber der Al-Bahr-Moschee und beherbergt nicht nur Jaffas erstes jüdisches Haus aus dem ersten Jahrhundert, sondern auch eine türkische Villa mit türkischem Bad, Nachtclub und dem Restaurant El-Hamam.

Auf dem Hügel dahinter erhebt sich ein Gewirr schmaler Gassen voller Ateliers, Galerien und Läden, darunter das Atelier von Ilana Goor und jemenitische Silberschmuckgeschäfte. Die Häuser scheinen schachtelförmig ineinanderzustecken. Etwas versteckt, tragen mehrere Stahlseile den »Hängenden Orangenbaum« von Ran Morin. Mit seiner Skulptur erinnert der Künstler an die letzte Jaffa-Orange, die von hier aus im 19. Jahrhundert nach Europa verschifft wurde. Zugleich steht die schwebende Installation sowohl für Entwurzelung als auch für Neubeginn – kaum ein Standort passt besser dazu als Jaffa.

Flohmarkt

Doch was wäre ein Spaziergang durch Jaffa ohne einen Abstecher zum Shuk Hapishpeshim, dem Flohmarkt. Teilweise unter freiem Himmel, größtenteils jedoch überdacht, ist er eine wahre Fundgrube für Antiquitäten, Kuriositäten, Kleidung, Möbel, Kitsch und echte kulinarische Entdeckungen. Perserteppiche liegen ausgebreitet neben Messinglampen, Secondhandkleidung baumelt neben preiswerten orientalischen Gewändern, italienische Restaurants locken neben Bücherständen.

Folgt man den Straßen um den Flohmarkt weiter, taucht man ein in eine andere Welt. In den engen Gassen scheint die Zeit stehen geblieben zu sein. Auf den Stühlen vor den Cafés sitzen alte Männer, trinken arabischen Mokka und rauchen Wasserpfeife. Am Hafen vertäuen die Fischer ihre Boote und bringen ihren frischen Fang in die umliegenden Restaurants – Doraden, Meerbarben, Sardellen. Und das eben noch so moderne Jaffa wirkt wieder wie ein Märchen aus Tausendundeiner Nacht.

Oben: Vor der St. Peterskirche zeigt sich Jaffa weiträumig und luftig.
Mitte: Mittendrin flanieren Israelis in Flipflops und Sonnenbrillen auf der Suche nach Schnäppchen.
Unten: Der Orangenbaum steht an der Ecke Mazal Arieh und Mazal Shor St.

Infos und Adressen

SEHENSWÜRDIGKEITEN

Al-Bahr-Moschee. Älteste Moschee an Jaffas Hafen aus dem 16. Jh. Früher viel genutzt von Seeleuten und Fischern. 5 Retsif Haaliya Ha-Shniya St.

Farkash Gallery. Originelle neue und alte Plakate, aus aller Welt und Israel, auch Unikate aus der britischen Mandatszeit. 5 Mazal Dagim St., Tel. 03/683 47 41, www.farkash-gallery.com

Hayek Art Centre. Ambitionierte moderne Kunst im Industriegebäude. 4 Louis Pasteur St., Tel. 03/681 64 46, www.hayekart.com

Erste Flohmarktstände stehen schon am Clock Tower.

Ilana Goor Museum. Man müsse Kunst anfassen und spüren, um sie zu verstehen – getreu dieser Philosophie öffnet Ilana Goor ihr 280 Jahre altes Haus für Besucher. Eigene Werke und andere Künstler, darunter Diego Giacometti und Uri Lifshitz. So–Fr 10–16 Uhr, Sa und Feiertag 10–18 Uhr. 4 Mazal Dagim St., Tel. 03/683 76 76, www.ilana-goormuseum.org

Mahmadiyya-Moschee. Größte und wichtigste Moschee in Jaffa aus dem 18. Jh. Yeffet/ Ecke Segev St.

Uhrturm. Drei Etagen und vier Uhren als Ausdruck moderner Reformen im Osmanischen Reich. Clock Square, Yeffet St.

Yemenite Art Gallery. Handverarbeitete jemenitische Silberschmuck-Traditionen. 3 Mazal Dagim St., Tel. 03/681 25 03, www.yemenite-art.com

ESSEN UND TRINKEN

Abulafia. 150-jährige arabische Traditionsbäckerei, zu der Israelis auch morgens um 2 Uhr nach durchtanzter Partynacht pilgern, um Pita mit Olivenöl, *Labaneh* (cremiger Frischkäse) und *Za'atar* (orientalische Gewürzmischung mit gerösteten Sesamsamen) zu vertilgen. Tgl. durchgehend geöffnet, 7 Yeffet St.

Afloka. Seafood und Salatvariationen im tiefsten Herzen von Jaffa. So–Fr ab 12 Uhr, Sa ab 11 Uhr bis zum letzten Gast, 69 Kedem St., Tel. 073/756 95 38, www.afloka.co.il

Alma. Café und Konditorei mit leckeren Kuchen, Kardamomkuchen und Kaffeespezialitäten. So–Do 7–19 Uhr, Fr 7–17 Uhr, 19 Yehuda Hayamit St., Tel. 074/703 74 74, www.pieceofcake.co.il

Bistro 60. Fisch, Fleisch und Seafood in trendigem Bistro. Tgl. 8–24 Uhr, 25 Shaarei Nikanor, Ecke Kedem St., Tel. 03/681 27 65, www.bistro60.net

Cordelia. Hohe Wände und märchenhaftes Ambiente zur Gourmetküche von Kreativkoch Nir Zook. 30 Yeffet St., Tel. 03/518 46 68, http://cordelia.co.il

El-Hamam. In-Restaurant und Nachtclub in ehemaliger türkischer Villa. 10 Mifrats Shlomo St., Tel. 03/681 32 61.

Haj Kahil. Lokal mit authentischem arabischem Essen. Am besten mit einem *mezze*-Vorspeisenteller starten, dann eine der Spezialitäten wie Lamm auf grünem Weizenbett oder Halabi Kebab bestellen. 18 Raziel St., Tel. 057/942 83 47.

Hazaken Vehayam (»The Old Man and the Sea«). Lokal auf kleinem Felsen mit Meeresblick und Fisch, Shrimps und Calamari zu günstigen Preisen. Tgl. 11–1 Uhr, 85 Kedem, Tel. 03/681 86 99 und 053/809 43 90, www.2eat.co.il/eng/hazaken

Italkia Bapishpeshim (»Italiener auf dem Flohmarkt«). Trendiger Italiener mit sehr gutem Preis-Leistungs-Verhältnis. Alles frisch. Unbedingt Auberginen-Gnocchi und Süßkartoffel-Pizza probieren! Tgl. 12–1 Uhr, 16 Olei Zion, Ecke Yehuda Margoza St., Tel. 053/809 46 15, www.2eat.co.il/eng/italkia

Kalamata. Trotz Lage in Touristengegend, umgeben von kitschigen Kunstgalerien, ein echtes Juwel: kreative Speisekarte, Inneneinrichtung im Stil einer griechischen Taverne und Blick aufs Mittelmeer. 10 Kedumim Square, Tel. 03/681 99 98, http://kalamata.co.il.

Kimel. Vor 130 Jahren Wohnhaus eines türkischen Scheichs, heute beliebtes Ausgehlokal. Tgl. 12–24 Uhr, 6 Hashachar St., Tel. 03/510 52 04, http://kimmelrest.co.il

Margaret Tayar. Gegrillte Fischspezialitäten, gefüllte Sardinen mit Kaviar direkt am Uhrturm. 8 Retzif Ha'alia Hashnia, Tel. 03 682 47 41.

Mitbach Mekomy. Moderne, französisch inspirierte Interpretation traditioneller Gerichte wie *Kubbe* (»Hackfleischklößchen mit Zwiebeln und Bulgur«). Auf jeden Fall *Kubbe* in Roter Bete und das glutenfreie Mohnbrot probieren! 1 Hatsedef St., Tel. 052/538 97 33, www.limortiroche.com

Raphael. Elegantes und gehobenes Restaurant in Toplage. Kreative israelische Mittelmeerküche mit nordafrikanischem Einschlag. Legendär das Couscous und die Focaccia. Die Lunchpreise sind ein wirklich gutes Schnäppchen – auch am Wochenende. 87 Hayarkon St., Tel. 03/522 64 64, www.raphaeltlv.co.il

ÜBERNACHTEN

Andromeda Hill Holiday Suites. Modernes Hotel mit Pool. 38 Yeffet St., Tel. 03/683 84 48, www.andromeda.co.il

Beit Sidi. Familiengeführtes arabisches Chalet 5 Minuten von Jaffa-Downtown entfernt. Eine gastfreundliche Oase der Ruhe direkt am Meer! 102 Kedem St, Tel. 054/624 11 63, http://beitsidi.joynerz-site.com

Am alten Hafen von Jaffa kann man wie im Club »Container« die Nacht durchtanzen.

Casa Nova. In der Antike war an dieser Stelle eine Unterkunft für christliche Pilger, später gestatteten die osmanischen Herrscher den Franziskanern, hier das erste neue Gebäude in Jaffa zu bauen. Heute charmantes Hotel. 6 Netiv Hamazalot Alley, Tel. 072/221 49 00, www.casa-nova-hotel.com

Old Jaffa Khan. Echtes Juwel, mittendrin und doch verborgen. 4 Mazal Teleh St., Tel. 052/866 62 32, www.oldjaffakhan.com

The Clock. Fünfsternehotel zwischen modernem Tel Aviv und märchenhaftem Jaffa. 24 Beit Eshel St., Tel. 03/966 33 99, http://theclock.co.il

AUSGEHEN

Container. Party am Alten Hafen rund um die Uhr – Fr und Sa ab 10 Uhr Frühstück und Brunch, sonst tgl. ab 12 Uhr Restaurant, abends Bar und Club mit Konzerten, Tanzfläche und Livemusik Open End. Jaffa Old Port, Reservierung Tel. 03/683 63 21 und 054/940 11 10, www.container.org.il

Saloona. Nachtclub, Bar und Kunst. 17 Tirzah St., Tel. 072/334 17 65, www.saloonabar.co.il

AKTIVITÄTEN

Flohmarkt (Shuk Hapishpeshim). Seit 100 Jahren Marktviertel, heute verwinkelter Flohmarkt mit allem von Antik bis Kleidung, Möbeln und Schmuck, Cafés und Saftständen. So–Fr morgens bis abends, www.shuktlv.co.il

Oben: Stoffe, Möbel und Kunst: Im angesagten Florentin gibt es viele kleine Ateliers und Läden.
Unten: Seit der Sanierung des Viertels haben sich in Neve Tzedek viele trendige Boutiquen angesiedelt.

15 Neve Tzedek und Florentin

Trendviertel im Süden

Im Jahr 1909 brachen rund 60 Familien aus Jaffa auf, teilten in den Wüstendünen Parzellen auf und nannten sie Neve Tzedek, »Oase der Gerechten«: die Geburtsstunde von Tel Aviv. Soweit der Mythos. Denn den Grundstein für Tel Avivs erstes Viertel legten um 1890 osteuropäische und jemenitische Juden. Später kam das griechisch geprägte Viertel Florentin dazu. Heute erinnern beide Stadtteile eher an den Pariser Montmartre als an den Nahen Osten.

Zweistöckige Häuser mit Vorgärten und Fassaden im osmanischen Stil. Schattige Plätze unter Orangenbäumen und Bougainvillen. Cafés, aus denen ein aromatischer Duftmix aus exotischen Gewürzen und frisch geröstetem Kaffee weht. Meeresrauschen ganz nah. Und überall junge Leute, Künstler, Kreative. Hier trifft Tel Aviver Chic auf Graffiti, urbane Lebensart auf Underdog-Kultur. Neve Tzedek und Florentin zeigen die lebensbeja-

MAL EHRLICH

MATKOT

Wer nach Tel Aviv reist, kommt um Matkot nicht herum. Ob's ihm gefällt oder nicht. Denn das Brettspiel mit Ball, eine Mischung aus Federball und Tischtennis, ist eine Art israelischer Nationalsport. Jeder spielt es. Familien, Paare, Senioren, Matkot gehört am Strand einfach dazu. Man muss nicht einmal besonders sportlich dafür sein. Hauptsache, man trifft den Ball. Für die einen nervendes Klick-Klack, für andere pures Glücksgefühl.

hende Stadt der Individualisten in einem Mikrokosmos. Kaum zu glauben, dass das geschichtsträchtige Jerusalem nur eine Autostunde von hier in den Bergen thront! Schon das orientalische Jaffa scheint Lichtjahre entfernt zu sein, obwohl zwischen den beiden Vierteln nur 20 Minuten Fußweg liegen.

Anfang auf Dünensand

Denn Neve Tzedek verströmt eine europäisch anmutende Idylle, die westlichen Lifestyle in vollen Zügen zelebriert. Dabei liegt seine Gründung gerade einmal etwas mehr als hundert Jahre zurück. Jede Häuserzeile blickt auf eine andere kulturelle Gründungsgeschichte zurück – Juden aus ganz Europa und Afrika haben ihre Straßen geprägt.

Wo heute elegante Läden Kleider, Schmuck und Wohnaccessoires anbieten, errichteten 1887 Juden aus Osteuropa kleine Holzhäuser auf dem Dünensand – lange bevor 1909 rund 60 Familien aus Jaffa aufbrachen und so den Tel Aviver Gründungsmythos schufen. Ihnen folgten jemenitische und bald darauf griechische Juden. Noch heute sind die meisten Bewohner von Neve Tzedek Jemeniten, manche von ihnen sogar Nachkömmlinge der ersten Familien.

Um ihre Traditionen und Gebräuche zu bewahren, gründeten sie mithilfe von Aharon Chelouche (1827–1920) ein gemeinsames Viertel. Chelouche (auch »Shloush«) stammte aus einer wohlhabenden algerischen Familie. Er ermutigte die jüdischen Einwohner von Jaffa, nordwärts zu bauen und verkaufte ihnen daher preisgünstig kleine Parzellen. So gilt Chelouche als eigentlicher Gründervater von Neve Tzedek. Noch heute erinnert sein ehemaliges Wohnhaus in der Shloush 32 an ihn – heute eine kleine Synagoge.

AUTORENTIPP!

HAUS AUS DER GRÜNDERZEIT

Das Haus aus dem 19. Jahrhundert ist ein architektonisches Schmuckstück. Zwei Etagen, europäischer Stil, Kupferkuppeln. Es ist das einzige Haus im Viertel, das komplett originalgetreu rekonstruiert wurde, um den authentischen Eindruck aus der Gründerzeit zu bewahren. Seit 1887 lebte hier die Rokach-Familie, eine der Gründerfamilien von Neve Tzedek. Auch innen weht der Geist des 19. Jahrhunderts: Originalmöbel, Kleidung, Töpfe und Pfannen, Fotos. Ein Theaterstück für Kinder und ein Kurzfilm erzählen die Geschichte der ersten jüdischen Siedler in Tel Avivs ältestem Viertel. Regelmäßige Konzerte, Lesungen und Kunst-Ausstellungen ergänzen die Dauerausstellung des kleinen Museums, das auch als Neve Tzedeks Besucherzentrum dient.

Rokach Haus. So–Do 10–16, Fr, Sa 10–14 Uhr, 36 Shimon Rokach, Tel. 03/516 25 31, http://eng.shimur.org/Rokach-House

AUTORENTIPP!

CAFÉ UND HOTEL

Das charmante Boutiquehotel liegt in einem Eckhaus in der Shabazi Street, Neve Tzedeks bunter Lebensader. Die perfekte Lage – wenige Minuten zum Strand, Dellal Center oder Rothschild Boulevard und mittendrin im quirligen Ausgehviertel. Doch fast möchte man lieber hier verweilen. Die Atmosphäre ist herzlich und warm. Familiäres Wohnzimmerambiente statt steriler Hotellobby. Verwöhnfrühstück wie zu Hause. Großzügige Zimmer mit persönlicher Note. Café im Pariser Boheme-Stil. Das Café serviert den besten Kaffee im ganzen Viertel. Die Wände zieren Hochzeitsfotos, selbst gemalte Bilder und fotografische Momentaufnahmen in Schwarzweiß. Abends genießt man bei geöffneten Fenstern und fröhlichem Stimmengewirr die kühle Meeresbrise. 2014 wurde das Café renoviert. Hier schlägt das Herz von Neve Tzedek!

Nina Café Hotel. 15 Neve Tzedek St., Tel. 052/508 41 41, www.ninacafehotel.com

Baustil und Kultur rund um die Shabazi Street

Die ersten Häuser waren so gebaut, dass sie sich dicht aneinanderschmiegten. Um 1910, als weitere Einwanderer in das neue Viertel strömten, wurde zwar Haus für Haus erneuert, doch die Bauweise beibehalten. 1896 gründeten jemenitische Juden hier das Mahane-Yehuda-Viertel, 1904 das Josef-Viertel. Mahane Yehuda benannten sie nach Rabbi Yehuda Margosa (1783–1879), dem Oberrabbiner von Jaffa und einem der ersten Zitrusbauern in Israel.

Gemeinsam mit anderen Einwanderergruppen schlossen sich die Einwohner beider Wohngegenden zum Shabazi-Viertel zusammen. Shalom ben Josef Shabazi (1619–1720) war ein jemenitischer Dichter und Rabbi. In vielen jemenitischen Synagogengemeinden wird er bis heute verehrt. Eines seiner berühmtesten Gedichte heißt *Im Nin'alu* »Wenn die Pforten«. Es sind die ersten Worte aus Shabazis Gedichtzeile »Selbst wenn die Pforten der Reichen sich schließen werden, die Pforten des Himmels werden immer offen bleiben«. Die israelische Popsängerin Ofra Haza (1957–2000), ebenfalls aus jemenitischer Familie, vertonte es zu einem weltweiten Hit.

Chelouches Sohn Eliyahu (1870–1934) entwarf später viele Straßenzüge und Häuser. Je nach Vermögen der Eigentümer entstanden so großzügige Villen neben fensterlosen Baracken. Viele jemenitische Juden bauten ihre Häuser um einen gemeinsamen Innenhof herum. Dieser Baustil ist noch heute zu finden.

Berühmte Bewohner, erstes Kino

In der Shloush 35 lebte von 1909 bis 1913 der spätere Literaturnobelpreisträger Samuel Joseph Agnon (1888–1970). Sein Dichterkollege Josef

Chaim Brenner (1881–1921) wohnte direkt nebenan. Gut möglich, dass beide dabei waren, als Tel Avivs Bürgermeister Meir Dizengoff 1913 das »Eden« einweihte, das erste Kino der Stadt. Damals ein Großereignis! Das ehemalige Filmhaus in der Lilienblum 2 ist heute eine heruntergekommene Lagerhalle. Dabei bot es einst Platz für 1100 Zuschauer und spektakuläre Aufführungen. So dirigierte hier der russische Dirigent Mordechai Golinkin am 28. Juli 1923 mit *La Traviata* die Debütaufführung der Palestine Opera, der Vorläuferin der Israelischen Oper Tel Aviv.

Gentrifizierung

In den 1980er-Jahren begann sich Neve Tzedek zu verändern. Häuser wurden renoviert, alte Bausubstanz erneuert. Der bis dahin eher abgeschiedene Stadtteil erlebte eine Renaissance. 1990 entstand mit dem Suzanne Dellal Center ein kultureller Magnet, der dem ganzen Viertel Aufschwung verlieh und seine Attraktivität als Trend-Wohngegend verstärkte. 2011 kam der Ausgehkomplex HaTachana hinzu. Heute ist Neve Tzedek fast vollständig gentrifiziert, Wohnraum nahezu unbezahlbar.

HaTachana und Suzanne Dellal

HaTachana (»Die Bahnstation«) ist ein zur Vergnügungsanlage umfunktionierter früherer türkischer Bahnhof an der historischen Bahnstrecke zwischen Jaffa und Jerusalem. Stundenlang kann man unter palmenumwehten Terrassen sitzen, in Boutiquen shoppen, durch Kunstgalerien schlendern oder abends ins Theater gehen. Die Beliebtheit des Bahnhofs ist ungebrochen. Und das will in Tel Avivs Ausgehszene schon etwas heißen.

Auch das Suzanne Dellal Center ist seit 25 Jahren eine feste Größe im Tel Aviver Nachtleben. Hier hat

Oben: Tel Aviver lieben guten Kaffee. Kleine Cafés findet man in Florentin überall. Sogar preiswerte.
Unten: Von hier aus hat sich Tel Aviv ausgebreitet. Heute stehen Gründervillen neben modernen Geschäftshäusern.

Oben: HaTachana – vor 100 Jahren türkische Bahnstation, heute beliebter Ausgehkomplex
Mitte: Florentin und Neve Tzedek sind Ausgehviertel.
Unten: Wer drinnen keinen Platz mehr findet, verlegt die Party einfach nach draußen

nicht nur die weltbekannte Batsheva Dance Company ihr Zuhause, sondern ebenso kleine Theater, Konzertsäle und Bühnen. Der wasserumrandete Komplex mit seinen Wiesen, Restaurants und Cafés bietet rund ums Jahr Kultur und Erholung.

Florentin – Soho Tel Avivs

Über Florentin rümpften Tel Aviver aus dem wohlhabenderen Norden lange Zeit die Nase. Denn »Süd-Tel-Aviv« war verschrien als Mischung aus Industriegebiet, Textilviertel und billigen Märkten. Kaum jemand zog hierher. Doch diesen Ruf änderte Ende der 1990er-Jahre schlagartig eine Fernsehserie. In *Florentin* wählten junge Leute, Aussteiger, Künstler Süd-Tel-Aviv als Kulisse. Florentin war plötzlich angesagt und trendy. Der gleichnamige Titelsong gehört mittlerweile zu den israelischen Rock-Klassikern. Auch wenn in den Florentiner Nachtclubs heute eher Jazz, Hip-Hop und Loungemusik dominieren.

Namensgeber für das Viertel südöstlich von Neve Tzedek war David Florentin, ein Jude aus Griechenland. Zunehmender Antisemitismus sowie ein Großbrand in Thessalonikis jüdischem Viertel führten dazu, dass sich ab 1920 etwa 53 000 griechische Juden hier niederließen.

Im Gegensatz zum hipperen Neve Tzedek sind die Preise hier noch immer gemäßigt – nicht zuletzt dank vieler lokaler Initiativen. Aus Protest zu den hohen Lebenshaltungskosten gründeten Bewohner eigene Kooperativen-Cafés und -Läden, besonders seit den sozialen Massenprotesten von 2012. In Coop-Pubs wie der »Bar Kaima« in der Hamashbir 22 zum Beispiel kommt man schnell mit den Leuten ins Gespräch, nicht nur über Recycling, Kunst und Preise, auch über Nachhaltigkeit, Gemeinschaft und Lebensqualität.

Infos und Adressen

SEHENSWÜRDIGKEITEN

Bauhaus Foundation Museum. Klein, aber fein. Eine Art-Mini-Museum, das nur an 2 Tagen pro Woche geöffnet hat, Mi 11–17 Uhr, Fr 10–14 Uhr. 21 Bialik St., Tel. 03/620 46 64.

Beit Ha'ir. Tel Aviver Stadtgeschichte in Lesesälen, bei Vorträgen, Ausstellungen und Workshops. Mo–Do 9–17 Uhr, Fr, Sa 10–14 Uhr, So geschl., 27 Bialik, Tel. 03/724 03 11, http://beithair.org

Bialik Haus. Von 1925 bis 1934 wohnte hier der israelische Nationaldichter Chaim Nachman Bialik. Mo–Do 11–17 Uhr, Fr, Sa 10–14 Uhr, 22 Bialik, Tel. 03/525 45 30.

Rubin Museum. In den 1930er-Jahren Wohnhaus des Malers Reuven Rubin, seit 1983 Kunstmuseum mit Werken des Malers. Eintritt: 20 NIS, Kinder unter 18 Jahren frei, Mo, Mi–Fr 10–15 Uhr, Di 10–20 Uhr, Sa 11–14 Uhr, So geschl., 14 Bialik, Tel. 03/525 59 61, www.rubinmuseum.org.il

ESSEN UND TRINKEN

Hamitbahon. »Kleine Küche« zwischen jemenitischem Viertel und Carmelmarkt. Tgl. 8–1 Uhr, Sa ab 9 Uhr, 18 Rabbi Akiva, Tel. 03/516 36 89, http://hamitbahon.co.il

Klein, aber fein – das »Brown Tel Aviv«

Die Speisekarte im »Hamitbahon« ist vegetarisch.

Hanasich Hakatan. Beliebt bei jungen Israelis. Frühstück zwischen Büchern und Pflanzen. 19 King George St.

Orna und Ella. Klassiker in der coolen **Shenkin.** Inhaberinnen Orna und Ella kombinieren Hausmannskost mit Gourmetküche. 33 Shenkin, Tel. 03/525 20 85, http://ornaandella.com

ÜBERNACHTEN

Brown TLV. Cool, entspannt und jung wie die Stadt. Mit Dachterrasse und Kaffee-Bar rund um die Uhr. Frühstück in einem kleinen Café zwei Straßen weiter. 25 Kalisher, Tel. 03/717 02 00, www.browntlv.com

Shenkin Boutique Hotel. Zentraler geht's nicht – freundlich, urban, gemütlich und gastfreundlich, zwischen Galerien, Bars, Lokalen und nur zwölf Minuten zu Fuß vom Strand. 21 Brener St., Tel. 03/600 94 00, www.shenkinhotel.com

EINKAUFEN

Pereg Spices. Seit 1906 produziert die Pereg-Familie Gewürze. Bis zu 60 verschiedene Arten und Mischungen. So–Do, morgens bis abends, Fr bis Sabbatbeginn, Sa geschl. 46 Levinsky, Tel. 03/681 39 56, www.pereg-spices.com

17 Namal

Tel Aviver Hafen

Im Norden der Weißen Stadt liegt der HaYarkon Park – eine riesige Parkanlage am Ufer des Yarkon-Flusses mit verschiedenen Sportmöglichkeiten, Konzertbühnen und Attraktionen. Direkt daneben im Nordwesten glänzt der Hafen Tel Aviv mit schillerndem Ausgehviertel und seinen Restaurants, Concept Stores, Cafés und Nachtclubs – seit Jahren Top-Treffpunkt der Tel Aviver.

Oben: Spontane Tanzeinlage am Namal? In Tel Aviv ganz normal – die Lebensfreude steckt an.
Unten: Concept Store »Comme il Faut« im Hafen-Hangar 26 mit Boutique, Restaurant und Spa

Israels erster neuer Hafen (hebr. *Namal*) an der Mündung des Yarkonflusses wurde 1936 errichtet. Auch, um eine Alternative zum Hafen in Jaffa zu haben. Zwischen 1938 und 1965 kamen hier Einwanderer aus Europa an, danach versank er in Bedeutungslosigkeit.

Namal Tel Aviv – alter Hafen, neues Gewand

Bis 2000 standen hier Lagerhallen und Container, in denen verstreut einzelne Nachtclubs eröffneten, darunter »Shablul«, Israels renommiertester Jazzclub und »Hamisbaa«, die erste Gesangsbühne Israels für Live-Auftritte. Heute breiten sich auf einem Gelände von 14 000 Quadratmetern Cafés, Restaurants, Läden und Biomärkte aus. Drinnen sitzt man in minimalistischem Industriedesign, draußen hat man eine herrliche Aussicht auf Strand und Meer. Ausgeschlafene fahren Segway und Fahrrad. Spätaufsteher gönnen sich ein zweites Frühstück mit Mittelmeerpanorama.

Seit seiner Generalüberholung im Jahr 2000 ist der Hafen eines der beliebtesten Viertel in Tel Aviv. Tagsüber flanieren Spaziergänger über die wellenartigen Holzplanken. Nachmittags trifft man sich zum Shopping und Kaffeetrinken. Abends füllen sich die Restaurants und Clubs mit Nachtschwärmern. Es ist immer etwas los. Tanz auf den Tischen. Lebensfreude pur. Tel Aviver verabreden sich hier auch gern, weil man am Hafen immer einen Parkplatz findet – im Gegensatz zum Rest der Stadt. Einige Hafenrestaurants genießen auch international einen ausgezeichneten Ruf. Das »Mul Yam« zum Beispiel zählt laut französischer Restaurantvereinigung *Les Grandes Tables du monde* seit 2003 zu den besten Restaurants der Welt.

Park HaYarkon

Der Park nordöstlich vom Hafen (hebr. *Ganei Yehoshua*) ist Tel Avivs größtes Naherholungsgebiet. Mit seinen Palmen, Gärten, Wiesen und Wasserwegen gehört er zu den schönsten Parks in Israel. Und zu den größten. Weiträumige Flächen, großzügige Wege sind ein Paradies für Radfahrer, Skater und Jogger. Auch einen Fahrradverleih gibt es hier direkt neben dem tropischen Garten. Neben Boots- und Radtouren bietet die riesige Grünanlage mit Kletterpark, Wasserpark und Streichelzoo gerade für Familien viel Abwechslung. Dazu gehören auch ein tropischer Garten mit südseeähnlichem Klima, Orchideen und einem kleinen See sowie ein Felsengarten. Zwischen prachtvollen Kakteen und Felsen zeigt er die geologische Vielfalt Israels, die mit viel Fantasie beschriftet ist. Kalkstein zum Beispiel heißt hier »Geschenk des Meeres«.

Im Sommer veranstaltet die Israelische Oper Tel Aviv im Park kostenlose Open-Air-Konzerte. Die Konzertarena samt umliegender Wiesen bietet dazu reichlich Platz. Und wenn internationale Stars wie die Rolling Stones oder Robbie Williams in Israel auftreten, dann hier.

Infos und Adressen

SEHENSWÜRDIGKEITEN

Felsengarten. Der Felsengarten befindet sich etwa in der Mitte des Parks HaYarkon. So–Do 10–14.30 Uhr, Fr bis 13.30 Uhr, Sa bis 15.30 Uhr, Eintritt: 10/erm. 6 NIS. Tel. 03/642 28 28, http://parksinisrael.com/park/ganei-yehoshua

ESSEN UND TRINKEN

Comme il Faut. Concept Store und Label für exklusive Mode. Mit Restaurant und Spa. Hangar 26, Tel. 03/602 05 21.

Mul Yam. Das Lokal am Meer gilt als eines der besten Restaurants im Nahen Osten. Tgl. 12.30–15.30 Uhr, 19.30–22.30 Uhr, Hangar 24 Namal, Tel. 03/546 99 20, www.mulyam.com

ÜBERNACHTEN

Alexander Hotel. Mit Dachlounge, Spa und Pool. 3 Havakuk Hanavi, Tel. 03/545 23 00, www.alexander.co.il

AUSGEHEN

Hamisbaa. Erste Gesangsbühne Israels seit 1979, wo die Gäste israelische Songs singen und dazu auf den Tischen tanzen. Tgl. ab 20 Uhr, Hangar 13, Tel. 03/544 42 50.

Shablul. Renommierter Jazzclub am Hangar 13, Tel. 03/546 18 91.

Oben: Am Habima-Platz kann man nicht nur Kultur, sondern auch die Sonne genießen.
Unten: Die Dizengoff galt früher als Champs-Élysées von Tel Aviv. Heute erfährt die einstige Prachtstraße ein Revival.

18 Dizengoff Street

Sixties-Charme mit Bauhaus-Chic

Das Bibelhebräisch kennt moderne Worte wie Computer oder Auto nicht. Für alltagstauglichen Slang ist daher viel Fantasie gefragt. Aus dem Namen von Tel Avivs erstem Bürgermeister wurde so kurzerhand das Verb *le-hizdangef*, »dizengoffen«. Es bedeutet nichts anderes als »die Dizengoff entlangschlendern«. Und doch steckt viel mehr dahinter als kurioser Sprachwitz. Denn die Dizengoff hat Kultstatus.

Die Dizengoff ist ein Nord-Süd-Boulevard. Er beginnt südöstlich am Kulturpalast und erstreckt sich gen Norden zum Hafen. Dabei passiert er den Rothschild Boulevard, die King-Georges-Straße und den Ben Gurion Boulevard. Die Straßen rundherum sind geprägt von Bauhaus-Architektur, kleinen Parks und Wohnvierteln.

MAL EHRLICH

DIZENGOFF CENTER

Wie beim Springbrunnen am Dizengoff-Platz scheiden sich auch hier die Geister. Die einen schwören auf dieses laute, klobige, aus allen Nähten platzende Einkaufszentrum mit seinem 1980er-Jahre-Charme, andere shoppen lieber woanders. Immerhin entwarf der Architekt Yitzhak Yashar 1983 Israels erstes Shoppingcenter. 1996 tötete ein Selbstmordattentäter 13 Menschen, darunter viele Kinder.
Die Popularität des Einkaufszentrums ist dennoch ungebrochen. An Wochenenden drängen sich in den Läden und Restaurants bis zu 45 000 Menschen.

»Champs-Élysées«

Eine Hauptverkehrsachse parallel zum Mittelmeer sollte es werden. Zwischen 1927 und 1929 entstand daraus die Dizengoff, benannt nach Tel Avivs erstem Bürgermeister. Schnell nahm die neue Straße einen zentralen Platz im Stadtbild ein. Sie entwickelte sich zum Sinnbild für das moderne Tel Aviv. Schicke Geschäfte, Theater und Restaurants verhießen Aufbruch und Dynamik. Hierher kam man vor oder nach einem Theater- oder Konzertbesuch, um sich in einem der eleganten Cafés zu treffen, Schriftsteller und Dichter ebenso wie Schauspieler, Journalisten und Arbeiter.

In ihrer Blütezeit nannten Israelis sie liebevoll »Champs-Élysées von Tel Aviv«. Der israelische Journalist Tom Segev beschreibt die Dizengoff in den 1960er-Jahren als »kulturelles und gesellschaftliches Ideal«. »Dizengoffen« bedeutete demnach »auszugehen und in einem innovativen, weltlichen, städtischen Milieu zu flanieren, um zu sehen und gesehen zu werden, während man sich nach London und New York sehnte«.

Kulturforum

Im Süden entspringt sie mit einem kulturellen Paukenschlag, dem Habima-Platz – mit dem Helena-Rubinstein-Pavillon für moderne Kunst, dem Kulturpalast mit dem Bronfman-Auditorium und dem Habima-Theater. Der gesamte Kulturkomplex wurde vor wenigen Jahren umfassend renoviert und erweitert und mit besserer Akustik ausgestattet. Gegründet 1912 in Polen, bis 1926 mit Spielstätte in Moskau und zwischendurch in New York, ist die Habima seit 1928 in Palästina etabliert.

Das israelische philharmonische Orchester ist im Bronfman-Auditorium (dem ehemaligen Mann-Auditorium) zu Hause. 1936 bestand es aus 75

Oben: Die traditionsreiche hebräischsprachige Habima-Bühne
Mitte: Im nördlichen Teil der Dizengoff Richtung Namal haben viele israelische Designer ihre Läden.
Unten: Seit 1958 trägt die Habima den Titel Nationaltheater.

AUTORENTIPP!

CAFÉ LANDWER

Das ist typisch für Tel Aviv. Überall dicht bebaute Straßen, keine einzige freie Parklücke, Bauhaus-Weiß neben Glasdesign und salzzerfressenen Fassaden grauer Apartmenthäuser und dann, plötzlich, ein kleiner Park, spielende Kinder, ältere Leute, die Möwen füttern – und Cafés. Eines davon ist das Café Landwer. Es liegt mitten im Meir Garden, einer kleinen Oase mit Springbrunnen. Kaum zu glauben, dass die schnellen Lebensadern der Großstadt nur wenige Schrittlängen von hier entfernt pulsieren. Das Café Landwer erinnert an eine versteckte Schatzkiste hinter Palmen und Akazienbäumen. Hier kann man frühstücken, zu Mittag- oder Abend essen oder einfach nur zu Kaffee und Kuchen einkehren. Mit einem extra Menü für Kinder und Schaukeln nebenan ist es zudem sehr kinderfreundlich.

Café Landwer. Tgl. 8–24 Uhr, 7 Rabenu Tam St., Tel. 03/629 58 70, http://landwercafe.co.il

Im Meir Garden gibt es neben dem Café Landwer einen Spielplatz – ideal für Familien.

Musikern, die aus Osteuropa emigriert waren. Das erste Konzert am 26. Dezember 1936 dirigierte der Italiener Arturo Toscanini zu Klängen von Brahms und Carl Maria von Weber. Später traten hier Leonard Bernstein, Arthur Rubinstein und Kurt Masur auf. 2013 wurde das neue Haus unter Chefdirigent Zubin Mehta eingeweiht.

Dizengoff-Platz

Ursprünglich ein verkehrsfreier grüner Platz mit Bänken, baute die Stadtverwaltung den sternenförmigen Dizengoff-Platz in der Mitte des Boulevards 1978 aus Verkehrsnot komplett um, mit Unterführungen für Autos, einer erhöhten Fußgängerzone und Brücken darüber und einem knalligen Springbrunnen im Siebzigerjahre-Design mittendrauf. An dem Bauwerk teilten sich die Geschmäcker. Heute erlebt der Feuer-und-Wasser-Brunnen des israelischen Künstlers Yaacov Agam (*1928) ein Revival, besonders wegen seiner bunt rotierenden Wasserspiele zweimal täglich. Hier kann man das alte und neue Herz Tel Avivs spüren und mit Falafel oder Eis in der Hand den Strom an Fußgängern beobachten – oder sich am besten selbst unters Volk mischen und mitflanieren.

Cinema und Center Chic Hotel

Links und rechts vom Dizengoff Square stehen zwei besonders prägnante Bauhaus-Beispiele. Das Center Chic Hotel in der Zamenhoff Street wurde erst kürzlich renoviert und erstrahlt in neuem Glanz. Im Cinema Hotel gegenüber war eines von Tel Avivs ersten Kinos, das Esther Kino. Bei allem modernen Design hat das Hotel nicht nur den Bauhaus-Charme, sondern auch das nostalgische Kinoflair bewahrt. Filmplakate und Filmprojektoren zieren den Lobbybereich, für Hotelgäste werden hier auch manchmal Filme gezeigt, inklusive Popcorn.

Infos und Adressen

SEHENSWÜRDIGKEITEN

Bauhaus Center. Alles rund um Tel Avivs meistbewunderte Architektur von privater Initiative lokaler Bauhausfans. So–Do 10–19.30 Uhr, Fr 10–14.30 Uhr, Sa 12–19.30 Uhr. 99 Dizengoff St., Tel. 03/522 02 49, www.bauhaus-center.com

Habima. Israelisches Nationaltheater und eines der ersten Theater auf Hebräisch. 7 Ibn Gvirol, Tel. 03/685 17 82.

Helena-Rubinstein-Pavillon. Wechselnde Ausstellungen. Die Sammlung umfasst Meissener Porzellan und Glaskunst. 6 Tarsat Blvd, Tel. 03/528 71 96, www.tamuseum.org.il/en/helena-rubinstein-pavilion

Philharmonie. Heimat des Israeli Philharmonic Orchestra. 11 Dizengoff St., Tel. 03/629 87 76, www.ipo.co.il

ESSEN UND TRINKEN

Gootcha. Gute Seafood-Bar zu gemäßigten Preisen mit Mittagsspecials. 171 Dizengoff St., Tel. 03/691 16 03.

Mersand. Legendäre Institution mit altmodischem Charme und leckeren selbst gemachten Kuchen. 70 Ben Yehuda Ecke Frishman, Tel. 03/523 43 18.

Das Dizengoff Center war 1983 Israels erste Mall.

Informationen zum Baustil bietet das Bauhaus Center.

Meshulash. Kuchen, Snacks und Frühstück den ganzen Tag über. Ruhiges Café an der Ecke zum Ben Gurion Boulevard. 168 Dizengoff St., Tel. 03/523 67 34.

Nola. Bäckerei. Süßes und Herzhaftes, von Bagels bis Pfannkuchen und quietschbunten Törtchen. 197 Dizengoff St., Tel. 03/523 05 27.

ÜBERNACHTEN

Arbel. Gemütliche Apartments, preiswert, zentral und familiär. 11 Hulda St., Tel. 03/522 54 50, www.arbelhotel.com

Center Chic Hotel. Frisch renoviertes Bauhaus-Hotel. 2 Zamenhoff St., Tel. 03/542 55 55, www.atlas.co.il

Cinema Hotel. Schickes Bauhaus-Hotel in Tel Avivs erstem Kino. 1 Zamenhoff St., Tel. 03/520 71 00, www.atlas.co.il

EINKAUFEN

Dizengoff Center. Einmal quer über die Dizengoff, unterirdisch und per Durchgangsbrücke, täglich geöffnet, mit mehr als 400 Läden, Fitnessclub und Pool auf dem Dach, kostenlosem Wi-Fi und Genießertagen samt Verkostungen donnerstags und freitags. 50 Dizengoff St.

Oben: Das Diaspora Museum zeigt die Geschichte jüdischer Gemeinden weltweit.
Unten: Der Rundgang gleicht daher eher einer Reise durch Zeiten und Welten.

19 Museumskomplex auf dem Campus

Diaspora Museum, Eretz Israel Museum, Palmach Museum

Im Norden Tel Avivs kann man gut und gerne einen ganzen Tag verbringen – in zwei der faszinierendsten Museen des Landes, dem Diaspora Museum und dem Eretz Israel Museum. Beide liegen auf dem Campusgelände der Universität. Und wenn man schon mal dort ist, lohnt sich auch ein Abstecher zum Palmach Museum, zum Botanischen Garten und zum Rabin Center.

Bei seiner Eröffnung 1978 galt das Diaspora Museum (hebr. *Beit Hatfutsot*) als eines der innovativsten Museen der Welt. Auch heute noch, knapp 40 Jahre später, zieht es den Besucher vom ersten Raum an hinein in eine Welt, die untrennbar mit der Geschichte Israels verbunden ist – die der jü-

MAL EHRLICH

LEBEN IN DER »BLASE«

Kritiker meinen, Tel Aviv sei eine Illusion. Eben doch »ein Traum aus weißen Schaumkronen«. Die gesellschaftlichen Konflikte sind zwar unterschwellig immer da, ob zwischen orthodoxen und säkularen Israelis oder Israelis und Palästinensern. Doch nirgends werden sie so erfolgreich verdrängt wie in der »Blase« Tel Aviv. So nennen nicht nur Jerusalemer die Partymetropole am Mittelmeer, sondern auch Einheimische – nicht ohne Stolz. Denn tatsächlich geht es in der »Blase« entspannter zu als anderswo. In Tel Aviv ist alles *easy*. Bunt und schillernd, tolerant, liberal und lebensfroh. Aber eben auch realitätsfern.

dischen Gemeinden weltweit, von Venedig bis Worms, von Indien bis China.

Geschichte des jüdischen Volkes

Die jüdische Diaspora begann nicht erst mit der Tempelzerstörung im Jahr 586 v. Chr. und dem darauffolgenden ersten babylonischen Exil, sondern bereits 300 Jahre zuvor mit der Vertreibung der zehn Stämme Israels durch die Assyrer. Bis heute ist ihr Verbleib rätselhaft. Manche Forscher halten jüdische Gemeinden in Indien, China und Äthiopien für deren Nachfahren. Nahum Goldmann (1895–1982) regte die Idee für dieses einzigartige Museum an. Der langjährige Präsident des Jüdischen Weltkongresses wollte damit die lebendige Verbindung zwischen der Diaspora und dem Land Israel dokumentiert wissen.

Es ist vor allem das interaktive und audiovisuelle Konzept, das das Diaspora Museum so originell macht. Dabei kommt die Ausstellung fast ganz ohne Originale aus. Hier sind nahezu ausschließlich Repliken ausgestellt. Kein Wunder, gingen doch während fast 3000 Jahren Zerstreuung, Exil und Ortswechsel, oftmals verursacht durch Verfolgung, viele Originale verloren. Mitunter vergisst man, dass man durch Ausstellungsräume geht. So ist das Museum auch nicht chronologisch aufgebaut, sondern auf Initiative des israelischen Dichters Abba Kovner (1918–1987) thematisch. Durch sieben »Tore« taucht man ein in Aspekte von Familien, Gemeinde, Glauben, Kultur, Geschichte, Beziehung zur nichtjüdischen Umgebung sowie Rückkehr nach Israel.

Synagogenmodelle

Der Rundgang gleicht daher eher einer Reise durch Zeiten und Welten. Manche von ihnen sind

AUTORENTIPP!

RABIN CENTER

»Der Weg des Friedens ist dem Weg des Krieges vorzuziehen. Ich sage Euch dies als jemand, der 27 Jahre lang ein Mann des Militärs war.« Es waren die letzten Worte von Israels Ministerpräsidenten Jitzchak Rabin auf der Friedensdemonstration am 4. November 1995. Anlässlich des zehnten Jahrestages seiner Ermordung wurde 2005 das Rabin Center eingeweiht. Es zeigt Rabins Lebensstationen und verschweigt auch nicht den Paradigmenwechsel in Israels Gesellschaft, den sein Tod auslöste. Wohl deshalb will es das Bewusstsein schärfen für Zivilgesellschaft, Dialog und demokratische Werte. Herzstück ist das kleine Israeli Museum. Begleitet von mehr als 200 Kurzfilmen erfährt der Besucher viele Details über die Entstehung des jüdischen Staates, seine Institutionen und Gesellschaft. Sehr informativ und tiefgründig.

Rabin Center. 8 Haim Levanon, Tel. 03/745 33 22, www.rabincenter.org.il

unwiederbringlich versunken, andere liebevoll rekonstruiert und in all ihrer facettenreichen Vielfalt abgebildet. Da ist zum Beispiel ein mitteleuropäischer Synagogenraum, aus dem leise liturgische Musik erklingt. Oder verschiedene Synagogenmodelle, darunter ein pagodenartiger Bau aus China, eine Holzsynagoge aus der Ukraine, ein tempelartiges Bethaus aus Indien. Das Erstaunlichste sind die jüdischen Gemeinden in jedem auch noch so entlegenen Winkel der Welt, ihre Geschichte, ihre Eigenheiten, ihre Kultur. Daneben können Besucher in einer umfassenden genealogischen Datenbank die eigene Familiengeschichte erforschen. Ergänzt wird die Datenbank von ausgefallenen Sonderausstellungen, etwa zu Amy Winehouse oder jüdischer Mystik.

Eretz Israel Museum und Palmach Museum

Unweit des Diaspora-Museums zeigt das Eretz Israel Museum in seinen Pavillons einen breit gefächerten Fundus an Keramik, Handwerk, Judaika, Folklore, Münzen, Briefmarken – alles aus historischer und archäologischer Sicht. Hinzu kommt ein außergewöhnlicher Museumsshop mit Designerschmuck und Souvenirs, die man nicht in jedem Laden findet.

Im gleichen Museumskomplex liegt das Palmach Museum. Hier kommen Jitzchak Rabin (1922 bis 1995) und seine Frau Leah (1928–2000), der Schriftsteller Yoram Kaniuk (1930–2013) und der spätere Verteidigungsminister Mosche Dajan (1915–1981) zu Wort. Denn sie alle gehörten in ihrer Jugend dem Palmach an, der Jugendbrigade der israelischen Untergrundarmee Haganah. Das Museum verzichtet nahezu auf Dokumente und Exponate. Stattdessen erzählt es die Geschichte des Palmach aus sehr persönlicher Sicht.

Oben: Bei allen Unterschieden eint jüdische Gemeinden Zugehörigkeit zu Geschichte und Religion.
Mitte: Der Fokus im Eretz Israel Museum liegt auf Archäologie.
Unten: Im Eretz Israel Museum gibt es auch ein Planetarium sowie wechselnde Ausstellungen.

Infos und Adressen

SEHENSWÜRDIGKEITEN

Beit Hatfutsot (Diaspora-Museum). Interaktives Museum zu jüdischen Gemeinden in aller Welt. So–Do 10–16 Uhr, Mi, Do 10–19 Uhr, Fr 9–13 Uhr, Eintritt: 32–42 NIS, Campus der Tel Aviv University, Klausner St., Ramat Aviv, Tor 2, Tel. 03/745 78 08, www.bh.org.il

Eretz Israel Museum. Archäologisches und historisches Museum mit modernem Konzept. Sa–Mi 10–16 Uhr, Do 10–20 Uhr, Fr 10–14 Uhr, Eintritt: 48 NIS/Kinder unter 18 Jahren frei. 2 Haim Levanon St., Tel. 03/641 52 44, www.eretzmuseum.org.il

Palmach Museum. Experimentelles Museum, das persönliche Geschichten für sich sprechen lässt. 10 Haim Levanon St., Anmeldung unter Tel. 03/643 63 93, http://info.palmach.org.il

ESSEN UND TRINKEN

Abu Hasan. Leckerer Hummus auf die Hand und im Sitzen. HaBarzel St. 2,Tel 03/644 81 01.

Arcaffe. Eine der ersten Coffee-Shop-Ketten in Tel Aviv mit Leidenschaft für Kaffee. Merkaz Schuster, 40 Einstein St. in Ramat Aviv Mall.

Vom Indigo nördlich der Dizengoff hat man es nicht weit zum Museumskomplex.

Nicht ganz billig, aber geschmacklich ausgesprochen vielseitig – Restaurant Rokach 73

Betta Café. Café im 70er-Jahre-Chic bietet gute Salate, Sandwiches und Kaffeespezialitäten. 17 Brodetsky St., Tel. 053/944 30 09.

KaKao. Café auf dem Uni-Campus im Law Building – für eine Verschnaufpause zwischendurch.

Rokach 73. Elegantes Bistro von Küchenchef Eyal Lavi mit Fusion aus provenzalischer und israelischer Küche. Tgl. 12–24 Uhr, 73 Rokach Boulevard, Tel. 057/944 32 09, www.rokach73.rest-e.co.il

ÜBERNACHTEN

Indigo. Art-déco-Hotel im hippen Diamantviertel in Ramat Gan Richtung Hayarkon Park. Mit Bistro »Blackstone« und Spa. 5 Aholiav St., Tel. 03/930 00 33, www.ihg.com/hotelindigo

EINKAUFEN

Ramat Aviv Mall. Shoppingmall mit frischem Ambiente. Zwei Etagen mit 140 Läden. So–Do 9.30–21.30 Uhr, Fr 9–15 Uhr, Sa Sabbatende bis 23 Uhr, 40 Einstein St., Eingänge auch über Brazil und Brodetsky St.

20 Museum of Art und Theaterviertel

Kunst und Kultur von Weltrang

Tel Aviv scheint wie geschaffen für Kultur, Kunst und Lebensart. Seit ihrer Gründung ist die Mittelmeerstadt nicht nur Israels kulturelles Zentrum, sondern auch internationale Kunstmetropole. Denn das tolerante, weltoffene Lebensgefühl Tel Avivs spiegelt sich auch in seiner seit jeher vielseitigen und dynamischen Kunstszene und seinem breiten Kulturspektrum wider.

In Tel Aviv haben mehr Menschen Dauerkarten für Kultur und Kunst als für Fußball. Das sagenhafte Kunstinteresse erfüllen mehr als 250 Kultureinrichtungen, darunter 75 Museen und Galerien, zahlreiche Theater und etliche renommierte Tanz- und Konzerthäuser. Die meisten von ihnen verteilen sich über die ganze Stadt. Einige der meistbesuchten Bühnen jedoch ballen sich im Theaterviertel zusammen, darunter das Kunstmuseum, die Oper, das Cameri-Theater und die Cinemathek.

Oben: Der neue Museumsflügel von Preston Scott Cohen wurde 2011 eingeweiht.
Unten: Die Sammlung umfasst moderne Kunstwerke von van Gogh bis Kandinsky.

MAL EHRLICH

KIKAR HAMEDINA

Der Platz im Norden strahlt Weite und Eleganz aus. Soll er auch, denn rundherum reihen sich Designerboutiquen wie Gucci, Prada und Versace aneinander. Die Boutiquen wirken etwas in die Jahre gekommen. Denn originellere Shoppingviertel wie Sarona, HaTachana und Namal haben dem edlen Platz mittlerweile den Rang abgelaufen. Ganz abgesehen von den kleinen Boutiquen einheimischer Designer. Mal ehrlich, wer kauft da noch überteuerte Babysandalen für 200 Euro? Doch architektonisch ist der kreisförmige, luftige Platz sehr sehenswert.

Jede Menge Festivals

Ihre Kunstsaison eröffnet die Metropole jedes Jahr im September mit dem Festival »Loving Art, Making Art«. An drei Tagen präsentieren etwa 60 Museen und Galerien der Stadt den Besuchern bis spät in die Nacht kostenlos ihre Dauer- und Spezialausstellungen. Dabei binden sie Tel Aviv mit diversen Open-Air-Veranstaltungen, Workshops und Aktivitäten als inspirierenden Kunstraum mit ein.

Eines der wichtigsten Kunstfestivals ist das »Fresh Paint« im Herbst. Alljährlich überrascht die Kunstmesse an einem anderen Ort in Tel Aviv. 30 000 Besucher bestaunen ausgewählte und aktuelle Exponate zeitgenössischer israelischer Künstler und Designer.

Anlässe zum Feiern gibt es immer – ob Vernissagen, internationale Museumstage, Dichter-Jubiläen oder UNESCO-Titel. Aber auch Filmfestivals wie das »Docaviv« Dokumentarfilmfestival in der Cinemathek, Architekturfestivals wie das »Open House« und das »Piano Festival« im Kunstmuseum zeugen vom großen Kulturinteresse der Tel Aviver. An dem weltweiten Event des »Open House«-Festivals zum Beispiel beteiligt sich Tel Aviv neben Metropolen wie London oder New York seit 2007. Seitdem ist es aus der Tel Aviver Festivalszene nicht mehr wegzudenken. Einmal im Jahr öffnen Privathäuser ihre Türen für Besucher – Stadtvillen, Synagogen, Lofts sowie außergewöhnliche Wohnungen.

Tel Aviv Museum of Art – Sammlung und Bau

Mit 630 000 Besuchern jährlich zählt das Tel Aviv Museum of Art zu den 100 meistbesuchten Kunstmuseen der Welt. Neben Altmeistern und

AUTORENTIPP!

KOLLEKTIVES SPEISEN

Inspiriert von einem typischen Kibbuz-Speisesaal ist das Essen alles andere als kollektive Gemeinschaftsküche. Hier zeigt sich die neue israelische Küche von ihrer kreativsten Seite. Jüdische Diaspora-Gerichte verbunden mit nahöstlichen Einflüssen und den verspielten Neuschöpfungen von Küchenchef Omer Miller sind unbedingt einen Besuch wert. Man speist zu relativ günstigen Preisen Fisch, Meeresfrüchte, Fleisch und Salate, die in der Tischmitte zum Teilen platziert werden. Man sitzt – wie im Kibbuz – an langen Tischen, untermalt von leise plätschernder israelischer Popmusik. Unschlagbar auch die Nähe zum Performing Arts Center und dem neuen Flügel des Tel Aviver Kunst-Museums – bestens geeignet also für ein Mittag- oder Abendessen vor oder nach dem Theaterbesuch.

The Dining Hall. 23 Shaul Hamelech Boulevard, Tel. 057/944 30 36, www.thedininghall.rest-e.co.il

AUTORENTIPP!

CAFÉ UND BACKSTUBE

Eine kulinarische Perle abseits von Touristenpfaden. In einem grauen Betonklotz inmitten von eher eintönigen Wohnanlagen und unscheinbaren Ladenzeilen mit Elektroprodukten verbirgt sich eine der besten Bäckereien Tel Avivs. *Lechamim* bedeutet »Brote« und ist Café und Backstube in einem. Der schlichte Name ist rundweg untertrieben. Denn neben verschiedenen Brotsorten gibt es hier köstliches Gebäck, Kuchen und Sandwiches in endlosen Variationen. Süß, herzhaft, vegetarisch und milchig, ob Törtchen, Frühstück oder Pasteten – das »Lechamim« steht für beste Backtradition. Und ist obendrein noch etwas preiswerter als sein Edel-Ableger im schicken Tel Aviver Hafenviertel.

Lechamim. 99 Hahashmona'im. So–Do 7.30–21 Uhr, Fr 7.30 bis 2 Std. vor Sabbatbeginn. Tel. 03/561 81 11, www.lehamim.co.il

klassischer Moderne beherbergt es in seiner Dauerausstellung die umfassendste Kunstsammlung des Landes für zeitgenössische israelische Kunst, darunter Werke von Reuven Rubin, Yigal Tumarkin, Gal Weinstein und Michal Rovner.

Drinnen scheint man sich zwischen den Werken von van Gogh, Picasso, Kandinsky, Chagall und Modigliani nahezu schwebend von Raum zu Raum zu bewegen. Breite flache Treppen, warmes fließendes Licht und kühlende Ruhe blenden die quirlige Stadt draußen aus. Hier drinnen regiert eindeutig die Kunst mit behutsamer und dennoch eindringlicher Intensität.

Was das Museum neben seinem Leichtigkeit verströmenden Bau so besonders macht, ist seine Schnittstelle zwischen interdisziplinären Kunstformen. In den Wechselausstellungen, vor allem des Helena-Rubinstein-Pavillons (S. 123), treffen Malerei, Skulptur, Fotografie, Design, Street Art, Installationen, Video und Architektur aufeinander.

2011 wurde der neue Flügel des Museums eingeweiht. Die Architekten Preston Scott Cohen und Amit Nemelich verdoppelten damit den Ausstellungsraum. Gestaltet als dynamisches, verbindendes Element zwischen Israel und der Welt unterstreicht der Flügel Tel Avivs Strahlkraft als Kunstmetropole von Weltrang. Zudem beherbergt der neue Flügel eines der besten Restaurants der Stadt, die preisgekrönte Brasserie Pastel. Neben dem hervorragenden Essen ist es auch hier die Architektur, die die Umgebung betont – mit Terrasse und Blick auf den Skulpturengarten.

Performing Arts Center

Die Heimat der Israelischen Oper und des Cameri-Theaters ist einer der meistbesuchten Kulturkomplexe der Stadt. 1994 von dem israelischen Architekten Yakov Rechter gestaltet, umfasst das Tel Aviv Performing Arts Center (TAPAC) Säle mit hervorragender Akustik. Mit seinem Architekturkonzept wollte Rechter »die imposante Präsenz eines öffentlichen Gebäudes mit der lockeren, unmonumentalen Tel Aviver Leichtigkeit verbinden«.

Künstlerische Leiterin der Tel Aviver Oper ist seit 1995 Hanna Munitz, die 1946 in Deutschland geboren wurde. Außer den gefeierten Aufführungen der Saison veranstaltet das renommierte Konzerthaus jedes Jahr im Juni das Masada-Opernfestival. Ob *Aida*, *Carmen* oder *Tosca* – es sind jedes Mal spektakuläre Bühnenshows und große Kunst vor einer der ungewöhnlichsten Naturkulissen der Welt.

Azrieli Center mit Aussichtsplattform

Mit 187 Metern und 49 Etagen ist der runde der drei Azrieli-Türme Tel Avivs höchstes Gebäude. Die anderen Türme vervollständigen das gläserne Ensemble. Das Azrieli Center ist ein Büro- und Geschäftsgebäude und beherbergt eine der beliebtesten Einkaufszentren Tel Avivs, die Azrieli Mall. In seiner obersten Etage erreicht man mit dem Aufzug die höchstgelegene Aussichtsplattform des Nahen Ostens. Der Blick ist spektakulär. Er reicht rundum etwa 50 Kilometer weit von Aschkelon im Süden bis nach Haifa im Norden. Der Eingang ist nicht ganz einfach zu finden. Man muss erst die Mall in der dritten Etage durchqueren.

Sarona – altes Templer-Viertel, neuer Hotspot

Auch Tel Aviv hat ein Templerviertel, so wie Haifa und Jerusalem. Nur wurde hier das malerische architektonische Erbe der 37 ehemaligen deutschen

Oben: Im Tel Aviv Performing Arts Center sind die Israelische Oper und das Cameri-Theater zu Hause.
Mitte: Ein Besuch lohnt sich – schon allein wegen der Bühnenakustik.
Unten: Unweit des Theaterviertels bietet der Azrieli-Tower Panoramablick aus 187 Metern Höhe.

Oben: Kreisförmige Grünfläche im Norden der Stadt: Kikar Hamedina
Mitte: Edelboutiquen und Designerlabels am Kikar Hamedina versuchen mit hippen Shoppingvierteln Schritt zu halten.
Unten: Holocaust-Denkmal von Yigal Tumarkin auf dem Rabin-Platz

Stadthäuser erst spät wieder entdeckt. Die Häuser stehen heute unter Denkmalschutz.

Die Templergesellschaft entstammte ursprünglich der Lutheranischen Kirche Württembergs. Überall in Israel gründeten sie während der osmanischen Herrschaft Siedlungen, oft unter schweren Bedingungen. Gegen die Malaria etwa bepflanzten sie den sumpfigen Boden mit Eukalyptusbäumen – heute willkommene Schattenspender. Wegen ihrer Identifikation mit den Nazis mussten die verbliebenen deutschen Siedler 1948 Israel verlassen.

Jahrzehntelang gehörte das Viertel zum Verteidigungsministerium. In einem der Häuer soll auch eine der ersten Zentralen des Geheimdienstes Mossad untergebracht gewesen sein. Es wurde 2014 fertig saniert und steht seitdem als Kulturpark mit Galerien, Restaurants, Bühnen, Bars und Läden bei ausgehfreudigen Tel Avivern und Besuchern hoch im Kurs.

Rabin-Platz

Als der zweimalige israelische Ministerpräsident Jitzchak Rabin 1995 von einem religiösen Fanatiker auf einer Kundgebung ermordet wurde, riss sein Tod eine tiefe Lücke. Es war eine der größten Friedensdemonstrationen in der Geschichte Israels, die auf dem damaligen Platz der Könige stattfand. Mit Rabins Tod ist für viele Israelis auch der Traum vom Friedensprozess in weitere Ferne gerückt. Der Platz trägt heute seinen Namen, ebenso wie das schlichte Monument der Bildhauerin Yael Ben-Artzi neben der Treppe, über die Rabin damals nach seiner Rede herunterkam. Immer liegen hier Blumen. Trauer und Verlust sind gegenwärtig. Denn kein Tod eines israelischen Politikers hat die israelische Gesellschaft stärker schockiert und polarisiert.

Infos und Adressen

SEHENSWÜRDIGKEITEN

Performing Arts Center. Moderner Komplex für Musik, Tanz und Theater. Heimat der Israelischen Oper und des Cameri-Theaters. Eingang über 28 Leonardo da Vinci oder 19 Shaul Hamalech St. Tel. 03/692 77 88, www.israel-opera.co.il, www.cameri.co.il

Tel Aviv Museum of Art. Herausragende Mischung aus Meisterwerken in Dauersammlung und temporären Ausstellungen. Mo, Mi, Sa 10–18 Uhr, Di, Do 10–21 Uhr, Fr 10–14 Uhr, So geschl., 27 Shaul Hamelech Blvd., Tel. 03/607 70 20, www.tamuseum.org.il

ESSEN UND TRINKEN

Batya. Eines der ältesten Restaurants der Stadt, mittlerweile an neuem Standort, aber immer noch mit authentischer osteuropäischer Küche. 95 Hahashmonaim, Tel. 03/522 13 35.

Messa. Haute Cuisine von Aviv Moshe in kühlem Design. Mit Zigarrenbar. Unbedingt vorher reservieren. Tgl. 12–15.30 und 19–23 Uhr, 19 Haarba'a St., Tel. 053/941 88 28, http://messa.rest.co.il

Pastel. Preisgekrönte Brasserie und Bar im Herta- und Paul-Amir-Flügel des Kunstmuseums. Täglich 12–24 Uhr, 27 Shaul Hamelech Blvd., Tel. 03/644 74 41, www.pastel-tlv.com

ÜBERNACHTEN

Vital Hotel. Elegantes Boutiquehotel. Fünf Minuten zum Kunstmuseum und eine Viertelstunde zum Strand. 14 Weizman St., Tel. 03/777 00 25, http://vitalhotel.co.il

VERANSTALTUNGEN

Docaviv Dokumentarfilmfestival. Alljährlich im Mai eine gute Gelegenheit, Israel durch seine Filme kennenzulernen, denn Israel ist ein boomendes Filmland und seine Filme sind ein Spiegel der Gesellschaft. Cinematheque, Tel. 03/624 17 97, www.docaviv.co.il

Shoppingpause im Café Henrietta mit Tagesgerichten für 58 NIS

Festival Loving Art, Making Art. Kunstfestival im Sept., seit 2015 zusätzlich im Juni. An 3 Tagen Eintritt frei in Museen und Galerien.

Fresh Paint. Jährliche öffentliche Kunstmesse, jedes Jahr an anderem Ort. www.freshpaint.co.il

Massada-Opernfestival. Jedes Jahr im Juni. www.israel-opera.co.il

Open House. »Häuser von innen« heißt das Festival auf Hebräisch, bei dem Privatleute Einblick in ihre architektonisch spannenden Wohnräume geben. Meistens im Mai. www.batim-il.org

Piano Festival. Musikgenuss jedes Jahr im Herbst im Kunstmuseum. 27 Shaul Hamelech Blvd., Tel. 03/607 70 20, www.tamuseum.org.il

AKTIVITÄTEN

Azrieli Center. Höchster Häuserkomplex des Mittleren Ostens mit Aussichtsplattform im 49. Stock und Azrieli Mall. 132 Menachem Begin, Tel. 03/608 11 79.

Cinematheque. Filme im Original, jeden Monat spannende Filmreihen, Filmfestivals im Frühjahr und Herbst. 2 Shprintsak, Tel. 03/606 08 23, www.cinema.co.il

Quirlig, günstig, lecker: Street Gourmet Food im Restaurant Miznon

21 Ben Yehuda und Ibn Gvirol Street

Tel Avivs kreative Küche

Jüdische Einwanderer aus 180 Ländern haben ihre Familienrezepte und Länderküchen mitgebracht. Hunderte von exzellenten Restaurants und gemütlichen Cafés mit einer Kaffeekultur wie sonst nur in Italien machen das Essengehen in Tel Aviv jeden Tag zu einem kulinarischen Fest, ob Frühstück, Mittag-, Abendessen oder Mitternachtssnack.

Die israelische Gourmetküche stecke noch in den Kinderschuhen, sagt zumindest Janna Gur. Sie muss es wissen. Denn die israelische Restaurantkritikerin kennt die Gastroszene genau. In ihren Kulinarikbüchern beschreibt sie ein anderes Israel als das in den Schlagzeilen – als einen Schmelztiegel der Landesküchen voller experimentierfreudiger Köche. Junge kreative Küchenchefs lassen sich immer wieder etwas Neues einfallen. Alte Familienrezepte aus so verschiedenen jüdischen Küchen wie der irakischen, ungarischen oder marokkanischen verbinden sie heute mit frischen, regionalen Zutaten, einer Prise Orient und Pariser Chic – Tel Aviv als Gourmettempel und kulinarischer Trendsetter.

Tel Avivs Kochszene ist dynamisch und lebendig. Denn in Israel ändert sich alles rasend schnell. »Wir sind ein junges Land und haben viel nachzuholen. Hier gibt es keine gewachsene Esskultur wie in Frankreich«, meint Janna. Dafür aber viel Experimentierfreudigkeit. Die »kulinarische Revolution« begann 1979 mit dem Friedensvertrag mit Ägypten. Er brachte wirtschaftlichen Aufschwung, politische Entspannung und eine Renaissance der Landesküchen. Wegen strenger Importbestimmungen schmuggelte damals so mancher Küchenchef Parmesan noch heimlich aus Italien hierher, erzählt Janna. Doch mit den Jahren sind die israelischen Lebensmittel immer vielfältiger und hochwertiger geworden, ob Cherrytomaten aus der Wüste oder Ziegenkäse aus Galiläa. Der Grund: »Ende der Achtzigerjahre begannen Israelis zu reisen und fanden Geschmack an der feinen Küche«, beschreibt Janna Gur die kulinarische Entwicklung. Mit den neuen Ansprüchen sei auch die Qualität der einheimischen Produkte gestiegen.

Inzwischen haben Israels Köche mit Siebenmeilenstiefeln aufgeholt. Derweil erfindet sich der Schmelztiegel neu. Denn die nächste Generation entdeckt ihre ethnischen Wurzeln wieder: Mitteleuropäische Kaffeehauskultur, jemenitische Restaurants und bulgarische *Bureka*-Bäckereien, gepaart mit lokalen arabischen Einflüssen, beflügeln die gastronomische Landschaft immer wieder aufs Neue. Persische Vorspeisen werden heute neben polnischen Desserts serviert – nicht nur in den Restaurants, auch zu Hause. »Wo auch immer Juden in der Diaspora gelebt haben«, erklärt Janna, »färbte die Umgebung auf ihre Esskultur ab. Dabei führten koschere Speisevorschriften und jüdische Feste immer wieder zu neuen Rezepten. Genau da wagen sich Köche wieder heran.«

Ihren ersten frisch gepressten Orangensaft habe sie in New York getrunken, nicht etwa in Tel Aviv, erzählt Janna. Die Jaffa-Orange war zwar ein weltbekanntes Symbol israelischer Landwirtschaft – aber eben vor allem ein Exportschlager. Heute bekommt man frisch gepresste Säfte an jeder Straßenecke. Einige der besten Bäckereien, Eisdielen, Streetfood-Lokale, Cafés und Restaurants findet man zwischen Ben Yehuda Street und Ibn Gvirol Street.

Infos und Adressen

ESSEN UND TRINKEN

Adora. Italiener mit orientalischen Finessen, dabei schlicht und unprätentiös. 226 Ben Yehuda St., Tel. 03/605 08 96.

Basta. Gourmet-Oase mit Weinbar am Carmelmarkt. 4 Hashomer, Tel. 03/516 92 34.

Benedict. Süß, herzhaft, warm, kalt. Europäisch-israelisch-internationales Frühstücksdiner. 171 Ben Yehuda St., Tel. 03/686 86 57, www.benedict.co.il

Bertie. Eklektische Fusionsküche und Soul Food. 88 King George, Tel. 072/251 29 50, www.bertie.co.il

Gala Gala. Eine der besten Eisdielen der Stadt. Bestseller sind Schoko-Tahini und vegane Sorten. 30 King George, Tel. 03/629 36 54.

HaBurekas shel Ima. Heiße Spinattaschen wie bei Muttern auf die Hand. 16 King George, Tel. 03/681 84 94.

Kovshim. Eine von Tel Avivs versteckten kulinarischen Oasen. Tgl. 8–24, Fr ab 9 Uhr. 48 Hakovshim, Tel. 053/943 88 62.

Miznon. Gourmet-Streetfood! So–Do 12–16 Uhr, 18–22 Uhr. 23 Ibn Gvirol, Tel. 03/716 89 77, www.miznon.com

INFORMATION

Bücher von Janna Gur. *Die neue israelische Küche. Eine kulinarische Reise*, Neustadt, Umschau Verlag 2007. *Jewish Soul Food from Minsk to Marrakesh*, New York, Schocken Verlag 2014

MSC

MITTELMEER UND KÜSTENEBENE

Seite 136/137: Der Hafen von Haifa im Norden Israels
Oben: Die römische Hafenstadt Caesarea ist heute ein Nationalpark.
Unten: Das Ralli Museum erzählt die Geschichte der antiken Küstenstadt.

22 Caesarea und Zichron Ya'akov

Aquädukt und Weinreben

Israels Mittelmeerküste erstreckt sich auf einer Länge von etwa 270 Kilometern. Die Strände zwischen Bat Yam im Süden und Nahariya im Norden gehören zu den schönsten des Mittelmeers. Während die Region um Zichron Ya'akov und Caesarea zum Carmel-Strandabschnitt gehört, zählt der schmale Küstenstreifen zwischen Haifa (S. 152/153) und Rosch Hanikra an der libanesischen Grenze zur Region Westgaliläa.

Ob Steilküste oder feiner weißer Sand, ob neben Strandbars oder direkt unterm Aquädukt, Israels ausgedehnte Mittelmeerstrände bieten neben abwechslungsreicher Kulisse vielseitige Möglichkeiten für Kultur, Genuss und Wassersport.

Ralli Museum

Die Ausstellung »Herod's Dream« ist ein guter Start für einen Caesarea-Besuch, denn sie führt

MAL EHRLICH

CAESAREA GOLF CLUB

Mal ehrlich, Golfen am Mittelmeer? Es ist heiß und Abwechslung gibt's genug: baden, surfen, tauchen, Kajak fahren. Doch wer auch im Urlaub auf seinen Lieblingssport nicht verzichten will, findet im Caesarea Golf & Country Club satte grüne Hügel mit 18-Loch-Fairways und Blick aufs Meer. Hier kann man ganzjährig zwischen Palmen und Zypressen Bälle über die weichen Wiesen treiben. Exotisch, aber professionell (www.caesarea.com/en/home/tourism-and-leisure/golf-club).

durch die verschiedenen Epochen der Stadt, die hellenistische, römische, byzantinische, islamische sowie die Kreuzfahrerzeit. Besonderes Augenmerk schenkt sie Herodes' Hafen nach der Schilderung des römisch-jüdischen Chronisten Josephus Flavius (37–100).

Caesarea maritima

Schon im ersten Jahrtausend v. Chr. bauten phönizische Seefahrer hier eine kleine Küstenstadt. Zu Ruhm gelangte Caesarea vor allem durch die Römer. Herodes (73 v. Chr.–4 v. Chr.) erweiterte die Kleinstadt um typische römische Bauten wie Aquädukte, Palastanlagen, Geschäfte, Bäder sowie Tempel zu Ehren von Kaiser Augustus und ein Amphitheater. Später kamen die Kreuzfahrer – unmittelbar hinter der römischen Pferderennbahn liegen die Ruinen der wuchtigen Kreuzfahrerfestung.

Herodes' Glanzstück jedoch war ein Hafen – erst durch ihn wurde die Stadt zum Zentrum der römischen Provinz Judäa. Caesarea blieb bis Ende des zweiten Jahrhunderts eine bedeutende römische Kolonie. Zeitweise lebten hier mehr als 100 000 Menschen. Ein komplexes Kanalsystem versorgte sie über das Aquädukt mit Wasser. Unter arabischer Herrschaft versank die einstige römische Vorzeigestadt in Bedeutungslosigkeit und ihr Hafen im Meer – schließlich hatten seine römischen Baumeister das sandige Fundament nicht bedacht. Erst die Kreuzfahrer bauten den Hafen wieder aus. Ab 1101 war Caesarea Bischofssitz.

Der Nationalpark ist heute eine der Hauptattraktionen zwischen Tel Aviv und Haifa. Dabei gestalten Geschichte und Kultur bis heute das moderne Leben mit. So kann man etwa beim Tauchen im Archäologischen Unterwasserpark der Stadt Herodes' versunkenen Hafen erkunden, vom Surfbrett

AUTORENTIPP!

ABTAUCHEN UND ENTDECKEN

Immer wieder entdecken Taucher vor der israelischen Mittelmeerküste römische Münzen oder Schmuck aus der Antike – sehr zur Freude der israelischen Antikenbehörde. Die Wahrscheinlichkeit, einen Schatz zu finden, ist hier ausgesprochen hoch. Erst im März 2015 brachten Hobbytaucher 1000 Jahre alte Goldmünzen aus der Fatimidenzeit an Land – den größten Schatz, der jemals in Israel gefunden wurde. Aber auch sonst hält die Mittelmeerküste ideale Bedingungen für Taucher oder solche, die es werden wollen, bereit. Besonders hier, im Archäologischen Park unter Wasser, gibt es viel zu sehen: Herodes versunkenen Hafen, Säulen und Schiffe auf Grund. Fische sind da eher nebensächlich.

Old Caesarea Diving Center. Für Anfänger und Profis, auch Schnorcheln und Nachttauchen. Caesarea National Park, Tel. 04/626 58 98, http://caesarea-diving.com

Die Mosaikböden im Park gehören zu den Hauptattraktionen.

Oben: Im Amphitheater finden regelmäßig Konzerte statt.
Mitte: Die Fußgängerzone in Zichron Ya'akov erinnert an Alleen in der Provence.
Unten: Im Old Caesarea Diving Center können Hobbytaucher antike Unterwasserschätze erforschen.

aus das Amphitheater bewundern oder sein Strandtuch an einem der schönsten Badestrände der Küste im Schatten des zwölf Kilometer langen Aquädukts ausbreiten. Während der Sommersaison finden im Amphitheater Konzerte statt – von Klassik bis Pop. Allein schon wegen der Kulisse und der Akustik ein besonderes Erlebnis.

Zichron Ya'akov

Ob wohl die französische Weinkultur hier abgefärbt hat? Zichron Ya'akov jedenfalls erinnert eher an eine provenzalische Kleinstadt als an ein Dorf im Carmelgebirge. Ländlich-idyllisch mit kleinen Villen, farbenprächtigen Vorgärten, Weinhängen und südeuropäischem Charme ist es eines der bezauberndsten Städtchen in Israel, gegründet als eine der ersten fünf Siedlungen der ersten Alija 1882. Der französische Philanthrop Baron Edmond de Rothschild (1845–1934) höchstpersönlich förderte den neu gegründeten Ort, unter anderem, indem er Weinreben anpflanzen und Weingüter anlegen ließ. Noch heute gehören die Weingüter Carmel und Tishbi zu den renommiertesten israelischen Weinproduzenten, auch international. Zu beiden gehören jeweils ein multimediales Besucherzentrum, Restaurants, Cafés und Läden. Bei Tishbi kann man sogar eine eigene Flasche abfüllen lassen.

Die Rehov Hameyasdim (»Straße der Gründer«) ist Hauptstraße, Fußgängerzone und Weinstraße zugleich. Denn sie endet am Carmel-Weingut. Unterwegs kommt man an authentischen Backsteinhäusern mit Ziegeldächern vorbei sowie am Benjamins Pool, einem Wasserreservoir von 1891. Entlang der Weinstraße verströmen zahlreiche Souvenirläden, Galerien, Cafés, Weinbars und Restaurants eine einladende, mediterrane Atmosphäre. Immer freitags findet hier ein Straßenfest statt.

Infos und Adressen

SEHENSWÜRDIGKEITEN

Caesarea Maritima. Nationalpark mit römischem Amphitheater. Sa–Do 9–18 Uhr, Fr 9–16 Uhr, Eintritt: 40/erm. 24 NIS. Old Port, Tel. 04/626 70 80.

Immigrantenmuseum. Die Ausstellung zeigt Hintergründe zu den ersten Einwanderern 1882. Mo, Mi–Fr 9–14 Uhr, Di 9–15 Uhr, Sa, So geschl. 2 Hanadiv, Zichron Ya'akov, Tel. 04/629 47 77.

Ralli Museum. Eines von fünf Ralli-Museen weltweit mit südamerikanischer Kunst. So, Mi Ruhetag, Mo, Di, Do, Sa 10.30–17 Uhr, Fr bis 15 Uhr, Eintritt frei, Rothschild Boulevard, Tel. 04/626 10 13, www.rallimuseums.com

ESSEN UND TRINKEN

Aldo Ice Cream. Eine der besten Eisdielen landesweit. Anstehen lohnt sich. Tgl. 9–24 Uhr. The 60 Founders St., Zichron Ya'akov.

Helena Caesarea. Uri Buris Akko-Ableger in Caesarea, außer Seafood auch Fleisch. Tgl. 12–23 Uhr. The Old Town, Caesarea Port, Tel. 04/610 10 18, www.2eat.co.il/eng/helena

ÜBERNACHTEN

Beit Maimon. Idyllisches Familienhotel mit 25 Gästezimmern und Blick aufs Meer. 4 Zahal, Zichron Ya'acov, Tel.04/6290390, www.maimon.com

Das »Dan Caesarea« zwischen Tel Aviv und Haifa

Aldos Eisdiele in Zichron Ya'akov

Dan Caesarea. Schickes Küstenhotel zwischen Tel Aviv und Haifa. 1 Rothschild St., Tel. 04/626 91 11, http://de.danhotels.com/CaesareaHotels/DanCaesareaHotel/index.htm

Ferienhof Casa Caesarea. Vom römischen Baustil angeregtes B&B. 3 Tal, Caesarea, Tel. 04/610 02 28, http://casacaesarea.com

Smadar-Inn. Vier traumhafte Zimmer auf Boutique-Weingut mit Pool inmitten von Gärten und Weinhängen. 31 Hameyasdim St., Zichron Ya'akov, Tel. 050/655 11 55, www.smadar-inn.com

Tooly Eden. Schönes Hotel mit Garten und Pool. 2 Derech Aharon, Zichron Ya'akov, Tel. 04/639 39 39.

AKTIVITÄTEN

Tishbi Winery. Besucherzentrum und Shop, Weinverkostungen, Führungen. So–Do 8–17 Uhr, Fr 8 bis 13 Uhr, Sa geschl. Sderot Nili/ Ecke Hameyasedim St., Zichron Ya'akov, Tel. 04/638 04 34, www.tishbi.com

Carmel Winery. Weintouren, Verkostungen und Workshops mit Voranmeldung. 2 Derech Hayain, Zichron Ya'akov, Tel. 04/639 17 88, www.carmelwines.co.il

INFORMATIONEN

Besucherzentrum. So–Do 8.30–13 Uhr, 12 Hameyasdim St., Zichron Ya'akov, Tel. 04/639 88 11.

Oben: Am Strand von Nachsholim kann man surfen, tauchen und auch baden.
Unten: Der Ben Gurion Boulevard in Haifa führt durchs alte Templerviertel.

23 Haifa

Cool, modern und multikulturell

Die alte Redewendung, dass Jerusalem betet, Tel Aviv feiert und Haifa arbeitet, ist mittlerweile ein Mythos. Längst sind die Übergänge fließend, auch wenn die Tendenz noch manchmal zutrifft. Zweifellos ist Jerusalem religiöser als seine Schwesterstädte und Tel Aviv mehr in Partylaune. Doch die säkulare Arbeiterstadt am Carmelberg hat in den letzten Jahren rasant an Kultur- und Freizeitwert zugelegt – auch dank umfassender Tourismusprojekte.

Haifa ist eine erstaunliche Stadt. Voller einträchtiger Kontraste. Ein Widerspruch? Nicht in Haifa. Verschiedene Religionen und Kulturen leben in der Stadt am Carmelberg friedlich miteinander. Anders als in Jerusalem, wo mitunter schon ein religiöser Funke reicht, um die Gemüter zu erhit-

MAL EHRLICH

REISEN MIT BUSSEN UND BAHN

Das Verkehrsnetz in Israel ist hervorragend und sehr dichtmaschig gestrickt. Vor allem mit Bussen, aber auch per Zug, kommt man schnell und sicher in jeden auch noch so entlegenen Winkel des Landes. In jedem kleinen Ort gibt es eine zentrale Busstation, in jeder größeren Stadt sowieso. Oft reisen junge Soldaten mit, die am Wochenende ihre Familien besuchen. Der Anblick Zwanzigjähriger mit Waffe ist anfangs ungewohnt – in Israel aber völlig normal. Bei Reisen von Nord nach Süd zudem lieber das Sabbatende abwarten und erst am Sonntagmorgen in den Bus steigen – sonst wartet man im Tel Aviver Ballungsgebiet stundenlang im Stau.

Hightech und Moderne – »Stadt der Zukunft«

Nicht nur Tel Aviv verbreitet ein Lebensgefühl, das ansteckt. Haifa ist cool, modern und offen. Die Stadt hat allen Grund, aus dem Schatten der beiden *Big Two*, Jerusalem und Tel Aviv, herauszutreten. Zumal die Stadtverwaltung gerade in den letzten Jahren viel Zeit und Mittel investiert hat, um das Image von Israels drittgrößter Stadt als Industriestadt neu zu erfinden.

Großen Anteil daran hat die Universität von Haifa. Sie genießt seit ihrer Gründung 1963 weltweit einen ausgezeichneten Ruf. Ihre Lage an einem der höchsten Punkte der Stadt macht sie zudem zum perfekten Aussichtspunkt. Der Weg nach oben lohnt sich. Denn das Gebäude mit dem 30 Etagen hohen Eschkol Tower entwarf der Architekt Oscar Niemeyer (1907–2012). Außerdem beherbergt es eines der schönsten Museen von Haifa, das Hecht Museum. Nicht weit entfernt liegt das Technion – eine Talentschmiede für angehende Wissenschaftler und weltweit führend bei der Entwicklung neuer Technologien. Theodor Herzl (1860–1904), der Begründer des modernen Zionismus, sah in Haifa ohnehin die »Stadt der Zukunft«.

Kunst, Genuss, Kultur und Strand

Haifas Kultur- und Freizeitwert ist erheblich. Das Carmelgebirge mit seinen zahlreichen Weingütern und Parks ist ein beliebtes Naherholungsgebiet. Die Strandpromenade, Parks und Gärten bieten Entspannung und Erholung, Sandstrände wie der Carmel und der Dado Beach jede Menge Wassersportaktivitäten und Bademöglichkeiten. Viele Attraktionen und Museen verbindet die Seilbahn Carmelit, andere erreicht man bequem per Metro, Bus und Segway. Tipp: Haifa ist sehr bergig, Fahrradfahren ist daher eher etwas für Profis.

AUTORENTIPP!

KLASSIK IN HAIFA

In puncto Klassik gelten Tel Aviv und Jerusalem als Top-Adressen Nr. 1. Dabei ist das Klassikangebot in Haifa nicht minder hochkarätig. Das Haifaer Symphonieorchester ist gern gesehener Gast bei internationalen Musikfestivals und ist aus dem Kulturleben des israelischen Nordens nicht wegzudenken. Neben viel besuchten Konzerten glänzt das Orchester mit einer Big Band und einem Chor. Klassik, Jazz, Oper oder jüdische Kantoralmusik – die Bandbreite des Symphonieorchesters ist vielseitig und einfallsreich. Besonderes Augenmerk richtet das Konzerthaus auf die Ausbildung des musikalischen Nachwuchses – die Meisterklassen und Noten-Projekte zählen zu den renommiertesten in Israel.

Haifa Symphony Orchestra. Haifa Auditorium, 7 MaHana'im St., Tel. 04/833 88 88, www.haifasymphony.co.il

Infos und Adressen

SEHENSWÜRDIGKEITEN

Atlit. Um 9000 v. Chr. stand hier ein Fischerdorf, das später eine Flutwelle ins Meer spülte. In der Ferne thront eine alte Kreuzfahrerfestung. Das Atlit Detention Camp Museum zeigt die erschwerten Bedingungen für illegale Einwanderer zur britischen Mandatszeit. So–Do 9–17 Uhr, Fr 9–13 Uhr, Straße 2 ca. 20 km südlich von Haifa, Tel. 04/984 19 80, http://eng.shimur.org/Atlit

Bahai-Gärten. Weltzentrum der Bahai und UNESCO-Weltkulturerbe. Innere Gärten tgl. 9 bis 12 Uhr, Außengärten 9–17 Uhr. Empfohlene Route von 45 Yafe Nof St. am Eingang zu den oberen Gärten hinunter zum Ausgang 80 Hazionut Av., Tel. 04/831 31 31, www.ganbahai.org.il

Sandstrände und sanfte Buchten vor Haifa

Beit Ha-am (»People's House«, Haifa Museum). Erstes Templer-Rathaus und zugleich Schule in der Deutschen Kolonie. Heute Stadtmuseum zur Geschichte von Haifa mit wechselnden Ausstellungen. 11 Ben Gurion Av., German Colony, Haifa, Tel. 04/911 58 88, www.hms.org.il

Clandestine Immigration and Naval Museum. Geschichte der jüdischen Immigration unter britischem Mandat zwischen 1934–1948. Das Schiff namens »Af al Pi Chen« (»Trotz allem«) ist heute ein Denkmal. So–Do 10–16 Uhr. 204 Allenby St., Haifa, Tel. 04/853 62 49.

Daliat al-Karmel. Drusendorf südöstlich von Haifa im Carmelgebirge mit 1000 Jahren drusischer Geschichte und Kultur, Oliphant-Haus und christlichem Karmeliterkloster.

Elias-Höhle. Vom Karmeliterkloster kann man zur Elias-Höhle wandern, in der sich der Prophet Elias vor israelitischen Königen versteckt haben soll. Bequemerer Weg hinunter per Seilbahn. 230 Derech Allenby, Tel. 04/852 74 30.

Kababir. Muslimisches Viertel, in dem vorrangig Anhänger des Ahmadiyya-Islam leben, einer ausgesprochen pazifistischen Ausrichtung des Islam. Wunderschön: die Mahmood-Moschee aus den 1970er-Jahren, Tel. 04/838 50 02.

Mada Tech Museum. Technik zum Anfassen und coole Experimente für die ganze Familie. Balfour St., Tel. 04/867 91 04, www.madatech.org.il

Railway Museum. Eisenbahn-Museum rund um den türkischen Hijazi-Bahnhof von 1906. Faisel Square, 3 Hativat Golani St.

Stella Maris Karmeliterkloster. Karmeliterkloster neben dem Leuchtturm, das dem Propheten Elias gewidmet ist. Hier soll in einer Grotte der Prophet gelebt haben und begraben sein. Grandiose Aussicht, vor allem bei Sonnenuntergang! Stella Maris Road, Tel. 04/833 77 58.

Universität. 1963 gegründete Universität mit 13 000 Studenten. 199 Abba-Hushi Av., Tel. 04/824 01 11, www.haifa.ac.il

ESSEN UND TRINKEN

Café Louise. Bestes Bespiel dafür, dass Leckeres auch gesund sein kann. Café und Deli. 58 Sderot Moriah, Tel. 04/834 99 50, www.cafelouise.co.il

Hanamal 24. Haifas kulinarisches Juwel im Toskana-Stil. 24 Ha-Namal St., Tel. 04/862 88 99, http://hanamal24.rest.co.il

Humus Abu Shaker. Bester Hummus in ganz Haifa. 29 Sderot Hameginim.

Rak Basar. Hebräisch für »Nur Fleisch«. Dementsprechend große Auswahl an Fleischgerichten, dazu köstliche Salate und Desserts. 15 Ben Gurion Bvd., Tel. 04/855 18 72.

Sleek. Seafood Restaurant. 124 Hanasi Av., Tel. 052/560 88 84, Tgl. 19 Uhr–Open End.

ÜBERNACHTEN

Dan Carmel. Klassisch und elegant. Haifas erstes Luxushotel. 85–87 Hanasi Av., Tel. 04/830 30 30.

Nachsholim Holiday Village Kibbutz Hotel. Resort direkt am Strand. Kibbutz Nachsholim, Tel. 04/639 95 33, www.nahsholim.co.il

Templers Boutique Hotel. Kleine Oase im Herzen der geschäftigen Hafenstadt. 36 Ben Gurion Blvd., German Colony, Tel. 04/629 77 77, www.templers-haifa.com

The Colony Hotel. Ein Hauch von 19. Jahrhundert in der German Colony. Wunderschöne Templer-Villa. 28 Ben Gurion Bvd., Tel. 04/581 22 44, http://german.colonyhaifa.com

1926 Designed Apartments. Sauber, praktisch, preiswert und unschlagbare Lage am Fuße der Bahai-Gärten. 3 Moshe Ahron St., Tel. 04/866 53 20, https://1926.co.il

Zum Karmeliterkloster kommt man mit der Seilbahn.

EINKAUFEN

Mercaz Panorama (Panorama Center). Shoppingmall auf 4000 m² mit Mode, Restaurants und Cafés in der City. Parkplätze rund um die Uhr. So–Do 9–20, Fr 9–14 Uhr. Im Mercaz HaCarmel (Carmel Center) gegenüber vom Dan Panorama, 109 Hanasi Av. Tel. 04/837 50 11.

VERANSTALTUNGEN

First Fruit and Cheese Tasting Festival. Im Mai und Juni präsentieren Winzereien und Farmen der Carmelregion ihre Produkte. Olivenöl, Käse, Schokolade – das Festival verbindet Kostproben mit Filmen, Vorträgen und Workshops mit dem Ziel, über Weinkultur in Israel zu informieren.

AKTIVITÄTEN

Hai Bar Naturpark. Die Idee: Biblische Tierarten wieder in Israel anzusiedeln. Wildpark mit Panthern, Hirschen, Geiern, Nachteulen und Falken. Nur Sa 8–16 Uhr! Eintritt: 10–2 NIS, Eingang über 199 Abba-Hushi Av, Universität Haifa, Tel. 04/832 06 48.

Hecht-Haus. Städtisches Kulturzentrum im Templerviertel mit Angeboten zu Konzerten, Workshops, Lesungen, Tanz, Kunst und Theater. 142 Hanasi Av., Tel. 04/835 35 14.

Northern Wind. Tauchbasis am Strand mit Tauchkursen, Kajak, Jeep, Segeln, Surfen. Tel. 077/456 78 07, Kibbuz Nachsholim, 36 km südlich von Haifa, www.northern-wind.com

Segs Segway. Touren starten am Palmer Tor und führen durch Haifa Downtown, German Colony und Bahai-Gärten. Preis pro Person ca. 270 NIS (54 €), Tel. 054/585 04 05, www.segs.co.il

INFORMATIONEN

Touristeninformation. So–Do 9–17 Uhr, Fr 9–13 Uhr, Sa 10–15 Uhr, 48 Ben Gurion St., The German Colony, Tel. 04/853 56 06, http://tour-haifa.co.il

24 Akko und Umgebung

Israels heimliches Juwel

Seit 2001 ist Israels orientalischste Stadt UNESCO-Weltkulturerbe. Moscheen, Karawanserei und Basar prägen die engen Gassen der Altstadt. Fischkutter bringen Meeresfrüchte zum Hafen. Unterirdische Säulengänge künden von den Kreuzfahrern. Alte ottomanische Paläste verzaubern als Fünfsternehotels. Festungsartige Mauern am Meer verdeutlichen Napoleons vergeblichen Versuch, die Stadt zu erobern.

Akko liegt etwa 20 Kilometer nördlich von Haifa auf einer Landzunge. Hier scheint die Zeit stillzustehen. Während der Muezzin von der Al-Jazzar-Moschee zum Gebet ruft, spaziert man durch die engen Altstadtgassen zur Karawanserei Khan al-Ummdan. Ihre schattigen Säulengänge erinnern an antike Theater. Von hier aus verschifften einst Händler ihre Waren nach Europa.

Oben: Die grüne Kuppel der Al-Jazzar-Moschee ist eines von Akkos Wahrzeichen.
Unten: Abenteuer und Kulturgeschichte zugleich: Akkos unterirdische Kreuzfahrersäle

Strategische Hafenmetropole und Kreuzfahrerstadt

Auch auf Akkos orientalischem Basar erfüllen seit Generationen dieselbe Farbenpracht, derselbe geschäftige Lärm und aromatischer Duft aus Minze, Salz und Kardamom die Luft. Das Meer brandet tosend an die mächtigen Hafenmauern, die noch aus der Kreuzfahrerzeit erhalten geblieben sind. An ihnen scheiterte Napoleon 1799 bei dem Versuch, das seinerzeit osmanische Akko zu erobern. Eine herbe Niederlage, denn der strategisch wichtige Handelsstützpunkt galt schon Phöniziern, Persern, Griechen, Römern, Arabern, Kreuzfahrern und Osmanen als Tor nach Galiläa und weiter in den Orient.

Stadtspaziergang in Akko

Erst in den 1990er-Jahren legten Archäologen eine unterirdische Kreuzfahrerstadt frei, die Akko in Unter- und Oberstadt teilt.

Ⓐ **Hospitaliter-Zitadelle (Rittersäle) –** Vom Hospitaliterorden im 12. Jh. errichtete 5000 m² große Anlage aus mehreren Stockwerken um einen zentralen Innenhof, Sälen, Gewölben, Zisternen und einem Abwassersystem – eine ganze unterirdische Stadt.

Ⓑ **Khan al-Ummdan –** Weltkulturerbe seit 2001. Hier verstauten, verkauften und lagerten Händler ihre Waren und übernachteten auf der oberen Etage über den Granitsäulen. Ende des 18. Jh. von Jazzar erbaut.

Ⓒ **Al-Jazzar-Moschee –** 1781 eingeweihte und größte aller Moscheen, die während der ottomanischen Herrschaft in Palästina errichtet wurden, auch heute noch größte Moschee in Israel außerhalb Jerusalems. Tel. 04/991 30 39.

Ⓓ **Templertunnel –** Der Templerorden unterstützte auf Geheiß des Papstes Kreuzfahrer und Kranke bei ihrem Besuch der heiligen Stätten. Nach der Eroberung Jerusalems 1187 durch Saladin verlegten sie ihren Sitz nach Akko und erbauten eine Festung. Der Tunnel ist 350 m lang und verbindet die Festung und den Hafen.

Ⓔ **Hamam al-Bashi –** Akkos Herrscher Jazzar erbaute das Hamam im 18. Jh. Es war Teil des Bauplans, der Akko von einem Fischerhafen wieder in eine bedeutende Hafenstadt verwandeln sollte. Die Welt des Hamam wird beim Besuch interaktiv-szenisch geschildert.

Ⓕ **Ramhal-Synagoge –** Benannt nach dem italienischen Weisen Rabbi Moshe Haim Luzatto (Ramhal, 1707–1746) aus Padua.

Ⓖ **St. Johanneskirche –** Mit ihren roten Türmen sticht die Franziskanerkirche in der Nähe des Leuchtturms aus Akkos Panorama hervor. Sie wurde 1737 auf den Ruinen einer Kreuzfahrerkirche aus dem 12. Jh. erbaut und ist heute das einzige römisch-katholische Gebetshaus in Akko.

AUTORENTIPP!

HOTELIER MIT HERZ UND FEINGEFÜHL

Uri Buri ist nicht nur Israels berühmtester Fischkoch, sondern ein Akko-Urgestein. In seinem gleichnamigen Fischrestaurant am Hafen kocht er »Alltagsküche mit Pfiff« und überzeugt damit sogar Fischskeptiker. In seiner Eisdiele verkauft der Israeli, dessen Vorfahren aus Deutschland stammen, Bio-Eis mit Kardamom und Rosengeschmack. Sein Prunkstück: das Efendi-Hotel, ein ottomanischer Palast, den er liebevoll restaurierte, mit zwölf Zimmern, Originalfresken, Weinkeller, türkischem Hamam und Dachterrasse. Uris Mitarbeiter, Juden und Araber, gehören zur Familie. So wie einst seine Eltern nach dem Zweiten Weltkrieg, adoptierte auch er Flüchtlingskinder – gelebtes Miteinander seit Generationen neben dem Charme von Jahrtausenden. Der Hotel-Palast und das Konzept seines Chefs sind wie Akko selbst: ein Potpourri verschiedener Kulturen und Epochen.

Uri Buri. Restaurant und Eisdiele: 93 Hahagana, Tel. 04/955 22 12, Hotel: Louis Hatshi'i, Tel. 074/729 97 99, www.efendi-hotel.com

Akkos Bewohner

Im Raum Akko leben etwa 46 000 Einwohner, drei Viertel Juden und ein Viertel Araber, darunter Muslime, Christen, Drusen und Bahais. In Akkos Altstadt wohnen fast ausschließlich israelische Araber. Umso bedeutsamer ist hier das friedliche Miteinander im Alltag. Bis zu den jüdisch-arabischen Unruhen 2008 galt Akko als Musterbeispiel an gelebter Koexistenz. Spannungen gibt es zwar immer wieder. Doch dank Initiativen, vor allem im sozialen Bereich, hat sich die Lage wieder entspannt.

Haus der Ghettokämpfer

Unweit von Akko in Richtung Nahariya kommt man zum Kibbuz der Ghettokämpfer, gegründet 1949 von Überlebenden des Aufstands vom Warschauer Ghetto. Das hiesige Museum widmet sich jüdischem Leben in Osteuropa und dem Holocaust.

Rosch-Hanikra-Grotten

Etwa 20 Kilometer nördlich von Akko erreicht man Rosch Hanikra (»Kopf der Felsenhöhle«), Israels nördlichsten Zipfel am Mittelmeer. Dahinter verläuft die Grenze zum Libanon. In dem dazugehörigen Kibbuz soll der britische Schauspieler Sacha Baron-Cohen eine Zeit lang gelebt haben. Doch die eigentliche Attraktion wartet 36 Meter in der Tiefe – Grotten ragen ins Meer, ausgehöhlt von Wind und Wasser. Eine schaukelnde Seilbahn verbindet die weißen Steilklippen mit den sandigen Buchten. Drei Minuten Fahrt, doch die haben es in sich. Nichts für schwache Nerven! Aber es lohnt sich. Denn das Grottenlabyrinth bietet Abenteuer und Geschichte zugleich. Eine Alternative – sich den Grotten vom Meer aus per Kajak zu nähern.

Die Synagogen sind schlicht, ihre oft pastellfarbigen Wände schmücken naiv anmutende Fresken, während die Thoraschreine - die Schränke, in denen die heiligen Schriftrollen aufbewahrt werden - oft kunstvoll geschnitzt und verziert wurden. Nach der Tempelzerstörung im Jahr 70 zogen sich einige Gelehrte hierher zurück, lebten ein religiöses Leben in Abgeschiedenheit und konzentrierten sich auf das Studium der jüdischen Schriften.

Synagogenviertel und Mystik

In den luftigen Höhen Galiläas scheint Religion eine andere Leichtigkeit zu verströmen als im religiös oft aufgeladenen Jerusalem. Fast spielerisch scheinen sich die Fresken zu biblischen Themen am Gewölbehimmel der Abuhav-Synagoge zu ranken. Die älteste und zugleich schönste Synagoge der Stadt ist die HaAri-Synagoge. Sie stammt aus dem 16. Jahrhundert und ist benannt nach dem berühmten rabbinischen Gelehrten Rabbi Isaac Luria (1534–1572), genannt HaAri. Die ursprüngliche sephardische HaAri-Synagoge - *Sepharad* heißt »Spanien« auf Hebräisch - wurde nahe einer Grotte erbaut, in der die Rabbis damals zu meditieren pflegten. Noch heute sprudelt dort eine Wasserquelle.

Man betritt die Synagoge mit ihren hell getünchten Wänden über einen Hof voller aromatisch duftender Orangen- und Zitronenbäume. Ihr Bau wurde inspiriert von der Bauart im spanischen Toledo. Dort, so wie andernorts im mittelalterlichen Spanien, entsprang die Strömung der jüdischen Mystiker. Deren bedeutendstes Buch, das Buch Zohar, soll sogar in Safed verfasst worden sein. So erlangte die ursprüngliche Burgfestung, 1102 von den Kreuzrittern errichtet und 1188 von Saladin erobert, ab dem 16. Jahrhundert ihren Ruf als Ort jüdischer Gelehrsamkeit.

Oben: Die Abuhav-Synagoge gehört zu den ältesten Synagogen des Landes.
Unten: Die HaAri-Synagoge liegt mitten in Safeds Künstlerviertel.

AUTORENTIPP!

PINA BAROSCH
Was für ein Anwesen! Das Boutiquehotel in Rosch Pina umfasst eine Villa mit sieben Gästezimmern, Cottages, einen Pool, eine Weinbar und das »Shiri Bistro«. Es steht wie kein anderes Gebäude symbolisch für die Geschichte von Rosch Pina. Die Stadt wurde 1878 von orthodoxen jüdischen Einwandererfamilien aus Rumänien gegründet. Später unterstützte der jüdische Philanthrop Baron Edmond de Rothschild (1845 bis 1934) die Siedler finanziell bei ihren landwirtschaftlichen Vorhaben. Unter den Einwanderern war auch Josef Friedman, damals bekannt als »Josef Effendi«. Er baute die ursprüngliche Farm. Sechs Generationen später restaurierte Ururenkelin Nili Friedman das Familienanwesen und baute es zu einem schicken Hotel um, während Tochter Shiri im gleichnamigen Bistro die Gäste bekocht.

Pina Barosch. 8 Hachalutzim St., Rosch Pina, Tel. 04/693 65 82, www.pinabarosh.com

Es ist kein Zufall, dass ausgerechnet hier 1578 auch das erste hebräische Buch gedruckt wurde. Die Zeit der Blüte endete abrupt durch zwei große Erdbeben 1823 und 1837. Erst seit den 1960er-Jahren erlebte Safed dank Tourismus und Künstlervierteln einen wirtschaftlichen Aufschwung. Seine Anziehung für fromme Juden behielt Safed zu jeder Zeit bei. Noch heute pilgern sie zu den Gräbern rabbinischer Weisen in der Umgebung.

Altstadt, Galerien, Cafés

Durch die Altstadt bummeln kann man am besten entlang der Haupteinkaufsstraße Rehov Yerushalajim. Bei Abstechern in die stilleren Seitengassen kann man neben vielen Cafés und Galerien Safeds verborgene Schätze entdecken, zum Beispiel den Fig Tree Courtyard und das Museum der ungarischen Juden. Der »Feigenbaumhof« wurde zur Zeit der türkischen Herrschaft als Privathaus errichtet. Später verfiel der Komplex rund um den 100-jährigen Feigenbaum. Erst 2007 wurde das verwinkelte Anwesen restauriert. Heute beherbergt es neben einer alten Zisterne zahlreiche Galerien.

Das Museum der ungarischen Juden ist ein sehenswertes Kleinod am Fuße der Altstadt. Mit vielen Details wie Fotos, Briefen und Kultgegenständen erzählt die Ausstellung die wechselvolle Geschichte der Juden in Ungarn, die bis in die römische Antike zurückreicht.

Hameiri-Käserei

Fast ebenso berühmt wie für seine Künstler und Gelehrten ist Safed für seinen Käse. Hameiri ist die älteste Käserei des Landes. Sie wurde 1840 gegründet und ist noch heute im Familienbesitz. Die kleine Fabrik liegt mitten in der Altstadt von Safed – verborgen hinter einem verschachtelten beigefarbenen Sandstein-Haus mit hellblauem Schriftzug. Touren durch die Produktionsräume werden ebenso angeboten wie Kostproben und Events.

Rosch Pina und Tel Hazor

Doch auch die Umgebung rund um Safed hat einiges zu bieten: Nahal Amud ist Naturpark und Wanderparadies zugleich. Hier weht zudem immer eine kühle Brise. Unweit von Safed schmiegen sich an die Hänge Obergaliläas bezaubernde Ortschaften wie Rosch Pina und Amirim, die auch irgendwo in Norditalien stehen könnten und mit ihren schicken Boutiquehotels, einsamen Luxus-Lodges und Spas zum Abtauchen vom Alltagsstress einladen – für Freunde des langsamen Reisens und Genießens idealer Ausgangspunkt, um Sightseeing in Galiläa mit Entspannung zu verbinden. Viele Hotels und Farmen bieten geführte Touren in die Umgebung an – mit Geländewagen, Fahrrädern oder Pferden.

Rosch Pina liegt an den nordöstlichen Abhängen des Kanaanberges und bietet freien Blick auf die Golanhöhen und das Hulatal. Im alten Dorfkern liegt neben dem Baron-Garten die zweitälteste hebräische Schule Israels sowie das Haus von Dr. Gideon Mer, eines Arztes, der in den 1930er-Jahren im Hulatal Malaria erforschte.

Sehenswert sind außerdem der Nationalpark Korazim und das UNESCO-Weltkulturerbe Tel Hazor. Das biblische Buch Josua beschreibt Hatzor als »Hauptstadt aller Königreiche« zwischen Syrien und Babylon. Hier gruben Archäologen einige der bedeutendsten Funde in Israel aus, darunter Wassersysteme und Mauern aus der Zeit von König Ahab und König Salomon, Ölpressen, Befestigungen und einen Palast aus der Bronzezeit.

Oben: Entlang der Fußgängerzone Rehov Yerushalajim haben viele Künstler ihre Galerien.
Mitte: Die Hameiri-Käserei beliefert viele Restaurants in ganz Israel.
Unten: Safeds Umgebung bietet sich ideal zum Wandern an, hier bei Tel Hazor.

Infos und Adressen

SEHENSWÜRDIGKEITEN

Abuhav-Synagoge. Der Legende nach stand die Synagoge vor der Reconquista 1492 in Spanien und sollte in eine Kirche umgewandelt werden. Rabbi Ahuv ließ sie daher nach Safed transportieren, inklusive der bis heute erhaltenen handgeschriebenen Thorarollen. Abuhav St./ Höhe Yosef Caro St.

Baron-Garten und Wohnhaus Dr. Mer. Steintreppen, Terrassen, üppige Pflanzen und friedvolle Atmosphäre – Baron Edmond de Rothschild selbst initiierte 1886 den Bau des erst kürzlich rekonstruierten Parks, der an Versailles erinnern soll. Derech Hahelmoniyot/ Hachalutzim St., Rosh Pina, Rosch Pina, Tel. 04/680 14 65.

Fig Tree Courtyard. Einer von Safeds schönsten Galerie-Komplexen mit uraltem Feigenbaum, Silberschmuckläden und grandioser Aussicht. April–Okt. So–Do 9–19 Uhr, Fr 9–14 Uhr, Nov.–März So–Do 9–17 Uhr, Fr 9–14 Uhr, 28 Alkabetz.

HaAri-Synagoge. Älteste Synagoge der Stadt mit faszinierender Geschichte und Atmosphäre. Israel Najara, geöffnet tgl. 10–19 Uhr, Tel. 04/692 12 43.

Hameiri House Museum. Interessante Einblicke in die Stadtgeschichte von Safed der letzten 200 Jahre. Tgl. 9–14.30 Uhr, Fr 9–12 Uhr, Sa geschl., Eintritt: 14/erm. 9 NIS. 158 Keren Hayesod St., Tel. 04/692 19 39 oder 04/697 13 07.

Hamezuda Park mit Kreuzfahrer-Zitadelle. Ruinen einer Kreuzfahrerburg rund 1000 m über dem Meeresspiegel an Safeds höchstgelegenem Aussichtspunkt inmitten eines öffentlichen Parks. Ganzjährig zugänglich. Derech Hativat Yiftah, Safed.

Kabbala-Besucherzentrum. Tgl. 9–16 Uhr. Alkabetz St., unterhalb der Treppe Ma'a lot Gurei Ha'ari St., Tel. 04/682 17 71, www.tzfat-kabbalah.org

Korazim. Nationalpark mit Basaltstein-Synagoge, Mosesfels und Beduinengrab. Straße 8277 zwischen Kreuzung nach Korazim und Almagor. April–Sept. 8–17 Uhr, Okt–März 8–16 Uhr, Fr und feiertags 8–15 Uhr, letzter Einlass eine Stunde vor Schließung, Tel. 04/693 49 82.

Museum der ungarischen Juden. Kleines, feines Museum gegenüber vom Kulturzentrum. So–Do 9–14 Uhr Fr 9–13 Uhr, im Saraya-Haus, Kikar Haazmaut, Safed, Tel. 04/692 38 80, www.hjm.org.il

Tel Hazor. Bedeutende Kulturstätte und mit 820 000 m² Oberstadt und Unterstadt größter Ausgrabungsort in Israel. April–Sept. 8–17 Uhr, Okt.–März 8–15 Uhr, Anfahrt über Road 90, Eingang gegenüber Kibbuz Ayelet HaShahar, Tel. 04/693 72 90.

Yosef-Caro-Synagoge. Hier soll der Rabbiner und Kabbalist Yosef Caro den jüdischen Gesetzeskodex verfasst haben. Die ihm zu Ehren benannte Synagoge aus dem 16. Jh. wurde während des Erdbebens 1837 zerstört und später wieder aufgebaut. Alkabetz, Synagogenviertel.

ESSEN UND TRINKEN

Café Beit Yosef. Früher lebte hier ein Bildhauer, heute wird in dem alten Steinhaus mit lauschigem Innenhof bis nachmittags Frühstück serviert. So–Do 8–17 Uhr, Fr 8–14 Uhr. 86 Yerushalaim.

Ein Camonim. Das vegetarische Farmrestaurant tischt regionale Gerichte auf. Sa–Do 10.30–20 Uhr, Fr bis 21 Uhr. Ein Camonim, Anfahrt über Highway 85, zwischen Kreuzung Hanania und Nahal Amud, Tel. 057/942 86 91, www.eincamonim.rest-e.co.il

HaAri 8 Kitchen & Bar. Gegrilltes in rustikalem Ambiente. So–Do 12–22 Uhr, Fr geschl., Sa–abend nur mit Reservierung, HaAri St. 8, Tel. 04/692 00 33.

Ronen's Lachuch. Yeminitische Pancakes to go. Gegenüber der Tourist-Information, Alkabetz St.

ÜBERNACHTEN

Amirey Hagalil. Ideal zum Entspannen – feines Hotel mitten im Wald mit 17 Zimmern, Spa und Gourmet-Restaurant, nahe Weingütern und Radwegen. Amirim, Tel. 04/698 98 15. www.amirey-hagalil.com

Artists' Colony Inn. Stilvolles B&B mit Dachterrasse und geräumigen Zimmern in verwinkelter Altstadtgasse. 9 Simtat Yud Zayin, Safed, Tel. 04/604 11 01, www.artcol.co.il

Bar El B&B. Zimmer mit Aussicht: Mitten in Safeds Künstlerviertel erblickt man vom Fenster aus den Mount Meron und die anmutigen Hügel Galiläas. 23 Simtat Yud Zain, Tel. 04/692 36 61, www.bar-el.com

Bayit Bagalil. Natursteinhaus im Wald mit Toskana-Flair. 31 Luxussuiten, Wellnessbereich und Pool. Hatzor HaGlilit, Anfahrt ist ab Hatzor ausgeschildert, Tel. 04/680 28 10, www.bayit-bagalil.co.il

Gan Hamlachim (»Garten der Engel«). Traumhafte Apartments hoch oben in den Bergen zwischen Safed und Karmiel mit Whirlpool und Rundum-Fensterfront. HaHoresh St., Amirim, Tel. 054/383 87 39 und 077/329 66 38, http://gan-hamlachim.co.il

Palacio Domain. Kunst, Kultur, Geschichte und luxuriöse Zimmer, alles unter einem Dach. Rehov Yud Bet 90, Zugang mit dem Auto über 71 Keren Hayesod St., Tel. 04/699 98 50, www.palaciodomain.com

Pina Balev. Fünf Luxus-Suites, ein malerischer Garten mit Pool, Spa und üppigem Frühstück unter Bäumen. 31 Hachalutzim St., Rosch Pina, Tel. 04/693 09 70 und 054/559 00 20, www.pinabalev.com

Villa Tiferet. Früher Galerie, während des Arabisch-Israelischen Krieges 1948 Hauptquartier der israelischen Untergrundarmee Haganah, heute familiär geführte koschere Unterkunft. 400 Jahre altes Steinhaus mit viel Ambiente und gemeinsamen Sabbatessen. Kikar HaMaginim, Tel. 054/311 46 69, www.villatiferet.com

EINKAUFEN

Camus Gallery. Kunsthändler-Familie in dritter Generation. Gemälde, Skulpturen, Schmuck und Judaika. Beit Yosef Karo 4, Tel. 04/692 39 89, www.camusgallery.com

Hameiri-Käserei. Berühmter Schafskäse nach altem Familienrezept. Touren So–Do 8–15 Uhr, Fr 12 Uhr. Ha-Ari St., Tel. 04/692 14 31 und 052/372 16 09.

Sarahs Tent. Perfekte Kombination aus Sightseeing und Shopping. Moderne israelische Kunst. 56 Alkabetz, Tel. 04/692 33 78, www.sarahstentgallery.com

AKTIVITÄTEN

Bat Yaar Ranch. Ausritte im Wald, Ponyreiten, Kletterpark, Minizoo und Restaurants – ein vielseitiges Ausflugsziel mitten im Biriya-Wald. 13802 Amuka, Anfahrt über Hatzor HaGlilit, Tel. 04/682 22 68, www.batyaar.co.il

Dadon Gallery. Moshe Dadon ist nicht nur Spezialist in Mikrokalligrafie, sondern auch Mentor junger Künstler, die ihre Werke bei ihm ausstellen. 5 Beit Yosef, Tel. 04/692 18 21, www.dadon-art.com

INFORMATION

Safed Tourist Information. Südlich von der Ha-Ari-Synagoge. Tgl. geöffnet 8.30–16 Uhr, im Sommer bis 17 Uhr. Alkabetz St., Safed, Tel. 04/692 44 27. www.safed.co.il/tourist-information-center.htm

27 Golanhöhen

Zugvögel im Garten Eden

Zwischen dem Hermonberg im Norden, dem Hulatal und dem See Genezareth im Süden erstreckt sich auf etwa 900 Metern Höhe die Hochebene des Golan. Seine Schluchten und Täler, Flussbetten und Basaltfelsen, spektakulären Wasserfälle und Stromschnellen, Naturreservate und Weingüter machen ihn zu einem attraktiven Natur- und Wanderparadies. Zudem ist der Hermon mit seinen 2814 Metern nicht nur Israels höchster Gipfel, sondern auch das einzige Skigebiet.

In den letzten Jahren hat sich der Golan zunehmend zu einem attraktiven Urlaubsgebiet entwickelt – trotz der derzeit herrschenden unsicheren politischen Lage seit Beginn des Bürgerkriegs 2011 im Nachbarland Syrien.

Oben: Land der Oliven: Viele Farmen und B&Bs bieten selbstgepresstes Öl an.
Unten: Wandern im Golan: In den Naturparks sind die Wege gut ausgeschildert.

MAL EHRLICH

ISRAEL TRAIL

Mal ehrlich, wer wandert schon 1050 Kilometer von Nord nach Süd durch Israel? Wo doch das Land abseits des Wanderwegs so viel zu bieten hat. Doch der blau-orange-weiß gekennzeichnte Fernwanderweg ist ein Wanderparadies. Denn er orientiert sich nicht an Länge oder Kürze von Strecken, sondern an ihrer Schönheit. Vom ersten Kilometer an im Kibbuz Dan im üppig-grünen Norden windet er sich durch mediterrane Küstenabschnitte und malerische Wüstenlandschaften bis nach Eilat. Eine abwechslungsreiche Alternative zum Mietwagen, auch für kurze Strecken!

Politische Lage

Nach der Eroberung der Golanhöhen im Sechs-Tage-Krieg 1967 verwaltet Israel seit 1981 die annektierte Hochebene als Teil seines Nordbezirks. Zuvor hatte die syrische Armee von ihren Stellungen oberhalb des Jordantals immer wieder israelische Ortschaften beschossen. Israel und der Nachbar im Nordosten befinden sich offiziell im Kriegszustand. Anders als zwischen Jordanien sowie Ägypten und Israel gibt es zwischen den Ländern kein Friedensabkommen. Doch das Waffenstillstandsabkommen zwischen Israel und Syrien von 1974 wird bis heute weitestgehend eingehalten. Reisen in den Golan gelten daher als ungefährlich – sofern man ein paar Regeln beachtet. So sollte man Ausflüge in die unmittelbare Grenzregion zum Bürgerkriegsland Syrien besser vermeiden.

Tourismus

Nach 1981 wurde der Golan landwirtschaftlich erschlossen: Neben Obst- und Gemüseplantagen, Käsebetrieben und Olivenfarmen entstanden vor allem Weinanbaugebiete, deren Trauben bereits internationale Preise gewonnen haben. Naturschutzgebiete wie der Hula-See, der Meron-Berg, der Bar'am-Wald oder der Nachal Kasiv sind echte Highlights für Natur- und Kulturbegeisterte, ebenso wie die Sehenswürdigkeiten entlang der Straße 99, allen voran die überwältigende Burg Nimrod mit ihren Ruinen, Wanderwegen und einem grandiosen Blick über das Hulatal.

Nimrod

Nimrod ist die größte Kreuzfahrerfestung in Israel. Der Burgname entspringt einer Legende, laut der Noahs Urenkel Nimrod, laut Genesis der »erste Held auf Erden und tüchtige Jäger«, auf diesem

AUTORENTIPP!

CAFÉ MIT AUSSICHT

Die verschmitzte Anspielung des Cafénamens auf den ehemaligen UNO-Generalsekretär Kofi Annan ist kein Zufall – ist doch UNO-Präsenz im israelisch-syrischen Grenzgebiet seit Jahrzehnten ein gewohnter Anblick. Doch *Anan* heißt auch »Wolke« auf Hebräisch, denn verzieht sich der dichte Wolkennebel am Mount Bental, einem erloschenen Vulkankrater, genießt man zum ausgezeichneten Kaffee auch die schönste Aussicht in ganz Israel. Es ist, als liege einem das Land zu Füßen. Bei hausgemachten vegetarischen Sandwiches kommt man zudem schnell ins Plaudern, ob mit Gästen, Personal oder gesprächigen UN-Soldaten. Mit seinen 1165 Metern über dem Meeresspiegel ist das »Kaffee in den Wolken« außerdem das am höchsten gelegene Café in ganz Israel.

Coffee Anan. So–Fr 9–17 Uhr, Sa 10–17 Uhr, Gipfel Mount Ben Tal, Tel. 04/682 06 64.

Die Burg Nimrod ist die größte Kreuzfahrerfestung in Israel.

AUTORENTIPP!

DAG AL-HADAN

Der perfekte Ort für einen Ganztagesausflug, denn der »Fisch über dem Fluss Dan« ist Fisch-Restaurant, Ausflugslokal, Bar, Fischfarm, Laden, Camping und Kajakverleih in einem. Die Lage ist exotisch und exklusiv zugleich: Man speist in einer Art schwimmendem Restaurant unter Feigen- und Maulbeerbäumen, umplätschert von den Flüssen Dan und Hazbani. Serviert wird fast rund um die Uhr: Zum Mittag- und Abendessen gibt es Fisch, Salate, Suppen, Hummus, Käse, *Shakshuka* und hausgemachte Kuchen. Freitags und samstags kann man hier auch frühstücken. Abends öffnet zudem die Bar, angestrahlt mit bunten Laternen. Übrigens: Die Forelle kommt frisch aus dem Fluss auf den Teller.

Dag Al-HaDan. Anfahrt über Kiryat Schmona Richtung Kibbuz Hagoschrim, tgl. ab 12 Uhr bis zum letzten Gast, Fr und Sa 9–12 Uhr Frühstück, Tel. 04/695 02 25, www.dagaldan.co.il

Die vielen Golan-Weingüter bieten Touren und Verkostungen an.

Felsen lebte. Für Aktivurlauber ist der Golan eine wahre Schatztruhe: Auf Wanderungen und Radtouren, Kanu- oder Kajakausflügen, Ballonfahrten, beim Reiten, Klettern und Rafting bietet der Golan besonders im Sommer viel schattige und wasserreiche Natur, zum Beispiel die Sa'ar- und Banias-Wasserfälle und die Naturparks Nimrod, Tel Dan und Gamla.

Als willkommene Erholung bieten Winzereien Verkostungen und Einblicke in die Herstellung lokaler Weine an. Vor allem die Gegend zwischen Yaron im Norden, Merom Golan im Nordosten und Katsrin, der Hauptstadt des Golan im Süden, gilt als »Weinland des Golan«.

Wasser, Wasser, Wasser

Sogar Skifahren kann man in Israel – in Israels einzigem Ski- und Snowboardresort. Elf Sessellifte transportieren Wintersportler im Dreiländereck zwischen Israel, Libanon und Syrien ganzjährig auf eine Höhe von 2045 Metern hinauf. Allerdings wird diese Kuriosität nur von wenigen Israelis genutzt, rund 300 000 Wintersportler kommen pro Jahr zum Skifahren, Rodeln oder Snowboarden auf den Hermon.

Wenn im Frühjahr der Schnee auf dem Hermon schmilzt, füllen sich die Flüsse Banias und Dan mit Wasser. Ganzjährig rauschen dann vor allem in den Naturschutzgebieten Banias, Sa'ar und Gamla am Fuße des Gebirgsmassivs die Wasserfälle. Sie liegen südlich der Straße 99 und sind per Fuß leicht zugänglich. Hier kann man die Zeit vergessen – neben der überbordenden paradiesischen Natur, die so manches Mal mitsamt ihrem Panorama an den Garten Eden erinnert, bergen sie auch zahlreiche historische und archäologische Schätze aus hellenistischer und der

Ausflug zur Weinstraße im oberen Galiläa

Die Tradition des Weinanbaus wird von vielen Boutique-Weingütern mit Erfolg wiederbelebt.

A Dalton – Renommierter koscherer Weinbaubetrieb. Dalton, Route 886, So–Do 10–16 Uhr, Fr 10–14 Uhr, Sa geschl., www.dalton-winery.com

B Adir – Preisgekröntes Weingut von Winzer Avi Rosenberg samt Besucherzentrum und Käserei. Dalton, Route 886, Touren unter Tel. 04/699 10 39 und 052/472 94 68, www.adir-winery.com

C Galil Mountain – Geheimnis der preisgekrönten Weine: die Melange der Kontraste aus zwölf Traubenvariationen. Eintritt: 20 NIS, So–Do 10–17 Uhr, Fr 10–14 Uhr, im Sommer bis 16 Uhr. Sa und feiertags geschl., Kibbutz Yiron, Tel. 04/686 87 48, www.galilmountain.co.il

D Ramot Naftali – Boutique-Weingut im Kedesh-Tal. Moshav Ramot Naftaly, Tel. 04/694 03 71, www.ramotnaftaly.com

E Odem Mount – Weingut der Alfasi-Familie auf dem Vulkangestein des Odem-Bergs mit Besucherzentrum und B&B. Aushängeschild sind die Dessertweine. So–Do 10–17 Uhr, Fr und feiertags 10–14 Uhr, Sa geschl., Moshav Odem, Tel. 04/80 16, www.harodem.co.il

F Pelter – Pelter produziert in seinem Familienbetrieb etwa 100 000 Flaschen/Jahr. Ein Zivan, Straße 98, Tel. 052/866 63 84, www.pelterwinery.com

G Assaf – Kleines Dorf bestehend aus drei Familien, die gemeinsam Wein produzieren. Mit Café. Mo–Do 10–17 Uhr, Fr 10–16 Uhr, Sa und So geschl., Kidmat Tsvi, Straße 91, Tel. 054/779 04 94, www.assafwinery.com

H Golan Heights Winery – Größtes Weingut im Golan. Eintritt: 17 NIS, So 8.30–17.30 Uhr, Mo–Do 8.30–18.30 Uhr, Fr und feiertags 8.30–13.30 Uhr, Sa Ruhetag. Katsrin Industriegebiet, Tel. 04/696 84 35, www.golanwines.co.il

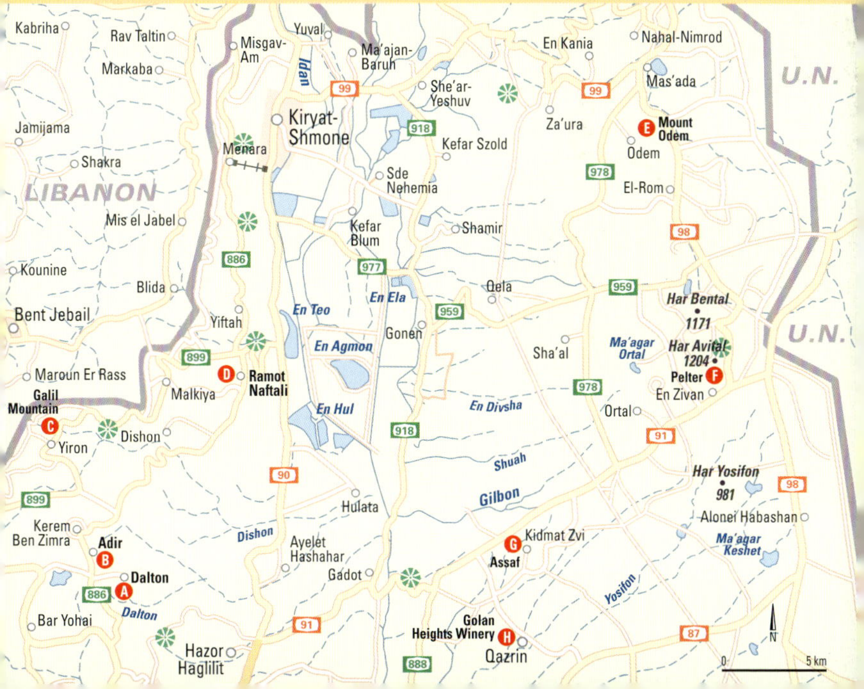

Oben: Aussicht und Kaffee im »Coffee Anan« genießen: auf dem Mount Ben Tal
Mitte: Rafting im Naturpark Tel Dan auf einem der Quellflüsse des Jordan
Unten: UNO-Soldaten sind im israelisch-syrischen Grenzgebiet ein gewohnter Anblick.

Römerzeit wie einen dem griechischen Naturgott Pan gewidmeten Tempel, Götterstatuen, Überreste eines Herodes-Palasts und Ruinen der antiken Stadt Caesarea Philippi.

Hulatal – Paradies für Vogelbeobachter

Dass Zugvögel das Mittelmeer scheuen, ist ein Glücksfall für Israel-Reisende. Denn auf ihrem Weg zwischen Afrika und Europa versammeln sich zweimal jährlich Millionen von Zugvögeln überall in Israel, manche von ihnen bleiben den ganzen Winter über. Für sie ist Galiläa eine Brücke zwischen Europa, Afrika und Asien – so wie schon für Händler, Kulturen und Eroberer vor 6000 Jahren.

Eines der wichtigsten und zugleich spektakulärsten Natur- und Vogelschutzgebiete im Norden ist das Hulatal, denn hier wurden die Umweltsünden der Vergangenheit – wie Sümpfe trockenzulegen – in einem beispielhaften Experiment Schritt für Schritt rückgängig gemacht, um so den Urzustand der Natur kontrolliert wieder herzustellen. Mit Erfolg: So wurde beispielsweise der ehemalige Agamon-See zwei Kilometer nördlich in den 1990er-Jahren mit Torf aufgefüllt und dient nun wieder als natürlicher Wasserfilter für den Zulauf zum See Genezareth. Faunafreundlicher Nebeneffekt: Seltene Sumpfvögel siedelten sich an.

Heute ist das Hulatal vor allem für Naturfreunde und Vogelbeobachter ein wahres Paradies. In seiner Sumpflandschaft kann man neben Zugvögeln ganzjährig Pelikane, Schwarzstörche, Kraniche, Zwergschwalben und Seeadler beobachten. An manchen Tagen ist die Vogeldichte sogar so hoch, dass man kaum noch das Wasser des Sees sieht.

Infos und Adressen

SEHENSWÜRDIGKEITEN

Banias. Nach 3,5 km stürzt der Banias-Fluss mit einem Wasserfall in die Tiefe. Ganzjährig geöffnet. Sommer 8–17 Uhr, Winter 8–16 Uhr, Fr je 1 Stunde früher. 2 km östlich vom Kibbuz Snir an der Straße 99, Tel. 04/695 02 72.

Gamla. Lieblicher Naturpark mit antiken Ruinen einer jüdischen Stadt, einem Aquädukt und Canyons. Straße 869 hinter Gamla-Daliyot, nach 2 km ist der Park ausgeschildert. Tel. 04/696 28 85.

Hulatal. Naturpark und Vogelbeobachtungsebene zwischen den Straßen 90, 91, 977 und 918, Tel. 04/681 71 37, www.agamon-hula.co.il

Sa'ar-Wasserfall und Burg Nimrod. Ganzjährig zugänglicher Naturpark mit Festungsresten einer einst majästetischen Kreuzfahrerburg. Straße 989, Tel. 04/694 92 77.

Tel Dan. Naturpark. Drei leichte Wanderrouten inmitten von Wildbächen und riesigen Schatten spendenden Bäumen. April–Sept. 8–17 Uhr, Okt.–März 8–16 Uhr, Fr 8–15 Uhr, Eintritt: 14–27 NIS, Anfahrt über Route 99, bis Kibbuz Dan.

ESSEN UND TRINKEN

Habokrim Inn. Wie es sich für ein Lokal im Wildweststil gehört, kommen hier gegrilltes Entrecote, Lamm und Hamburger auf den Tisch. Kibbuz Merom Golan, Tel. 04/696 02 06.

Die Galil-Winzerei produziert 15 Weinsorten.

ÜBERNACHTEN

Rom 1125. B&B de luxe mit Hermonblick nahe der Kreuzfahrerburg Nimrod. Nimrod, Zufahrt über Straße 9898, Tel. 04/687 07 63, www.rom1125.com

The House in Abirim. Schickes Boutiquehotel im Landhausstil mit traumhaften Zimmern in wunderschöner Umgebung. Mitzpe Abirim Merom Hagalil, Tel. 04/987 01 41, www.habait.com

VERANSTALTUNG

Hula Birds Festival. Alljährlicher Magnet für Vogelbeobachter aus aller Welt im Agamon-Naturschutzpark. Mitte Nov. Agamon Hula Tourism Park, Anfahrt über die Landstraße 90 bis Ramot Naftali. Tel. 04/681 71 37, www.birds.org.il

Olivenfestival. Zur Olivenernte laden Olivenfarmen zu Workshops ein und Restaurants servieren Speisen auf Olivenölbasis. 2 Wochen im Okt./Nov., Nordgaliläa und Golan.

AKTIVITÄTEN

Hermon Resort. Skilift, Snowboardpisten und Sommerrodelbahn auf 1 600 Hektar in über 2000 Metern Höhe. Zufahrt über Straße 98, Tel. 1 599 55 560, www.hermonski.com

Wandern und Kajak. Erfahrene Tourguides im Golan unter www.golanguide.com und http://en.avrahamtours.co.il, Kajaktouren in Kfar Blum www.kayaks.co.il

INFORMATION

Golan Magic Visitor's Center. Infos zum Golan sowie zu antiken Ruinen, Ölpressen und einem archäologischen Museum in der Umgebung. Katsrin Shopping Center, Derech HaYain Ecke Derech HaShemen, So–Fr 8–15 Uhr, Tel. 04/696 36 25, www.magic-golan.co.il

Israel Trail. Informationen zum Wanderweg: www.israeltrail.net

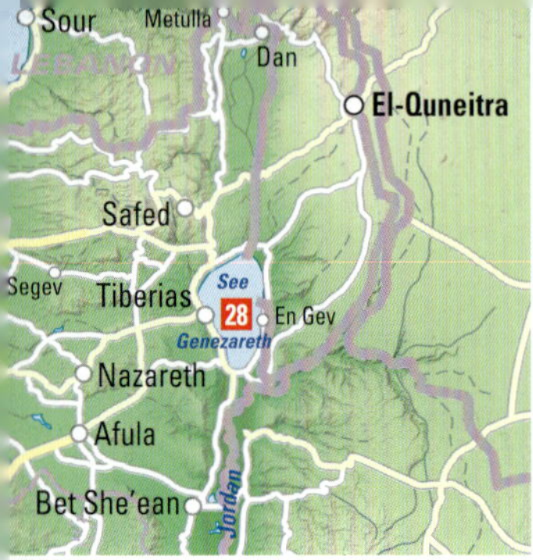

Weinberge in Kapernaum am Nordufer des See Genezareth

28 See Genezareth und Umgebung

Viertes Meer und See der Wunder

Wie hoch ist der Wasserstand? So lautet alljährlich die bange Frage aller Israelis. Sie gilt dem größten Wasserreservoir und Binnensee des Landes. Denn der See Genezareth (hebr. *Kinneret*) ist Israels einziger Süßwassersee. Seine tiefsten Quellen werden von Salzwasser gespeist. Rund um den See findet man Wirkungsstätten von Jesus, heiße Thermalquellen und die ältesten Kibbuzim des Landes mit Badestränden.

Der See wirkt von allen Seiten anders. Schaut man von Norden, glitzert er verheißungsvoll in der Ferne. Aus der Nähe ist er nicht minder beeindruckend. Seine direkte Lage am Fuße der Golanhöhen am Dreiländereck Israel, Syrien, Jordanien verdeutlicht die Verletzlichkeit der Region.

Auch »Galiläisches Meer« oder nach seiner Form *Jam Kinneret* (»Harfenmeer«) genannt, ist der See in der Jordansenke seit der Bronzezeit Schauplatz

MAL EHRLICH

TAUFSPEKTAKEL

In der biblischen Tradition Johannes' des Täufers, der Jesus im Jordan taufte, finden hier unter freiem Himmel Einzel- oder Gruppentaufen statt. Mit 500 000 Besuchern jährlich ist Yardenit ein Touristenmagnet. Denn der ursprüngliche Taufplatz Qasr el Yahud im Süden ist erst seit 2011 wieder zugänglich. Neben dem Taufspektakel ist der Kitschfaktor unvermeidlich – nebst Fläschchen mit heiligem Jordanwasser und Bibelparfüm.

Der See Genezareth wird auch »Harfenmeer« genannt.

welthistorischer Ereignisse. Er ist Teil des Großen Afrikanischen Grabenbruchs und liegt an der früheren Römerstraße Via Maris, die Ägypten mit den nördlichen römischen Provinzen verband.

Sein Wasser versorgt über ein Verteilsystem aus Kanälen das ganze Land samt Großstädten und Wüstenregion. Durch das Abpumpen sinkt der Wasserpegel im Sommer pro Tag um einen Zentimeter. Um die Wasserentnahme zu reduzieren und so ein Kippen des Gleichgewichts aus Süß- und Salzwasser zu verhindern, greift man zunehmend auf Meerentsalzungsanlagen zurück. Wasser ist rar in der Region. Das zeigt der Zustand des Kinneret einmal mehr.

Meer der Wunder

Schon die Bibel erwähnt den See. Besondere Bedeutung erlangte er jedoch vor allem für das Christentum. Denn an seinen Ufern soll Jesus gewirkt und viele seiner Wunder vollbracht haben, darunter den Gang über das Wasser, die Speisung der 5000, die Wandlung von Wasser in Wein, die Vetreibung der Dämonen im Fischerdorf Kapernaum und den wundersamen Fischfang. Von fast jedem Ereignis zeugt heute eine Kirche, darunter die Brotvermehrungskirche und die Kirche der Seligpreisungen.

AUTORENTIPP!

URLAUB AUF EINER RANCH

Idyllisch, rustikal und familiär – die Ranch mit Reitstall, Spa und preisgekröntem nicht-koscherem Restaurant bietet viel Platz in Hütten, Suiten und Ferienwohnungen. 1961 bestand der Hügel aus nichts weiter als einer kargen schroffen Basaltfelsgruppe. Yehuda and Yona Avni verwirklichten hier ihren Traum – eine professionelle Pferdefarm mit Gästezimmern. Exzellente Wanderwege können entspannt zu Pferd und in die Umgebung per Geländewagen erkundet werden. Im Restaurant serviert Sternekoch Chaim Tibi Steaks und handgemachte Pasta. Das Vered Hagalil ist nur wenige Fahrminuten von Tiberias, dem Berg der Seligpreisungen und dem See Genezareth, entfernt – ein idealer Ausgangspunkt für ruhige Erholung in der Natur wie für Abenteuerurlaub mit Kindern und romantische Wellnesstage.

Vered Hagalil Guest Farm. Anfahrt über die Route 90, M. P. Drom Hagolan, Chorazim, Tel. 04/693 57 85, www.veredhagalil.com

AUTORENTIPP!

ERHOLUNG IM SPA-HOTEL
Heiße Quelle, Krokodilfarm und Spa-Hotel in einem – ein absolutes Muss! Das Spa liegt etwa acht Kilometer südöstlich des Sees. Die heißen Mineralquellen und ein warmer Wasserfall haben das ganze Jahr über eine Temperatur von 42 Grad Celsius. Die Römer bauten hier vor 2000 Jahren den zweitgrößten Thermenkomplex landesweit. Neben Spa und Hotel gibt es eine antike Synagoge mit einem beeindruckenden Mosaikfußboden. Der tropische Park drum herum ist ein außergewöhnliches Erholungsgebiet mit Wasserpark, Minisafari, Papageienshow, Restaurants und der größten Krokodilfarm im Nahen Osten. Etwa 200 Reptilien sind hier untergebracht.

Hamat Gader. Sa und So 8.30–17 Uhr, Mo–Fr 8.30–22 Uhr, Eintritt: 87–98 NIS, Spa-Behandlungen extra, Straße 98 nach Hamat Gader, http://hamat-gader.com

Vom legendären Fischreichtum im See ist heute nicht viel geblieben. Doch was wäre ein Besuch an seinen Ufern, ohne den berühmten Petersfisch probiert zu haben? Ein Fleck auf dessen Flanken soll vom Fingerabdruck des Apostels Petrus zeugen. Legenden wie diese, biblische Geschichten und der Wirkungsgeist Jesu bestimmen Galiläa und seine historische Landschaft wie kaum eine andere Region in Israel. Denn hier nahm das Christentum seinen Anfang – dementsprechend stark ist die Anziehungskraft der Orte.

Tabgha und Kapernaum

Unter dem Altar der Brotvermehrungskirche liegt der Stein, auf dem Jesus mit Fischen und Broten 5000 Menschen gespeist haben soll. Von hier aus führt ein Rundwanderweg von knapp drei Kilometern zum Berg der Seligpreisungen. Auf dem Berg selbst, wo heute eine Kirche und ein Kloster stehen, hielt Jesus laut Matthäus-Evangelium seine berühmte Bergpredigt. Wer hier hinaufwandert, genießt womöglich dieselbe Aussicht wie Jesus und seine Anhänger vor 2000 Jahren.

Im Fischerdorf Kapernaum (hebr. *Kfar Nachum*, »Dorf des Nachum«) lassen die restaurierten Überreste erahnen, wie es hier vor 2000 Jahren ausgesehen haben mag. Mehrere Jünger stammten von hier, darunter der Fischer Simon Petrus. Archäologen fanden in Kapernaum immer wieder Synagogen und Kirchen, darunter eine Synagoge aus dem späten dritten Jahrhundert, verziert mit religiösen Symbolen wie Menora (siebenarmiger Leuchter), Schofar (Widderhorn) und Davidstern.

Ein spektakulärer Fund ist ein Raum unterhalb einer byzantinischen Kirchenruine aus dem fünften Jahrhundert. Hier soll einst Petrus gewohnt haben. Heute schützt Petrus' Wohnhaus eine rö-

Rundgang: Tour um den See

Die gut ausgebauten Wanderwege rund um den See wie der *Shvil Sovev Kinneret* bieten sich fürs Wandern und Radfahren gleichermaßen an. Alternativ gibt es eine kostenfreie Buslinie namens »Around the Sea of Galilee«. Sie beginnt in Tiberias und hält an allen wichtigen Sehenswürdigkeiten, Kibbuzdörfern und Stränden.

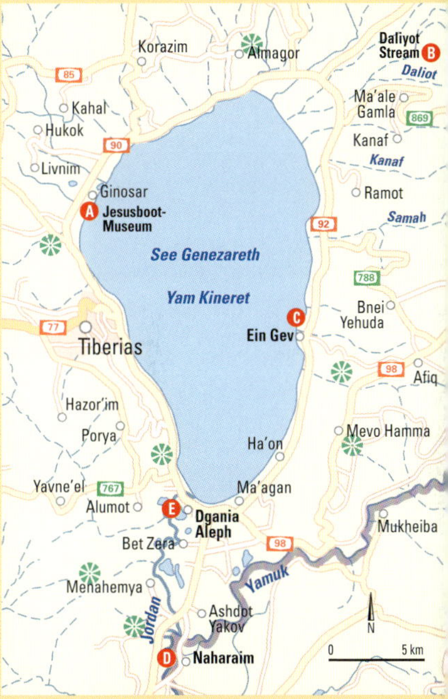

A Jesusboot-Museum – 2000 Jahre alt und acht Meter lang – das Jesusboot in Ginosar wurde in den 1980er-Jahren entdeckt, als das Wasser des *Kinneret* dramatisch sank und das Boot freilegte. Andere Museumsräume stellen Werke arabischer und jüdischer Künstler aus der Region aus. Ginosar, Tel. 04/672 77 00, www.ginosar.co.il

B Daliyot Stream (Majraseh-Naturpark) – Dort, wo das Flussbett des Daliyot vom Golan in den Kinneret mündet, bildet es eine klare Lagune. Es ist der größte Frischwasser-Naturpark in Israel inklusive Wanderweg, Badestellen und Picknickplätzen mit Duschen. Freier Zugang. Links von der Straße 92, Höhe Ma'ale Gamla.

C Kibbuz Ein Gev – Mit seinen Gästezimmern mit Seeblick ist das Ferienresort ein kleines Juwel am See. Zu seinen Gründungsmitgliedern von 1937 gehörte auch Teddy Kollek, der spätere Bürgermeister von Jerusalem. Später fanden hier hochkarätige Konzerte und Festivals statt, u.a. mit Yehudi Menuhin, Leonard Bernstein und Daniel Barenboim. Sie bescherten dem Kibbuz den Beinamen »Salzburg des Nahen Ostens«. Eine der Hauptattraktionen ist die »Werkstatt von Großvater Yossi« – mit Piratenschiff und Holzworkshops für Kinder. www.eingev.com

Im Kibbuz Degania kann man Gewürze kaufen.

D Naharayim (»Zwei Flüsse«) – Der schmale Landstrich zwischen den Flüssen Jordan und Yarmuk am Südufer des Sees ist Gedenkstätte und Friedenspark zugleich. Friedenspark, weil hier Israel und Jordanien 1994 Frieden schlossen, Gedenkstätte, weil hier 1997 ein jordanischer Soldat sieben Schulkinder erschoss. Tel. 04/675 33 36, www.naharayim.co.il

E Kibbuz Degania Aleph – Gegründet 1909, gilt der älteste Kibbuz des Landes als »Mutter der Kibbuzim«. Sein Museum erzählt die Geschichte der Einwanderung aus Russland zwischen 1904 und 1914. www.kibbutz.co.il/Degania-Bet.html

AUTORENTIPP!

LECKERE KUCHEN IM KIBBUZCAFÉ

Das ist das Gute am Israel National Trail: Immer stößt man auf versteckte Schätze abseits der Touristenpfade. Auch ohne Wanderstock in der Hand ist dieses außergewöhnliche Café leicht zu finden. Es liegt im Südwesten im Kibbuz Kinneret, direkt hinter der Route 90, im Eukalyptushain. Ein kleiner Ein-Mann-Betrieb, in dem Besitzer Dudi alles selbst macht: Pasta, Pizza, Tagessuppe, Kuchen, Salate und das Paradebeispiel eines israelischen Frühstücks: Tomaten, Schafskäse, Rührei, Tabouleh, Auberginen, Oliven frisch vom Kibbuzfeld. Innen ist es gemütlich und im heißen Sommer angenehm kühl, abends hat die Veranda ihren Reiz. Unmöglich, bei der Weiterreise nichts vom leckeren Kuchen mitzunehmen!

Café Ugata. Tgl. geöffnet außer Sa, Kibbuz Kinneret, direkt hinter der Ecke Straße 90/ Straße 767, Tel. 052/266 58 35.

Unterwegs auf dem Israel National-Trail

misch-katholische Wallfahrtskirche, die moderne achteckige Petruskirche. Der gesamte Ausgrabungsort mitsamt seinen Kirchen und Synagogen untersteht dem Franziskanerorden und ist für Besucher geöffnet.

Tiberias damals

Am Westufer des Sees liegt Tiberias, neben Jerusalem, Hebron und Safed eine der vier heiligen Städte des Judentums – vor allem wegen der Gräber berühmter Rabbiner sowie des Schriftgelehrten und Philosophen Maimonides. Der Arzt aus dem spanischen Córdoba wanderte im Mittelalter über Marokko in den Nahen Osten aus und war zeitweise Leibarzt des ägyptisch-syrischen Sultans Saladin. Seine Grabanlage inmitten eines kleinen Parks in der Altstadt zählt zu den Hauptattraktionen der Stadt.

Herodes Antipas erbaute die Stadt im Jahre 17 n. Chr. und benannte sie nach dem neuen römischen Kaiser Tiberius. Viele römische und byzantinische Ausgrabungen sind über die Altstadt verteilt. Neben prächtigen römisch-hellenistischen Bauten wie Marktplätzen, Palästen, Villen, Wasserleitungen, einer Pferderennbahn und einem Amphitheater am Seeufer ließ der Tetrarch in der neuen Stadt auch Bäder und Thermen im römischen Stil errichten. Tiberias bot dazu die idealen Voraussetzungen: 17 heiße Thermalquellen, in deren mineralhaltigem Wasser schon Menschen vor mehr als 2000 Jahren Heilung fanden.

So wird erzählt, dass der berühmte Gelehrte und Rabbi Schimon Ben Jochai hier sein Rheuma kurierte und daraufhin die Stadt im zweiten Jahrhundert als »rein« erklärte. Denn bis dahin mieden Juden die römische Stadt, weil sie auf den Ruinen eines alten jüdischen Friedhofs errichtet worden war. Wichtige jüdische Institutionen wie der Hohe Rat Sanhedrin und die rabbinische Gesetzesschule verlegten ihren Sitz nach Tiberias. Der Ort entwickelte sich somit immer mehr zu einem neuen religiösen Zentrum. Hier wurde auch der Jerusalemische Talmud, eines der wichtigsten Schriftwerke des Judentums, zusammengetragen und redigiert. Noch heute pilgern fromme Juden zu den Gräbern der Weisen.

Im zweiten Jahrhundert n. Chr. entwickelte sich somit auch in Tiberias eine lebhafte jüdische und dann in spätrömischer und byzantinischer Zeit auch eine christliche Gemeinde. Im siebten Jahrhundert eroberten die persischen Sassaniden die Stadt am Seeufer. Kurz darauf wurde ihre Herrschaft von muslimischen Arabern abgelöst, bis im späten Mittelalter die Kreuzritter die Stadt einnahmen. Tiberias' Blütezeit endete mit der Zerstörung durch die Mamelucken.

Die meisten Gebäude der Altstadt stammen aus der Zeit des Osmanischen Reiches, darunter die Reste der alten Stadtmauer südwestlich des Hafens. In einem typischen Basaltsteinhaus aus dem 19. Jahrhundert ist seit 1917 das Hotel Europa untergebracht – ein geschichtsträchtiger Ort zwischen osmanischer, britischer und israelischer Kultur.

Tiberias heute

Heute leben in Tiberias etwa 40 000 Einwohner. Es ist damit die größte Stadt im Jordantal. Die sprudelnden Thermalquellen bieten Erholung in einer modernen Badeanlage südlich der Altstadt. Daneben gilt der Ferienort nicht nur wegen der Hot Springs und seines milden Klimas, sondern auch wegen seiner Badestrände, Wassersportaktivitäten und Aquaparks als Badeparadies.

Oben: In seinem Museum zeigt der Kibbuz Ginosar das Jesusboot.
Mitte: Der jüdische Gelehrte Moses Maimonides wird bis heute verehrt.
Unten: Geboren im spanischen Córdoba, wurde der jüdische Arzt und Religionsphilosoph in Tiberias begraben.

Infos und Adressen

SEHENSWÜRDIGKEITEN

Arbelklippen. 50 m hohe schroffe Felsen im Arbel-Nationalpark. Gut ausgeschilderte Wanderwege von leicht bis schwer. Schönste Aussicht bei den Johannisbrotbäumen. Tgl. Sommer 8–17 Uhr, Winter 8–16 Uhr, Eintritt: 9–21 NIS, Anfahrt und Parkplatz 3,5 km hinter Kfar Hittim, Tel. 04/673 29 04.

Brotvermehrungskirche. Hier fand vor 2000 Jahren die Speisung der 5000 statt. Mo–Fr 8–17 Uhr, Sa 8–15 Uhr, So ausschließlich zur Eucharistiefeier um 9 Uhr, Eintritt frei, Straße 87 am Nordwestufer.

Kapernaum mit Peterskiche. Fischerdorf am Nordufer des Sees, in dem Jesus lebte und aus dem Petrus stammte. Heute Nationalpark. Tgl. 8.30–16.30 Uhr, Eintritt: 3 NIS, Parkplatz in der Nähe des Eingangs, Tel. 04/672 05 16.

Kirche und Berg der Seligpreisungen. Imposanter Kirchenbau aus weißem Kalkstein und schwarzem Basalt des italienischen Franziskaner-Mönchs und Architekten Antonio Barluzzi (1884–1960) im Stil der Neorenaissance. Tgl. 8–11.45 und 14.30–17 Uhr, Eintritt: 10 NIS, Anfahrt über Straße 8177.

Migdal (auch Magdala). Geburtsort von Maria Magdalena, an dem eine Sensation ausgegraben wurde: eine Synagoge aus der Zeit von Jesus und der Magdala-Stein, der als Podest zur Thora-Lesung diente. Tgl. 8–18 Uhr, Magdala Center, Anfahrt über Migdal/Kreuzung Straße 90, Eingang östlich des neuen Mini-Einkaufszentrums, Tel. 04/620 99 00, www.magdalacenter.com

Tomb of Maimonides. Der Eingang zum Grab des berühmten Thora-Kommentators Rambam (Abk. für Rabbi Moshe ben Maimon, 1135–1204) wird von jeweils sieben Säulen auf jeder Seite flankiert – eine Reminiszenz an sein Buch *Mishne Tora.* Yochanan Ben Zakai St.

Yardenit. Ursprünglicher Taufplatz Qasr el Yahud. Eintritt frei. Sa–Do 8–17 Uhr, im Sommer bis 18 Uhr, Fr bis 16 Uhr, Tel. 04/675 91 11, www.yardenit.com

ESSEN UND TRINKEN

Avi's. Hervorragende Auswahl aus vegetarischen und glutenfreien Speisen zusätzlich zu den vielen koscheren Fleischgerichten. HaKishon 4, Tel. 04/679 17 97.

Bazelet Winery. Eines der ersten Boutique-Weingüter in Israel. Die Trauben wachsen auf Magmaboden und können im Laden verkostet werden. Führung 25 NIS, So–Fr 9–15 Uhr, Sa Ruhetag, Kidmat Tsvi, Tel. 04/696 50 10, www.bazelet-hagolan.co.il

Decks. Riesige Portionen, entspannte Atmosphäre auf den hängenden Docks am Lido über dem See. Derech Gdud Barak, Tel. 04/671 08 00.

Laguna. Grillrestaurant zwischen Altstadt und Hafen. HaBanim 2, Tiberias, Tel. 057/944 16 40.

Rafaelo. Gutes einfaches Fischrestaurant mit leckerer Salatauswahl in Fußgängerpromenade. Habanim 7, Tel. 04/679 22 85.

Toister Ranch. Traditionsreiche Olivenölfarm seit 1890. Givhat Yohav, Tel. 04/676 34 03 und 052/326 17 67, www.toister-oil.com

Victoria. Gourmetrestaurant im gediegenen Hotel Europa. 3 HaPalmach St., Tel. 053/937 24 25, http://victoria.rest.co.il und http://europa1917.co.il

ÜBERNACHTEN

Hotel Europa. Ein Prunkstück mit einem Hauch Mandatszeit. Elegante Suiten, Pool, Spa und Gourmetrestaurant. 3 Hapalmach St., Tel. 04/616 99 99. http://europa1917.co.il

Kibbuz Nof Ginosar. In den 1930er-Jahren kollektive Landwirtschaft auf Bananenplantagen und in Orangenhainen, heute zauberhaftes Feriendorf direkt am Strand mit Pool und Museum. Nordwestufer an der Route 90 hinter Migdal. Tel. 04/670 03 00, www.ginosar.co.il

Scots Hotel. Fünfsternehotel mit Personal aller Religionen im historischen Basaltsteingebäude des früheren schottischen Hospitals aus dem19. Jahrhundert. 1 Gdud Barak St., Tel. 04/671 07 10, www.scotshotels.co.il

AUSGEHEN

Bora Bora Beach Bar. Bar und Restaurant an privatem Strand mit Hotel. Hervorragende Küche. Am Wochenende immer voll. So–Mi 10–19 Uhr, Do–Sa 10 bis Open End, Am Fischereihafen an der Route 90. www.borabora-beach.co.il

EINKAUFEN

Galita Chocolate Farm. Im Kibbuz Degania Beth, gegründet 1920, kann man in der Galita Schokoladenfabrik selbst Schokolade herstellen, Eis essen und Kaffee trinken. Degania, Tel. 04/675 56 08.

VERANSTALTUNG

Lichtershow. Für 15 Min. erstrahlt die Hafenpromenade von Tiberias im Sommer allabendlich im Lichterglanz kunstvoll tanzender Wasserfontänen zu klassischer Musik. Tgl. 20.30, 21.30 und 22 Uhr.

Taste of Galilee. Regionale Traditionen rund um den See und im Jordantal in Restaurants, Farmen, Cafés und bunten Märkten. Spitzenköche kochen in der Natur. Jedes Jahr im Dez. am jüdischen Lichterfest Chanukka.

AKTIVITÄTEN

Admur-Galerie. Moderne Kunst im Herzen der Altstadt von Tiberias. So–Do 13–22 Uhr, Fr 10–15 Uhr, HaKishon, zwischen HaGalil and HaBanim St., Tel. 04/873 51 52, http://amdurfinegallery.com

HaTchelet Beach. Schöner öffentlicher Stadtstrand ohne Eintritt. Tel. 04/672 01 05.

Hot Springs. *Hamei Tveriya.* Gegenüber Rimonim Mineral Tiberias Hotel. So, Mo, Mi 8–20 Uhr, Di, Do 8–22 Uhr, Fr 8–15 Uhr. Ha'Marchatzaot Road, http://english.rimonim.com/mineral-tiberias-hot-springs

Tzemach Beach. Strand am Südufer mit Wasserpark, Rutschen, Pools und Wassersportaktvitäten. Tgl. 9–17 Uhr, Eintritt: 55 NIS, Tel. 04/675 24 40.

INFORMATION

Touristeninformation. Im Archäologischen Park direkt vorm Sheraton Moriah Hotel. Hier kann man kostenlose Stadtführungen buchen. So–Do 9–16 Uhr, Fr 9–12.30 Uhr, Habanim, Tel. 04/672 56 66.

Rund um den See findet alljährlich im Dezember das Festival Taste of Galilee statt.

Oben: In der Altstadt von Nazareth erhebt sich die Verkündigungskirche. **Unten:** Wiege des Christentums auf 60 Kilometern: der Gospel Trail

29 Nazareth
Wiege des Christentums

In Untergaliläa erzählen Kirchen, Berge und Städte von den Ursprüngen des Christentums. So lockt Nazareth im Südwesten als Heimatstadt Jesu mit der Verkündigungsbasilika. Hier soll Maria die Geburt ihres Sohnes angekündigt worden sein. In den engen gepflasterten Straßen verbreiten orientalische Farben, Gerüche und nazarenische Gastfreundschaft einladendes Flair und der Klang von Kirchenglocken vermischt sich mit den Rufen der Muezzins.

Zu Zeiten des Zweiten Tempels im sechsten Jahrhundert v. Chr. war Nazareth ein kleines Dorf. Der Name stammt aus dem Hebräischen und bedeutet entweder »achtgeben«, abgeleitet vom Verb *natsar* und bezugnehmend auf Nazeraths Berglage mit Blick auf das Emek-Tal oder »Abstammung von Netser« – für Christen ein Hinweis auf die Herkunft Jesus' aus dem Hause von König David. Auf Hebräisch heißt Christentum dann auch *Natsrut*. Ausgrabungen legten uralte Eisenzeit-Fundstücke aus dem 13. Jahrhundert v. Chr. sowie Dorf-Überreste aus späthellenistischer Zeit frei.

Altstadt: die Wiege des Christentums

Nazareth gehört zu den wichtigsten christlichen Wallfahrtsorten in Israel. Hier, in einer Grotte, soll Maria vom Erzengel Gabriel ihre bevorstehende Schwangerschaft erfahren und Jesus später die meiste Zeit seines Lebens verbracht haben. Hierher gelangte die heilige Familie auch auf ihrer Flucht nach Ägypten. Franziskaner erbauten die katholische Verkündigungskirche ab 1730 auf früheren Kirchenruinen über der Grotte. Sie liegt mitten im Marktviertel der Altstadt.

Am besten beginnt man den Rundgang an der Salesianischen Kirche im Westen der Stadt. Die Kirche im neoromanischen Baustil wurde 1923 neben dem salesianischen Waisenhaus erbaut. Heute finden hier gut besuchte Konzerte statt. Über eine schmale Treppe gelangt man hinunter in die engen Altstadtgassen. Am Ende der Treppe erhebt sich linker Hand die katholische Mensa-Christi-Kirche. Hier wird der Steintisch aufbewahrt, an dem Jesus mit seinen Jüngern gespeist haben soll. Sehenswert sind auch die Bilder, die venezianische Restauratoren wiederhergestellt haben.

Miteinander und Konflikte

Mit 75 000 arabischen Einwohnern ist Nazareth die Stadt mit dem höchsten arabischen Bevölkerungsanteil in Israel. Gleichwohl weniger als die Hälfte davon sind Christen. Nazareth beherbergt insgesamt zwölf Kirchen verschiedenster Konfessionen sowie Klöster und Kapellen. Als die muslimische Mehrheit plante, eine Moschee nahe der Verkündigungsbasilika zu bauen, deren Minarett über die Kirchturmspitze hinausragen sollte, hagelte es Proteste christlicher Organisationen und des Vatikans. Das bereits genehmigte Projekt wurde daraufhin gestoppt.

Templer und Gewürze

In Nazareth gründete eine deutsche Templerfamilie im 19. Jahrhundert die Gewürzmühle »Mill of Galilee« (»El Babour«). Auch heute noch eine beliebte Touristenattraktion für Mitbringsel. Eine ehemalige Tochterkolonie der Templer findet man auch in Beit Lechem HaGlilit, dem »Bethlehem in Galiläa«, etwa zehn Kilometer westlich von Naza-

AUTORENTIPP!

PURE GASTFREUNDSCHAFT

Preisgekröntes Hotel der Hotelgruppe Abraham Hostels in einer dreistöckigen arabischen Villa mit handbemaltem Deckengewölbe, türkischem Marmorboden und Innenhof. Das Konzept des Gründers Maoz Inon ist so denkbar einfach wie wirksam, modernen Reisenden echte Gastfreundschaft entgegenzubringen, getreu dem Patriarchen Abraham, der bekannt war für sein offenes Zelt. Mit der preiswerten und zugleich geschmackvollen Unterkunft wollte Inon zugleich Nazareth als Übernachtungsort für Individualreisende wieder attraktiver machen. Das ist ihm offenbar gelungen. Als 2011 der frühere britische Premierminister Tony Blair Nazareth besuchte, übernachtete er hier. Das Fauzi Azar Inn ist das erste Hotel der Abrahamgruppe, das zweite steht in Jerusalem. Weitere Ableger sind für ganz Israel geplant.

Fauzi Azar Inn. 6108 St.,
Tel. 04/602 04 69 und
054/432 23 28,
www.fauziazarinn.com

Oben: Eingang zum farbenfrohen orientalischen Suq an der Al Bishara Street
Unten: In Nazareth leben 75 000 israelische Araber. Die Stadt beherbergt zwölf Kirchen verschiedenster Konfessionen.

reth: 1948 begannen jüdische Bauern hier, Gewürze anzubauen, so wie vor ihnen die Templer, heute eine der meistbesuchten Gewürzfarmen Israels.

Gospel Trail – rund um Nazareth

Nicht nur christliche Reisende wissen es zu schätzen, die heiligen Stätten des Christentums zu erwandern. Denn die Wege führen durch abwechslungsreiche Landschaften. Auf einer Strecke von 60 Kilometern Länge bietet etwa der Gospel Trail, ein offizieller Wanderweg mit Markierungen, Gelegenheit, die Wiege des Christentums in Galiläa zu entdecken – zu Fuß oder per Rad. Sein Symbol ist ein gelber Anker auf blauem Mosaik. Wenn man mit Nebenstrecken variieren will, sollte man 4–5 Wandertage einplanen, angefangen am »Berg des Abgrunds« am südlichen Stadtrand von Nazareth, weiter über Kafr Kana, ein arabisches Dorf acht Kilometer nordöstlich von Nazareth, wo Jesus laut Johannes-Evangelium Wasser in Wein verwandelt haben soll, zum Berg Tabor mit der Verklärungskirche. Höhepunkt des Gospel Trail ist der Berg der Seligpreisungen als Ort der berühmten Bergpredigt.

Infos und Adressen

SEHENSWÜRDIGKEITEN

El Babour. Gewürzmühle aus der Templerzeit. Mo–Sa 8.30–19.30 Uhr, Al-Bishara, Nazareth, Tel. 04/645 55 96, www.elbabour.com

Mensa-Christi-Kirche. Kleine Franziskanerkirche von 1781. Zugang über schmale Altstadttreppe zur Straße 6126. Den Schlüssel kann man sich gegenüber der Kirche gegen eine kleine Spende abholen.

Salesianische Kirche. Hervorragende Akustik und lichtdurchflutete Atmosphäre für liturgische Konzerte. Mo–Sa 8–12 und 13.30–16 Uhr, Straße 5002, Tel. 04/646 89 54.

Verkündigungskirche. Eine der drei wichtigsten christlichen Kirchen im Heiligen Land. Hier in Nazareth soll der Erzengel Gabriel der Jungfrau Maria die Geburt von Jesus verheißen haben. Oberkirche 8–18 Uhr, Grotte 5.45–21 Uhr, Eintritt frei, Al-Bishara, Nazareth, www.basilicanazareth.org

ESSEN UND TRINKEN

Dewan al Saraya. Kleines Juwel am Gemüsemarkt für Katayef: gefüllte Teigtaschen mit gesalzenem Ziegenkäse, Walnüssen und Zimt. Tgl. 9–20.30 Uhr, 6134 Straße. 2–8, Nazareth.

Gewürzvielfalt im Shababik Oriental Shop

Teigtaschen mit Ziegenkäse im »Dewan al Saraya«

ÜBERNACHTEN

Al Mutran. Wunderschöne Villa mit traumhaften Zimmern, erbaut von der Juweliersfamilie Khattouf. Al Mutran Square, Old City, Nazareth, Tel. 04/645 79 47, www.al-mutran.com

EINKAUFEN

Shababik. Orientalischer Souvenirshop mit Kunsthandwerk, Kacheln und Schmuck. Mo–Mi 10–14 Uhr, Do–Sa 10–22 Uhr, Al Mutran Square, Altstadt Nazareth, Tel. 04/608 07 47.

Souq. Authentischer arabischer Markt. Eingang Al Bishara St. (Anunciation St.) mit orientalischen Süßigkeitsläden, Nazareth.

Spicy Way. Gewürzfarm 10 km westlich von Nazareth mit Farben und Gerüchen wie aus Tausendundeiner Nacht. Beit Lechem Haglilit, Tel. 04/953 34 05, http://thespiceway.com

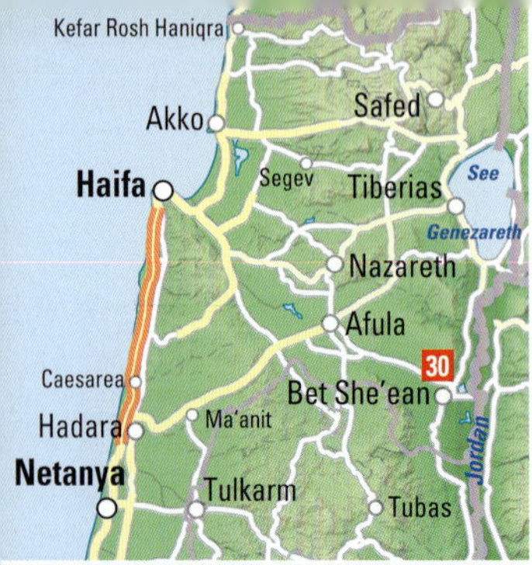

Oben: Lebendige Geschichte – durch ein Erdbeben blieb die Römerstadt fast komplett erhalten. **Unten:** Beliebter Picknickort: Berg Gilboa bei Bet She'an

30 Bet She'an und Umgebung

Rendezvous mit alten Römern

Antike Ausgrabungen findet man in Israel fast überall. Doch kaum eine ist so beeindruckend wie Bet She'an. Hier kann man durch eine komplette römische Stadt riesigen Ausmaßes laufen – Geschichte hautnah mit Blick auf das Jordantal. Monumentale Säulen, Wohnhäuser, alles dank eines Erdbebens im Jahr 749 erstaunlich gut erhalten – ein einmaliges Zeugnis römischer Baukunst.

Bet She'an im nördlichen Jordantal ist ein erstaunlicher Ort. Denn die römische Stadt ist fast genauso groß wie der neuzeitliche Ort selbst. Ein ausgedehnter Rundgang durch den Nationalpark ist wie eine Zeitreise. Wohnhäuser, Villen, Säulen, gesäumte Alleen, Bäder mit Fußbodenheizung, ein Amphitheater in so direkter Nachbarschaft zur Neustadt scheinen das Gestern mit dem Heute zu verbinden.

Bet She'an ist einer der ältesten Orte des Landes. Das Alte Testament erwähnt ihn mehrfach und Funde hellenistischen, römischen, mameluckischen, Kreuzfahrer-, ägyptischen und ottomanischen Ursprungs zeugen von seiner Besiedlung bereits vor 6000 Jahren. Doch erst die Funde aus der Römerzeit machen das verschlafene Provinznest zu einer der sensationellsten archäologischen Stätten in Israel. Im ersten Jahrhundert lebten hier etwa 50 000 Menschen – dreimal so viele wie heute. Ein Erdbeben begrub die florierende Römerstadt im Jahr 749. Da ihre Bewohner sie anschließend nicht wieder aufbauten, blieben ihre pompösen Kollonaden, Tempelanlagen und das Amphitheater in einem außergewöhnlich guten Zustand erhalten.

Aussichten vom Berg Gilboa

500 Meter hoch windet sich die Straße über dem Bet-She'an-Tal, vorbei an hügeligen Teppichen aus Lilien, Tulpen und Anemonen und zahlreichen Wanderwegen und Picknickplätzen. Der bewaldete Gipfel liegt 650 Meter über dem Meeresspiegel. Von hier aus hat man einen unverstellten Panoramablick auf Bet She'an, die fruchtbare Jesreel-Ebene und die rot schimmernden Berge Jordaniens. Auch dieser Berg findet bereits Erwähnung in der Bibel. Hier sollen König Saul und sein Heer im Kampf gegen die Philister gefallen sein.

Israels schönster Naturpool

Am Fuße des Gilboa liegt Gan HaShlosha, arab. *Sachne*. Die warmen Quellen, die sich in drei Pools ergießen, machen das Baden hier bei gleichbleibenden Temperaturen von 28 Grad Celsius auch im Winter zum Vergnügen. Das weitläufige Gelände beherbergt außerdem die Siedlung Tel Amal aus der britischen Mandatszeit und ein Archäologiemuseum.

Tscherkessendorf Kfar Kama

Die Geschichte verschiedener Zivilisationen, Kulturen und Religionen hat Galiläa zutiefst geprägt. Das friedliche Miteinander – hier in Israels Norden wird es im Alltag gelebt. Bestes Beispiel dafür sind die Tscherkessen, sunnitische Muslime aus dem Kaukasus. Der ethnischen Minderheit gehören etwa 3500 Menschen an, die u.a. in Kfar Kama im Unteren Galiläa leben. Auf der Flucht aus dem russischen Zarenreich gewährte ihnen der osmanische Sultan im 19. Jahrhundert Unterschlupf. 1876 gründeten sie Kfar Kama. Die Bauweise ihrer Häuser unterscheidet sich von denen arabischer Häuser insofern, als die Moschee im Dorfzentrum einen eckigen und keinen runden Turm hat.

Infos und Adressen

SEHENSWÜRDIGKEITEN

Nationalpark. Beeindruckendste Römerstadt in Israel. Eintritt: 20–40 NIS, Okt.–März So–Do 8–17 Uhr, April–Sept. 8–16 Uhr, Fr 8–16 Uhr, Sa 8–17 Uhr, Bet-She'an-Zentrum, Tel. 04/658 71 89.

ESSEN UND TRINKEN

Dag Dagan. Grandioses Fischrestaurant zu günstigen Preisen im Kibbuz Heftziba bei Bet She'an mit viel Platz im Lokal und im Garten. Mo–Do 12 bis 16 und 19–23 Uhr, Fr, Sa 12–23 Uhr, Tel. 04/653 43 59.

Shipudey Hakikar. Einfach, urig, köstlich. Gegrillte Hühnchenspieße und 20 leckere Salate. 34 Shaul Hamelekh St., Bet She'an,Tel. 04/606 01 98, www.shipudey-hakikar.co.il

ÜBERNACHTEN

Villa Fiorentino. Zauberhaftes B&B mit Pool mit Blick auf den Berg Gilboa. Ramat Tsvi, Tel. 052/462 49 49, www.villa-fiorentino.com

AKTIVITÄTEN

Sachne (Gan Hashlosha). Badeerlebnis in Naturseen. Mindestens einen halbenTag einplanen. Anfahrt über Straße 669. Tel. 04/658 62 19, www.gan3.co.il

Oben: Blühendes Handelszentrum unter König Salomon: Meggido mit Aussicht aufs Jesreel-Tal
Unten: Die Ausgrabungen von Meggido gehören heute zum UNESCO-Weltkulturerbe.

31 Jesreel-Ebene
Gottes Acker, Galiläas Vielfalt

Das Tal zwischen Mittelmeer und Jordan wird seit Urzeiten Jesreel-Ebene genannt. Auf Deutsch bedeutet der hebräische Name »Gott wird säen« – ein Hinweis auf die Fruchtbarkeit. Heute nennen es viele Israelis einfach nur *HaEmek*, »das Tal«. Denn jeder weiß, welches Tal damit gemeint ist – das Tal, um das die Prophetin Deborah und der Richter Gideon ebenso kämpften wie die Könige Saul und David. Für alle war es strategisch wichtig.

Erzählt die Bibel ausgiebig von seiner Fruchtbarkeit, so versumpfte das Tal im Laufe der Jahrhunderte. Die Pioniere der ersten zionistischen Siedlungen legten Anfang des 20. Jahrhunderts Sümpfe trocken, um die Felder zur Landwirtschaft zu nutzen. Die Landschaft prägen heute neben Feldern Fischbecken der Kooperativen und die Bergformationen Tabor und Gilboa.

Berg Tabor und Verklärungsbasilika

Schon in der Antike spielte der kegelförmige Berg, der einsam aus der Ebene ragt, eine bedeutende Rolle als Kultstätte. So sollen zum Beispiel die Kanaaniter hier ihren Gott Baal verehrt haben. Auch ägyptische Inschriften aus dem 13. Jahrhundert v. Chr. aus der Zeit von Pharao Ramses II. erwähnten den Berg, lange bevor Jesus hier verklärt wurde.

Die von Zypressen flankierte Verklärungskirche auf seinem Gipfel in etwa 558 Metern Höhe stammt aus dem Jahr 1924. Sie wurde auf den Ruinen früherer Kirchen erbaut. Heute wird sie hauptsächlich von griechisch-orthodoxen Pilgern angesteuert. Die etwa sechs Kilometer lange Straße führt durch eine liebliche Vegetation aus wilden Pistazienbäumen und Steineichen. Im Frühjahr sind die Berghänge übersät von Lilien und Narzissen.

UNESCO-Welterbe Meggido

In Meggido (hebr. *Har Mageddon*, »Berg von Meggido«) offenbaren mehr als 30 archäologische Schichten historische Epochen der Menscheitsgeschichte, deren früheste Spuren ins vierte Jahrtausend v. Chr. zurückreichen. Es sind einzigartige Spuren der Zivilisation, darunter eine der ersten Kirchen überhaupt aus einer Zeit, als das Christentum noch verboten war. Die hebräische Bibel erwähnt Meggido an 18 verschiedenen Textstellen. König David eroberte die Stadt, sein Sohn Salomon erweiterte sie zum wichtigsten Handelszentrum seines Nordreichs. Wegen seiner strategischen Bedeutung als Stützpunkt auf der Handelsroute zwischen dem Mittelmeer nach Persien eroberten immer wieder neue Herrscher die Stadt. Gläubige Christen verbinden den Ort symbolisch mit dem Tag des Jüngsten Gerichts.

Umm el-Fahm und Nahalal

Umm el-Fahm ist die größte arabische Stadt im Jesreel-Tal an der Grenze zum Westjordanland. In den letzten Jahren etablierte sich hier eine kreative arabische Kulturszene. Nahalal, ein Reißbrettdorf mitten im Jesreel-Tal, ist der einzige Ort in Israel, der exakt ellipsenförmig um einen Ortskern herumgebaut wurde. Gegründet 1928, ist es Israels erster *Moshav* (»ländliche Kooperative«). Entworfen hat sie der aus Deutschland stammende Architekt Richard Kauffmann; einer seiner berühmtesten Bewohner war der legendäre israelische Verteidigungsminister Mosche Dayan.

Infos und Adressen

SEHENSWÜRDIGKEITEN

Meggido – UNESCO-Nationalpark. Historischer biblischer Hügel mit universeller Bedeutung. Eintritt: 13–25 NIS, Okt.–März 8–17 Uhr, April–Sept. tgl. 8–16 Uhr, Tel. 04/659 03 16.

Verklärungskirche. Laut Neuem Testament erschien Jesus seinen Jüngern auf dem Berg Tabor in göttlicher Gestalt. 8–11.45 und 14–17 Uhr, Eintritt frei, Tel. 04/662 07 20.

ESSEN UND TRINKEN

El Baboor. Authentische traditionelle arabische Küche. Umm el-Fahm, Kreuzung Ein Ibrahim, Tel. 04/611 06 91.

Octagon. Eines der besten Restaurants in Israel auf dem Land. Vielseitig und geschmackvoll. Straße 73, Eingang am Kibbuz Ramat David, www.octago.co.il

ÜBERNACHTEN

Kedem. Ferienwohnung auf Bio-Olivenölfarm. Inhaber Ofer kennt die beste Aussicht übers Jezreel-Tal. Amikam, Meshek 81, Tel. 054/635 28 00, www.kedemoil.co.il

Nof Tabor. Einfache Zimmer, zentrale Lage, Pool. Kibbuz Mizra, Tel. 04/640 80 00, www.nof-tavor.com

AKTIVITÄTEN

Umm el-Fahm Galerie. Moderne arabische Kunst seit 1996. So–Do 8–17 Uhr, http://ummelfahemgallery.org

TOTES MEER UND JUDÄISCHE WÜSTE

Seite 188/189: Das Tote Meer gilt als am tiefsten gelegenes Freiluft-Spa der Welt.
Oben: Der Strand von Ein Gedi ist urwüchsig.
Unten: Salz, Sonne und Luft: Diese Kombination entfaltet am Toten Meer heilsame Wirkung.

32 Ein Gedi und Ein Bokek

Größtes Naturspa der Welt

Mit seiner Lage rund 400 Meter unter dem Meeresspiegel gilt das »Salzmeer«, wie es auf Hebräisch heißt, als der tiefste und größte natürliche Kurort der Welt. Zu den vielen Touristenattraktionen der Region zählen unter anderem die Weltkulturerbe-Festung Masada (S. 204), die Naturparks Ein Gedi und Einot Tsukim (S. 194, 201) sowie die antike Siedlung Qumran (S. 200), in deren Nähe die älteste Bibel der Welt entdeckt wurde.

Von wegen tot! Zwar schwimmen wegen des hohen Salzgehalts im Toten Meer außer winzigen Mikroorganismen keine Fische, doch kaum ein Ort liefert so viele lebenswichtige Mineralstoffe wie das Tote Meer. Touristen und Gesundheitsreisende können hier die vielfältigen heilenden Kräfte dieses Naturphänomens erleben.

MAL EHRLICH

PARKEN IN EIN BOKEK

Während man auf dem Parkplatz von Ein Gedi kostenlos parkt, muss man in Ein Bokek vor dem öffentlichen Strand fürs Parken bezahlen. Das sollte man auch keinesfalls versäumen. Denn die gültigen Parkscheine werden in regelmäßigen Abständen kontrolliert – oft sind die Politessen schneller am Mietwagen als man Münzen nachwerfen kann. Auto einfach stehen lassen und hoffen, es kommt keiner, funktioniert hier nicht. Das kann teuer werden: Wer keinen Parkschein vorweisen kann, zahlt 100 Schekel Strafe, also knapp 20 Euro.

Totes Meer – Meer des Lebens

So helfen etwa der mineralhaltige Schlamm und die heißen Thermalquellen bei fast allem – sie lindern Muskelverspannungen und Rheuma und fördern die Durchblutung. Und auch die trockene Wüstenluft trägt zur Turbo-Erholung bei. Keine Pollen oder Schadstoffe, dafür jede Menge Brom, Magnesium und Sauerstoff – Elemente also, die nicht nur beruhigen und das Immunsystem ankurbeln, sondern auch Herz-, Asthma- und Lungenbeschwerden lindern.

Auch geologisch ist die Region einzigartig – und zudem sehr fragil. Mineralindustrie und Landwirtschaft tragen zum Schrumpfen des Toten Meeres bei. Zudem mündet infolge verstärkter Wasserentnahme aus dem Jordan der Hauptzufluss zum Toten Meer nur noch als Rinnsal in den Salzsee. Die Folge: Salzwasser weicht zurück, der Meeresspiegel sinkt – pro Jahr um einen Meter. Geologen und Umweltexperten warnen vor weiteren Risiken und setzen derweil auf nachhaltige Landwirtschaft und strikte Wassersparmaßnahmen in Tourismus und Industrie.

Der Zulauf zu einer von Israels größten Touristenattraktionen indes ist ungebrochen. Einmal schwerelos im Wasser schweben, dabei die roten Berge im Meer spiegeln sehen und die wohltuende Stille im Ohr – an diesem unvergleichlichen Ort kann man wirklich zur Ruhe kommen.

Klimatherapie

Ein Bokek am südlichen Meeresabschnitt ist eine Art *Downtown Dead Sea* – mit Hotels, Einkaufspassagen, Cafés und Restaurants, die meisten von ihnen allerdings restlos überteuert. Wer zum ersten Mal hier badet, sollte darauf gefasst sein, ein leichtes Brennen auf der Haut zu spüren.

AUTORENTIPP!

TAJ MAHAL

Warum das Restaurant nach dem berühmten indischen Palast benannt ist, erschließt sich nicht ganz. Denn das Lokal im Beduinenzelt des Leonardo Inn Hotels serviert klassische Nahostküche. Man speist, entspannt auf Sitzkissen oder auf der Terrasse bei atemberaubendem Blick aufs Tote Meer, vorzüglichem Hummus, Babaganoush (Auberginencreme), frischen Salaten, Olivenöl und gegrilltem Hühnchen. Empfehlenswert ist die gemischte Platte, die Wirt Hassan, ein Beduine, auch schon mal selbst zum Tisch bringt, um mit den Gästen zu plaudern und von der Wüste zu erzählen. Eine guter Ort, um mit anderen Gästen ins Gespräch zu kommen, und eine echte israelisch-arabische Synthese mit viel Lokalkolorit.

Taj Mahal. Leonardo Inn Hotel, Ein Bokek, Tel. 057/650 65 02.

Oben: Der Kibbuz Ein Gedi wurde 1956 gegründet. Zum Strand fährt täglich ein Shuttle.
Mitte: Salz überall: An den Ufern des Toten Meeres bilden sich kunstvolle Salzformationen.
Unten: 900 verschiedene Pflanzen wachsen im Botanischen Garten.

Seinen Namen verdankt der Ort einer Quelle. Er steht für Erholung pur. Alle Hotels und Kliniken bieten neben Spas und Wellnessbehandlungen auch eine Art Klimatherapie an. Egal, ob beim Baden, Spazierengehen oder Sonnen, der Dreifacheffekt aus Sonne, Luft und Wasser ist ebenso für Haut, Atemwege und Gelenke eine Wohltat wie fürs Immunsystem. Kraft tanken und nachhaltig entspannen – am Toten Meer zeigen sich die Erfolge schon nach einem Tag. Unbedingt einen ganzen Tag einplanen! Auch längere Urlaube sind empfehlenswert: mit Tagesausflügen nach Jerusalem, in die Wüste und nach Galiläa.

Heiße Quellen von Ein Gedi

Die Oase Ein Gedi (»Quelle des Zickleins«) ist urwüchsiger, schöner und naturbelassener als Ein Bokek, dennoch nicht ohne Bequemlichkeiten – sieht man einmal vom steinigen Meerzugang ab. Wichtig: Badeschuhe mitnehmen! Die Oase am nördlichen Meeresabschnitt verfügt über einen öffentlichen kostenfreien Strand, Umkleidekabinen, Toiletten und Duschen. Wer nicht gerade auf dem Wasser treibt, reibt sich an einem der Schlammgruben mit mineralhaltigem Schlamm ein – überall sieht man schlammbadende Menschen in Badehose und Bikini.

Botanischer Garten-Kibbuz

Im weiter oben gelegenen Heilbad gibt es natürliche Mineralquellen, die aus unterirdischen Reservoiren gespeist werden. Gäste des Ein Gedi Kibbuz Hotels genießen daher nicht nur ein Wellness-Spa mit langer Heiltradition, sondern auch einen kostenlosen Shuttle zum Toten Meer, Laufdistanz zum Naturpark Nachal David, Blick auf den Arugot-Fluss und – einen Botanischen Garten, den einzigen weltweit, in dem Menschen wohnen.

Infos und Adressen

ESSEN UND TRINKEN

Aroma. Eine günstige Alternative zum teuren Hotelessen. Gute Auswahl an Sandwiches, Salaten und Snacks. Hervorragende Kaffeeauswahl. Tgl. 8–22 Uhr, Zentrum Ein Bokek, Petra Range St., Tel. 08/995 40 21, http://en.aroma.co.il

ÜBERNACHTEN

Daniel Hotel. Geschmackvolles Hotel mit 302 geräumigen, sauberen Zimmern und großen Fenstern mit herrlicher Aussicht entweder auf die Berge oder das Meer. Der öffentliche Strand liegt 3 Min. zu Fuß entfernt auf der anderen Straßenseite. Ein-Bokek-Süd, Tel. 08/668 99 99, www.tamareshotels.co.il

David Dead Sea. Gutes Hotel mit großer Zimmerauswahl in verschiedenen Preiskategorien, Innen- und Außenpools, drei Restaurants, Sportanlagen. Ein-Bokek-Nord, Tel. 08/659 12 34, www.david-deadsea.com

Herod's Dead Sea. Das ehemalige Leonardo Plaza in neuem Gewand. Zentrum von Ein Bokek, Tel. 03/511 00 50, www.herods-hotels.com

Der Schlamm enthält viele Mineralien.

Wie im Paradies: im Resort des Kibbuz Ein Gedi

Hod Hamidbar Resort and Spa. Vorzügliches Hotel und Spa am Nordabschnitt von Ein Bokek mit Hydrotherapie, Schlammpackungen, Ayurvedabehandlungen, Massagen und Körperpeelings. Tel. 08/668 82 22, www.hodhotel.co.il

Ein Gedi Hotel. Perfekt für Individualisten, die Wüstennähe mit Wellness und Sightseeing verbinden wollen. Idealer Ausgangspunkt in familiärer Kibbuz-Atmosphäre. Ein Gedi, Tel. 08/659 42 22, www.ein-gedi.co.il

Leonardo Inn. Außen klobig, innen frisch und luftig, ist es die preiswerte Variante der Leonardo-Gruppe am Toten Meer. Tolles Restaurant, das beste am Toten Meer. Ein-Bokek-Zentrum, Tel. 08/668 46 66, www.leonardo-hotels.de

Lot Hotel. Preiswertes Mittelklasse-Hotel mit familiärer Atmosphäre, eigenem Strand, Spa und Klinik. Sehr beliebt. Viele Stammgäste. Ein-Bokek-Zentrum, Tel. 08/668 92 00, www.lothotel.com

Oben: Das Wadi Arugot ist urwüchsiger als das Wadi David.
Unten: Wo sich David vor König Saul versteckte, kann man heute bequem wandern: Wadi David

33 Oasen Nachal David und Arugot

Zwischen Steinböcken und Klippdachsen

Über Ein Gedi gelangt man in eines der berühmtesten Naturreservate in Israel: den Ein-Gedi-Nationalpark mit seinen zwei Oasen Nachal (Wadi) David und Nachal (Wadi) Arugot – zwei quellwassergespeiste Ströme, die das ganz Jahr über Wasser führen. In einer grandiosen Landschaft bietet der Nationalpark eine Auswahl sowohl an leicht zu bewältigen Wanderwegen als auch Pfaden für erfahrene Wanderer.

Die beste Zeit für eine Wanderung durchs Nachal David sind die frühen Morgenstunden. Meist ist das Wadi um diese Zeit noch menschenleer. Schulklassen und Reisegruppen bevölkern erst mittags den Naturpark, wenn schon längst die Sonne brennt. Am besten zeitig aufbrechen, an den Füßen feste Schuhe und im Gepäck eine Wanderkarte, ausreichend Sonnencreme und mindestens vier Liter Wasser. Am Toten Meer muss man viel trinken, auch wenn man nicht durstig ist. Tipp: Badesachen mitnehmen. Denn im Park gibt es reichlich Badestellen.

Der Natur ganz nah sein

Nachal heißt auf Hebräisch »Bach«. Die beiden Wasserläufe des Nachal David und Nachal Arugot führen ganzjährig Wasser. Ihnen verdankt die Oase Ein Gedi ihre üppige Vegetation. Der Eingang am Parkplatz ist leicht zu finden. Schon nach den ersten Schritten überrascht das Wadi mit viel Grün, Vogelgezwitscher und Wassergeplätscher. Und das mitten in der Wüste! Sobald hier nur ein Tropfen

Wadi-Wanderung

INFORMATION

Der Fluss ist nach dem biblischen König David benannt. Denn hier soll er sich vor König Saul versteckt haben. Auch im Hohelied Salomos wird der Ort erwähnt, vor allem bezüglich ihrer Fruchtbarkeit. Insgesamt erstreckt sich der Naturpark auf 14 Quadratkilometern.

An- und Abfahrt: Route 90 am Toten Meer

Ausgangspunkt: Parkplatz am Kibbutz Ein Gedi

Wegbeschaffenheit: einfach bis mittel

Länge: Je nach Ausdauer 3–6 km; etwa 1,5–3 Stunden Gehzeit, Höhenunterschied von etwa 200 m

Ausrüstung: Wanderschuhe, Sonnencreme, Sonnenhut, Badesachen und Handtuch. Baden erlaubt!

Verpflegung: Nur Wasser. Die Naturschutzbehörde achtet streng darauf, dass keine Müllreste liegen bleiben. Auch Essen ist hier verboten. Daran sollte man sich auf jeden Fall halten.

Variante: Vom Shulamit Pool aus kann man zum urwüchsigeren Wadi Arugot abzweigen.

Immer ausreichend Trinkwasser dabei haben!

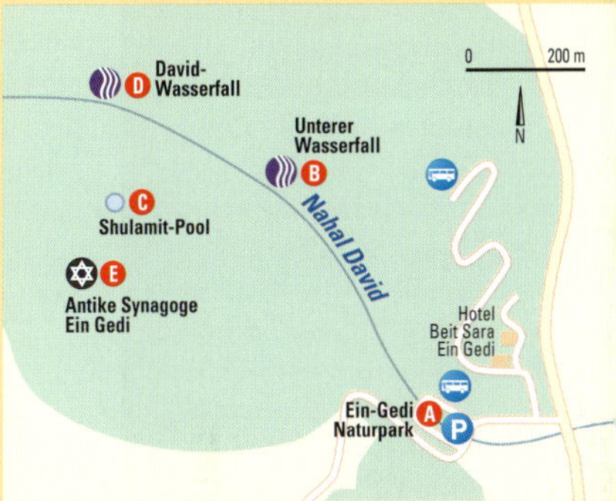

WICHTIGE STATIONEN

A Ein-Gedi-Naturpark – Los geht's am Parkplatz neben dem Kiosk, am besten frühmorgens vor dem ersten Besucheransturm starten.

B Unterer Wasserfall – Erfrischung gefällig? Nach etwa 400 m erreicht man den ersten Wasserfall. Der Weg dorthin ist übrigens auch für Rollstuhlfahrer ausgebaut.

C Shulamit-Pool – Was für eine Badestelle! Ein 25 m hoher Wasserfall mit Pool. Abzweig links führt zum David-Wasserfall, rechts zum 3000 Jahre alten Tempel aus der Kupfersteinzeit und zum Wadi Arugot.

D David-Wasserfall – Von hier aus stürzt der David-Fluss die Felsen hinunter und speist die unteren Wasserfälle. Nach einem kühlen Bad kann man die herrliche Aussicht aufs Tote Meer genießen, am besten an der »Liebesgrotte«, wegen seiner Lage einer der schönsten Plätze in ganz Israel.

E Antike Synagoge Ein Gedi – Eine der Hauptattraktionen des Parks, deren Ausgrabung auf eine frühe Besiedlung der Oase ab dem 3. Jh. schließen lässt. Der Fußboden der Synagoge enthält eine rätselhafte Inschrift. Manche Forscher glauben, sie enthalte das Geheimrezept für ein Parfüm oder eine Salbe.

AUTORENTIPP!

AHAVA-BESUCHERZENTRUM
Fabrikanlage der Firma Ahava, die Kosmetika und Schönheitsprodukte vom Toten Meer herstellt, der einzigen übrigens mit Lizenz. Die Firma wurde 1988 gegründet. Sie begann als kleiner Stand, der Schlamm in Flaschen abgefüllt an Touristen verkaufte. Über das Besucherzentrum erhält man Einblick in die Echtzeitproduktion, Labore und Mineralgewinnung, was an sich schon spannend ist. Hier kann man sich aber auch über das fragile Ökosystem Totes Meer und die einzelnen Inhaltsstoffe der Ahava-Serien und ihre Wirkung für Haut und Haar informieren. Auch bekommt man die Markenprodukte hier etwas preiswerter als im Laden. Vorteil: Das Besucherzentrum hat auch am Sabbat geöffnet.

Ahava-Besucherzentrum. Route 90, Abfahrt Mitzpe Shalem, So–Do 8–17 Uhr, Fr 8–16 Uhr, Sa 8.30–17 Uhr, Tel. 08/995 20 73, www.ahavaus.com

Im Wadi David leben Klippdachse, eine seltene Murmeltierart.

Wasser fließt, beginnt sie zu blühen, während wenige Meter entfernt karge Felsen aufragen. Mit etwas Glück sieht man Steinböcke und Klippdachse, eine äußerst seltene Murmeltierart. Auch Leoparden, sogenannte Negev-Panther, sollen hier leben. Doch sie gelten als überaus scheu. Mit Gazellen und Füchsen kann man schon eher rechnen.

Wadi David und Wadi Arugot

Der Weg entlang des David-Baches ist gut ausgebaut. Schon nach 400 Metern erreicht man den ersten Wasserfall. Das Wasser ist glasklar. Links und rechts wachsen Akazien, Christusdorn und Sodomsapfel, Farne, Schilf und subtropische Pflanzen. Nach einer großen Kurve biegt die Schlucht nach Süden ab und gibt den Blick auf den Shulamit-Wasserfall frei, einen Naturpool mitten in der Wüste. Baden erlaubt!

Ganz in der Nähe des Wasserfalls soll sich der junge David laut 1. Samuel, Kap. 24 vor König Saul in einer Grotte versteckt haben. Auch den jüdischen Freiheitskämpfern des Bar-Kochba-Aufstands (132 bis 135 n. Chr.) dienten die hiesigen Höhlen in der Römerzeit als Unterschlupf. Unweit der Grotte liegen Steinreste aus dem vierten Jahrtausend v. Chr. – ein »Quellheiligtum« aus der Kupfersteinzeit. Denn die beiden Quellen von Ein Gedi wurden seinerzeit als göttliche Wunder verehrt. Wasser als kostbarstes Gut der Wüste – diese Wertschätzung teilen Wanderer auch 6000 Jahre später.

Das südliche Wadi Arugot wird seltener besucht. Es ist urwüchsiger, aber auch um einiges abenteuerlicher. Vorteil: Hier hat man den versteckten Wasserfall ganz für sich. Doch Vorsicht, die beiden Wege dorthin erfordern einige Übung – der eine führt mitten durch den Bach, den anderen säumen steile Abhänge.

Infos und Adressen

ESSEN UND TRINKEN

Kiosk mit Imbiss und Souvenirshop. Letzte Gelegenheit für ein Eis, Sandwich oder einen Espresso vor Ort, aber auch um Wasser zu kaufen. Viel trinken ist unterwegs wichtig, das Essen hingegen im Naturpark verboten. Am Eingang zum Ein-Gedi-Naturpark. Hier gibt es auch eine Umkleidekabine, um die nassen Badesachen zu wechseln.

ÜBERNACHTEN

Jugendherberge. Günstige Alternative zu teuren Hotels. Doppelzimmer, Familienzimmer, Snackbar und einfaches, leckeres Buffet. Ein Gedi, Tel. 02/594 56 00, www.iyha.org.il/Eng/eingedi

INFORMATION

Ein-Gedi-Naturpark. Einer der schönsten und meistbesuchten Naturparks Israels. Geöffnet April–Sept. 8–17 Uhr, Okt.–März 8–16 Uhr, Eintritt: 15–29 NIS, Tel. 08/658 42 85.

Erfrischung am David-Wasserfall

In der Grotte am Wasserfall versteckte sich der junge David vor König Saul.

34 Jericho (Palästinensisches Autonomiegebiet)
Stadt der Palmen

Die uralte Karawanenstraße liegt in einem Tal der Jordansenke. Posaunen sollen einst ihre Mauern zum Einstürzen gebracht haben. Mit 260 Metern unter dem Meeresspiegel ist Jericho die am tiefsten gelegene Stadt der Welt. Sie wetteifert zudem mit Damaskus um den Titel als älteste Stadt der Welt.

Nach den Friedensverträgen von Oslo erhielt Jericho 1994 als erste palästinensische Stadt im Westjordanland Autonomie. Dem Abkommen folgten Frieden und wirtschaftlicher Aufschwung. Der Tourismus boomte. Neue Hotels und Restaurants, sogar ein Kasino, eröffneten in Jericho. Die Sehenswürdigkeiten, viele davon bedeutende Orte des Christentums wie der Berg der Versuchung mit dem Kloster Quarantal, erstrahlten in neuem Glanz. So wurde auch die Seilbahn gebaut, die heute das Tal mit dem Bergkloster verbindet.

Oben: Eine Seilbahn bringt Besucher zum Berg der Versuchung. **Unten:** Um Elischas Brunnen ranken sich viele Legenden.

Beliebter Ausflugsort

Viele Israelis kamen früher nach Jericho. Nach der zweiten Intifada im Jahr 2000 jedoch brachen die Touristenzahlen ein. Doch in den letzten Jahren hat sich der Tourismus wieder erholt. Heute besuchen vor allem Tagestouristen die »Stadt der Palmen«. Ihr ganz besonderer Reiz rührt dabei nicht nur von dem Ruf her, die älteste Stadt der Welt zu sein.

Die Zufahrt über den israelischen Grenzübergang verläuft meist problemlos. Einmal angekommen gibt es viel zu entdecken. Jericho und Umgebung stecken voller kultureller, archäologischer und religiöser Schätze. Im Archäologischen Park Jericho weist ein beschilderter Rundgang den Weg.

Tell es-Sultan

In der historischen Ausgrabungsstätte von Tell es-Sultan zwei Kilometer nordwestlich vom Stadtzentrum erfährt man, dass Jericho seit 10 000 Jahren durchgängig besiedelt ist. Neben Funden aus der Bronzezeit und der vorrömischen Eisenzeit wurden hier Schichten freigelegt, die bis zur Jungsteinzeit zurückreichen. Von dem Hügel aus hat man an klaren Tagen eine weite Sicht über Jericho und das Jordantal bis nach Jordanien. Auf halbem Weg zwischen Tell es-Sultan und dem Berg der Versuchung liegen die Zuckermühlen – ein Hinweis darauf, dass schon im achten Jahrhundert in Jericho Zucker hergestellt wurde.

Nicht minder beeindruckend als Tell es-Sultan sind Elischas Brunnen und der Hisham-Palast. Elischas Brunnen erinnert an den biblischen Propheten Elischa: In einer Zeit der Wasserknappheit soll der Prophet an dieser Stelle das Wasser mit Salz gereinigt und so die Wassernot beendet haben. Eine der prachtvollsten Attraktionen in Jericho ist der Hisham-Palast aus dem achten Jahrhundert mit seinen Moscheen, Palastgebäuden, Brunnen und bunten Mosaikfußböden.

Die wohl bedeutendsten Sehenswürdigkeiten sind der Berg der Versuchung und das dazugehörige Kloster Quarantal. Die 1330 Meter lange Seilbahn, die zum Klosterberg führt, ist mittlerweile selbst eine Attraktion. Per Gondel erreicht man den Berg in nur fünf Minuten. 40 Tage und Nächte soll Jesus hier oben gefastet haben. Hungrig bleiben muss in Jericho heute niemand mehr. Denn in der Innenstadt laden viele Restaurants und Cafés zum Verweilen ein, viele von ihnen unter Palmen.

Infos und Adressen

SEHENSWÜRDIGKEITEN

Hisham-Palast (Khirbet el Mafjar). Eine von Jerichos Hauptattraktionen aus dem 8. Jh.: Ruinen einer Palastanlage aus der Umayyaden-Zeit. Ganzjährig tgl. geöffnet 8–17 Uhr, Jericho/PA, Tel. 02/232 25 22.

Quarantal. Kloster auf den Klippen des Bergs der Versuchung. Im Namen klingt die Zahl 40 an – so lange soll Jesus hier mit dem Satan gerungen haben. Mo–Fr 9–13 und 15–16 Uhr, Sa 8–14 Uhr, Eintritt frei. Seilbahn tgl. 8.30–13.30 Uhr, Tickets 5–8 $. Jericho/PA.

Tel es-Sultan. Archäologischer Park. Zwei Kilometer nordwestlich der Innenstadt. Ganzjährig tgl. geöffnet 8–17 Uhr, Jericho/PA, Tel. 02/232 19 09.

ESSEN UND TRINKEN

Sultan Restaurant. Schönes Lokal auf der oberen Bergstation zum Berg der Versuchung. Mit Terrasse. Nicht nur leckeres Essen und frisch gepresste Säfte, sondern auch eine grandiose Aussicht aufs Tote Meer. Jericho/PA, www.jericho-cablecar.com

ÜBERNACHTEN

Oasis Intercontinental. Bestes Preis-Leistungs-Verhältnis im ehemaligen Kasino von Jericho. Großzügige Zimmer und Ausstattung, Pools, Sportplätze, reichhaltiges Frühstücksbuffet. 15 Minuten vom Toten Meer. Jerusalem Road, Jericho/PA, Tel. 02/231 12 00.

Oben: Qumran am Toten Meer: Abgeschiedener Sektenwohnort oder Verkehrsknotenpunkt?
Unten: An der Route 90 bieten Beduinen Kamelritte an.

35 Die Höhlen von Qumran
Älteste Zeugnisse der Menschheit

Am Nordwestufer des Toten Meeres, knapp 100 Meter über dem tiefsten Punkt der Erde, liegt Qumran. Der Blick von hier aus ist spektakulär – aufs Tote Meer, die Oasen von Jericho und die Canyons auf der anderen Seite des Felsplateaus. Bis heute wirft die antike Ruinensiedlung Fragen auf – die Rätsel um seine Geschichte hat Qumran noch immer nicht ganz preisgegeben.

Die Siedlung wurde wahrscheinlich um 134 v. Chr. errichtet. Sie diente als Unterschlupf für verschiedene Gruppen, bevor der römische Eroberer Titus nach dem Jerusalemer Tempel im Jahr 70 auch sie zerstörte.

Historischer Hintergrund

Knapp 2000 Jahre später fand an dieser Stelle ein Beduinenjunge 1947 die legendären Schriftrollen vom Toten Meer. Es war die größte archäologische Sensation des 20. Jahrhunderts. Experten diskutieren noch immer, ob die Verfasser der ältesten Bibel der Welt auch wirklich die Menschen waren, die hier vor 2000 Jahren lebten. Möglicherweise versteckten sie lediglich die Texte aus der Jerusalemer Tempelbibliothek vor den Römern.

Steht man hier oben zwischen den alten Ruinen, wird Vergangenheit auf einmal lebendig. Alles scheint denkbar. Das Besucherzentrum – ganz im Baustil der früheren Siedlung – informiert über die widersprüchlichen Theorien. Eine jüdische Sekte soll an diesem Ort abgeschieden gelebt haben und dabei um spirituelle Reinheit bemüht gewesen sein. Qumran als Rückzugsort vom priesterlichen Leben in Jerusalem während des Zweiten Tempels?

Doch die Wege ringsum, die strahlenförmig aufs Felsplateau zulaufen, und der strategische Überblick erlauben andere Gedankenspiele. Qumran – ein Verkehrsknotenpunkt? Gut möglich, dass die Oase sehr wohl ans Wegenetz angebunden war. Auch Funde wie Münzen, Getreidemühlen, Keramik, Speerspitzen und Tintenfässer sprechen dafür. Einiges deutet jedenfalls darauf hin, dass die jüdische Sekte, die hier lebte, die ausgelagerte Tempelbibliothek aus Jerusalem hütete. Andere Fundstücke hingegen weisen die Qumran-Bewohner selbst als Verfasser der 2000 Jahre alten Bibeltexte aus.

Das Geheimnis der Qumran-Höhlen

Die Ruinen selbst zeugen von quadratischen Wohnhäusern, Überresten einer Töpferwerkstatt, eines rituellen Bades und eines Speisesaals. Auf dem Bürgersteig sollen die Dorfbewohner Datteln getrocknet haben.

In Sichtweite der Siedlung liegen die legendären Höhlen von Qumran. Plötzlich fragt man sich, ob es vielleicht genau diese Stelle war, von der aus der Beduinenjunge 1947 seiner entlaufenen Ziege nachrannte und statt ihrer in einer Höhle die Schriftrollen entdeckte? Späht man in den Felsspalt hinein, kann man die Enttäuschung des Beduinenjungen nachfühlen: Statt Gold und Silber fand er in 45 sorgsam nebeneinander aufgereihten Tonkrügen nur alte Rollen aus Pergament, Leder und Papyrus. Dass er damals einen unermesslich kostbareren Schatz in den Händen hielt, erfuhr der Beduine erst später.

AUTORENTIPP!

QUELLEN AM FELSVORSPRUNG
Wasserfälle und Seen, die von einer tiefgelegenen Süßwasserquelle gespeist werden, sind nicht unbedingt das, was man in der Wüste erwartet, noch dazu an den Ufern des salzhaltigsten Sees der Erde. Doch im am tiefsten gelegenen Naturpark der Welt – Einot Tsukim – kann man nicht nur baden und schwimmen, sondern auch picknicken und archäologische Perlen entdecken. Besonders für Familien ein Riesenspaß, denn je früher man kommt, umso menschenleerer ist es. Der Park mit Ruinen eines Komplexes aus der Zeit von König Herodes – einer Villa, Ställen und Wasserbecken – lässt vermuten, dass sich hier nicht nur die Reichen und Schönen erholten, sondern dass darüber hinaus auch Dattelwein, Honig und Indigo hergestellt wurden.

Einot Tsukim. Anfahrt: 3 km südlich vom Kibbuz Kalia, Busse 421, 444, 486, 487 bis Haltestelle Ein Feshkha, Road 90. Geöffnet April–Sept. 8–17 Uhr, Okt–März 8–16 Uhr, Eintritt 15–29 NIS.

Oben: Erholung pur: Erst mit Schlamm einreiben, dann im Toten Meer schweben
Unten: Ein Beduinenjunge fand in Qumran die ältesten Schriftrollen der Welt.

Die Schriftrollen stammten aus der Zeit ab 300 v. Chr. Sie gehören damit zu den ältesten Zeugnissen der Menschheit. Die meisten Texte sind auf Hebräisch verfasst. Sie bieten ebenso wertvolle Einblicke in die jüdische Geschichte wie in den Werdegang des Christentums. Auch spätere Funde hielten die Welt jahrzehntelang in Atem und entfachten einen Wissenschaftskrimi ohnegleichen. Denn obwohl die Israelische Altertumsbehörde den Privatverkauf der Schätze bei Strafe untersagte, tauchen sogar heute noch immer wieder einzelne Fragmente auf, die weltweit vermarktet werden.

Einige der mühevoll restaurierten Schriftrollen sind im »Schrein des Buches« im Israel Museum in Jerusalem (S. 67) zu sehen. Für jeden Museumsbesucher umso eindrücklicher nach einem Abstecher nach Qumran, dem historischen Ort ihres Fundes und ihrer abenteuerlichen Geschichte.

Infos und Adressen

SEHENSWÜRDIGKEITEN

Qumran Nationalpark. Antike Ruinensiedlung am Nordwestufer des Toten Meers und Fundort der ältesten Bibel der Welt. April–Sept. 8–17 Uhr, Okt bis März 8–16 Uhr, Eintritt 15–29 NIS, Tel. 02/994 22 35, http://old.parks.org.il

ÜBERNACHTEN

Biankini Resort. Ferienanlage mit Bungalows, Suiten, Camping, Pools, Spa, Restaurants, Bars, kostenloser Schlammnutzung und Mini-Markt am Nordufer. Das Lokal im Biankini Resort bietet köstliche marokkanische Gerichte. Individuelle Alternative zu Ein Bokek. Direkter Strandzugang 120 Meter vom Toten Meer entfernt. Tel. 02/940 02 66, www.biankini1.com

Feriendorf Metzoke Dragot. Grandiose Aussicht von den Klippen am Ufer aufs Moab-Gebirge und die Nahal-Darga-Klippen. Einfache, naturnahe Unterkünfte von Zimmer bis Zelt. Tel. 01 700 70 71 80, www.metzoke.co.il

Kalia Hotel. Der Name des Dorfes leitet sich von Kalium ab, einem der Mineralstoffe am Toten Meer. Heilsam ist auch ein Aufenthalt hier: mit eigenem Strand, palmenumrandetem Pool, in dem man

Kibbuz Kalia mit eigenem Strand

auch mal längere Bahnen schwimmen kann, schönen Zimmern von einfach bis gehoben, Pub und Wellness. www.kaliahotel.co.il

AKTIVITÄTEN

Kalia Beach. Nördlichster Strand am Toten Meer mit Café, Liegestühlen und Spa-Behandlungen. Reizvoll, da nicht so überlaufen wie die Touristenhochburg Ein Bokek, allerdings mit Eintritt. Geöffnet tgl. 8–17 Uhr, 35–45 NIS, Tel. 02/994 23 91.

INFORMATION

Schriftrollen. Seit 2012 sind fünf der Schriftrollen sogar im Internet zugänglich, samt Transkriptionen, englischer Übersetzung und Literaturhinweisen: http://dss.collections.imj.org.il

In Ein Bokek überwiegen Sandstrände, in Ein Gedi ist der Zugang zum Toten Meer eher steinig.

Oben: Herdodes' Westpalast mit Thronsal und Innenhof
Unten: Mit der Seilbahn geht es schneller hinauf nach Masada als zu Fuß auf dem Schlangenpfad.

36 Masada

Römische Baukunst und Festung mit Symbolkraft

Majestätisch und geheimnisvoll thront die Festung auf ihrem Felsplateau, umgeben von der Judäischen Wüste auf der einen und dem Toten Meer auf der anderen Seite, uneinnehmbar einst für die Römer, bequem zu erreichen für Besucher – entweder per Wanderung auf dem Schlangenpfad oder per Seilbahn, die Besucher innerhalb weniger Minuten hinauf in luftige 440 Meter Höhe bringt.

Für die Festung auf dem Felsplateau sollte man am besten einen halben Tag einplanen. Masada ist ein absolutes Muss: 2002 wurde es von der UNESCO als erste Stätte Israels zum Weltkulturerbe erklärt. Für Israelis hat die Festung großen historischen Symbolwert. Nach der Zerstörung des Zweiten Tempels in Jerusalem im Jahr 70 durch die Römer verschanzten sich hier etwa 1000 jüdische Zeloten,

MAL EHRLICH

SALZATTRAKTIONEN

Der Salzgehalt im Toten Meer ist zehnmal höher als im Ozean. Um möglichst viel Heilwirkung zu ergattern, kann der Strand jedoch manchmal restlos überfüllt sein. Doch zum Glück gibt es noch andere Salzattraktionen rund ums Tote Meer. Schließlich kann man nicht die ganze Zeit im Wasser schweben. Eine gute Alternative sind zum Beispiel die Salzformationen rund ums Tote Meer, darunter auch die von »Lots Frau«. Mit genug Fantasie entdeckt man sie unter den steil aufragenden Salzsäulen am Mount Sodom, dem Namen nach die Stelle der biblischen Städte Sodom und Gomorra.

eine Widerstandsbewegung gegen die römische Besatzung. Drei Jahre hielten sie der Belagerung stand. Im Jahr 73 begingen die Männer, Frauen und Kinder hier lieber kollektiven Selbstmord als in die Hände der römischen Belagerer zu fallen. Masada wurde zum Mythos und Symbol für jüdischen Heldenmut. Im Schulunterricht wird dieses Kapitel jüdischer Geschichte ausführlich behandelt. Im Ausflugsprogramm von Schulklassen ist es ebenso obligatorisch wie bei der Vereidigung junger Rekruten.

Der Souvenirshop im Besucherzentrum weist darauf hin, dass es oben auf der Festung kein Wasser gebe. Stimmt nicht ganz: An einem Wasserhahn oben kann man seine Trinkflasche mit frischem klarem Wasser auffüllen. Für den Aufenthalt in der brütenden Sonne sind Wasser, feste Schuhe und Sonnenschutz unerlässlich.

Schlangenpfad oder Seilbahn

Es führen zwei Wege zum Felsplateau. Für Wanderer empfiehlt sich der Schlangenpfad, besonders frühmorgens vor Sonnenaufgang. Um diese Uhrzeit ist es noch angenehm kühl, vor allem während der Sommermonate. Der schmale Wanderweg zur Festung ist etwa zwei Kilometer lang und ist mit seinen 700 Stufen in 30 bis 45 Minuten gut zu bewältigen. Schneller geht es mit der Seilbahn, auch wegen der Hitze tagsüber durchaus angenehmer. Gleichwohl hat der Schlangenpfad mehr Abenteuerkitzel und landschaftliche Gänsehautmomente zu bieten.

Wer die Anlage auf eigene Faust erkunden will, sollte sich den Einführungsfilm vorab im Besucherzentrum, dem Yigal Yadin Masada Museum, anschauen – er liefert einen guten Überblick über Geschichte und Archäologie. Oben in 440 Metern

AUTORENTIPP!

ZU GAST BEI BEDUINEN

Zwischen Arad und Masada im Kanaim-Tal gelegen, bietet das Beduinendorf Kfar Hanokdim mit seinen Hütten aus Naturstein, Salzkristalllampen und farbenfrohen Teppichen eine große Auswahl an Unterkünften wie aus 1001 Nacht. Ob Stein-Lodges, Holzhütten mit Patio oder Veranda, Familienzelte, die im Winter beheizt werden, oder prachtvolle Wüstenzelte namens »Sheherezade« oder »Prinz von Arabien« – an diesem Ort fühlt man sich wirklich mittendrin in der Wüste, nur einen Katzensprung entfernt vom tiefsten Punkt der Erde. Erlebnisse rund ums Kamel- oder Eselreiten gehören zum Aktivitäten-Repertoire der Anlage, ebenso wie Yoga, Trommelworkshops oder Halbtagestrecks in die Umgebung, alles geleitet von erfahrenen Beduinen, die die Wüste kennen wie ihre Westentasche.

Beduinendorf Kfar Hanokdim.
Arad, Tel. 08/995 00 97,
www.hanokdim.com

AUTORENTIPP!

OPERNFESTIVAL UNTER FREIEM HIMMEL

Das Israelische Kulturministerium hätte sich für sein alljährliches Opernfestival unter freiem Himmel keinen symbolträchtigeren Ort aussuchen können. Masada, die legendäre Festung am Toten Meer – Palast von König Herodes, Schauplatz römischer Belagerung, Fluchtort jüdischer Rebellen, Weltkulturerbe der UNESCO – wird alljährlich zur Bühne für eines der aufsehenerregendsten Opernspektakel der Welt. Am Fuße des historischen Felsplateaus verkörpert die Kulisse eine einmalige Verbindung aus Geschichte und Moderne, aus grandioser Natur und dynamischer Kultur. Die Inszenierungen der vergangenen Jahre von *Nabucco, Aida, Carmen, La Traviata, Tosca* oder *Carmina Burana* ist mit ihrer gigantischen Bühne und 7500 Zuschauerplätzen wahrlich eine logistische Meisterleistung bei überragender Akustik.

Israeli Opera Festival. Seit 2010 jedes Jahr im Juni.
www.israel-opera.co.il/eng

Höhe über dem Meeresspiegel angekommen, ist es zunächst die traumhafte Aussicht, die man von nahezu jedem Punkt des 4000 Quadratmeter großen Areals genießt – auf die Judäische Wüste, das Tote Meer, Jordanien. Jede schilfüberdachte Pergola ist zudem ein willkommener Schattenspender.

Herodes' Winterresidenz

36 bis 30 v. Chr. errichtete König Herodes hier seine Winterresidenz. Den Ort hatte er aus strategischen Gründen gewählt: als Zufluchtsort sowohl vor seinen jüdischen Feinden als auch vor Kleopatra. Dabei kam es weder zur einen noch zur anderen Bedrohung. Es heißt, Herodes war nur ein einziges Mal dort. Dass die Festung rund 100 Jahre später als Fluchtort und Bollwerk vor römischen Truppen dienen würde, ahnte der Herrscher damals wohl kaum. Vielleicht hoffte er immerhin, seine geniale Baukunst würde die Zeit überdauern und auch 2000 Jahre später noch die Besucher begeistern.

Neben dem Tempelberg in Jerusalem und dem Herodium südlich davon ist Masada das dritte Zeugnis römischer Monumental-Baukunst. Besonders die gut erhaltenen Zisternen, Bäder, Thermen, Mosaiken, Wandmalereien und Reliefs sind faszinierende, formvollendete Zeugnisse antiker Kultur und Ingenieurskunst, ebenso wie der Nordpalast samt Synagoge, rituellem Bad und Wachtürmen. Nach Herodes' Tod richteten die Römer auf der Festung eine kleine Garnison ein. Nach der Zerstörung des Zweiten Tempels im Jahr 70 durch Titus wurde Masada zur letzten Zuflucht der Juden in ihrem aussichtslosen Kampf um Souveränität.

UNESCO-Weltkulturerbe

Die erstaunlich gut erhaltenen und großflächigen römischen Festungsanlagen rund um das Felspla-

Rundgang über die Festungsanlage

Für die Anlage mindestens drei Stunden einplanen und vor allem während der Sommersaison viel trinken. Schatten gibt es nur in Herodes' Thermen und Palastruinen! Geöffnet April–Sept. 8–17 Uhr, Okt.–März 8–16 Uhr, Eintritt Schlangenpfad: 13–25 NIS, Eintritt Seilbahn: 38 bis 67 NIS, Sa–Do 8–16 Uhr, Fr und Feiertage 8–14 Uhr, Reservierung Sound- und Lightshow Tel. 08/995 93 33.

A Westpalast – Ringsherum erkennt man die Grundrisse der verschiedenen Räume und eines Thronsaales. In der Mitte breitet sich ein gepflasterter Innenhof aus. Vom nördlichen Innenhof führt eine Treppe in den zweiten Stock. Von dort aus kann man Thermen mit Mosaiken und Stuckreliefs sowie eine Empfangshalle besonders gut erkennen, auch sie ist mit einem weiteren farbenprächtigen Mosaik ausgestattet. Faszinierend ist der Einblick in die Wasserversorgung der Bäder und Wasserbecken – der Kanal auf dem Innenhof ist gut erhalten.

B Byzantinische Kirche – Über eine Vorhalle mit weißem Mosaikfußboden betritt man das ursprüngliche Kirchenschiff. In diesem Raum sind die Mosaikfußböden bunt und die Wände mit farbigen Ornamenten geschmückt.

C Synagoge – Eine der wenigen frühen Synagogen aus der Zeit nach der Tempelzerstörung. In zwei Vertiefungen fanden Archäologen Pergamentfragmente biblischer Texte. Im Fußboden besagt eine Inschrift »Priester-Zehntabgabe«.

D Thermen – Paradebeispiel antiker Lebenskultur. Das Wasser für die Thermen speicherte man in Zisternen. Erst betritt man das Tepidarium (lauwarmer Raum), dann das Frigidarium (kaltes Bad), zum Schluss das Kaldarium (heißes Bad). Unter dem Fußboden des Kaldariums verlaufen kurze Säulen aus Stein und Ton. Zwischen ihnen strömte von außen heiße Luft hinein, strömte durch Tonrohre in den Wänden empor und heizte so den Raum.

E Nordpalast – Prunkvoller Palast auf drei Felsterrassen mit einem Höhenunterschied von insgesamt 30 Metern mit Empfangsbereich und Gemächern des Königs mit vier Räumen, Zisterne und Thermalbad. Auch hier sind die Fußböden mit prächtigen Mosaiken ausgelegt, die Wände mit Fresken bemalt. Auf dem Rückweg von der oberen zur mittleren Terrasse kommt man an einer Felszisterne und einem Ritualbad vorbei.

Oben: Blick von Masada in die Judäische Wüste
Mitte: Hohe Ingenieurskunst: Der Speicher fasste 4000 Kubikmeter Regenwasser.
Unten: Das Yigal Yadin Museum dokumentiert Masadas Ausgrabungsgeschichte.

teau zeugen von vier Jahren römischer Belagerung, nach der die als uneinnehmbar geltende Festung am 2. Mai 73 schließlich fiel – der Römerwall, die Lager der Zehnten Römischen Legion und die Römerrampe im Westen. Vor allem ihretwegen wurde Masada 2001 ins UNESCO-Weltkulturerbe aufgenommen.

Der römisch-jüdische Geschichtsschreiber Josephus Flavius war zwar selbst kein Augenzeuge der Kämpfe, aber er überlieferte den kollektiven Selbstmord der 950 Männer, Frauen und Kinder, die vor 15 000 römischen Soldaten nicht kapitulieren wollten. Sie hatten sich nur so lange halten können, so Josephus, wie die Landwirtschaft sie ernährte. Tatsächlich zeugen Funde von der landwirtschaftlichen Nutzung. Dennoch ziehen andere archäologische Funde den Bericht in Zweifel.

Licht ins Dunkel brachten umfangreiche Ausgrabungen, mit denen die Israel Exploration Society 1955 begann und die der israelische Wissenschaftler Yigal Yadin zwischen 1963 und 1965 fortsetzte. Unter seiner Leitung legten Tausende freiwilliger Helfer eine Ruine nach der anderen frei, darunter den Nordpalast, Herodes' Privatresidenz und den Westpalast. Der Mosaikboden in den Empfangsräumen ist der älteste in ganz Israel. Beeindruckend auch die Speicher, Bäder und Heißwasserräume. Vor allem das Zisternensystem zeugt von hoher Ingenieurskunst.

Infos und Adressen

SEHENSWÜRDIGKEITEN

Yigal Yadin Masada Museum. Masadas Geschichte bis zur Ausgrabung durch den Archäologen Yigal Yadin. Siehe Masada-Nationalpark. Tel. 08/658 42 07.

Masada-Nationalpark. UNESCO-Festung auf dem Felsplateau am Toten Meer. Mit Cafeteria, Selbstbedienungsrestaurant, Snackbar und Aussicht aufs Tote Meer. Ganzjährig geöffnet, April–Sept. 8–17 Uhr, Okt–März 8–16 Uhr, Eintritt über Schlangenpfad: 15–29 NIS, Eintritt mit Seilbahn: 29–76 NIS, www.masada.org.il

ÜBERNACHTEN

Belfer's Dead Sea Cabins. Drei originelle Holzhütten mit je 2 Etagen und Veranda für Selbstversorger. Vermieterin Michal Belfer kennt viele Tipps. Ne'ot Hakikar, Tel. 052/545 09 70.

Gordon's Guest Rooms. Zauberhafte Bungalows unter Dattelpalmen, für deren Herstellung der Moshav berühmt ist. Ne'ot Hakikar, Tel. 054/588 35 66.

Leonardo Privilege Hotel. All-inclusive-Hotel am Toten Meer in Neve Zohar, wo Hotelgäste die natürlichen Thermalquellen im Spa nutzen. Meerespool, Außenpool, Mineralthermen, Naturschlamm-Behandlungen, Sauna. Neve Zohar, Tel. 08/955 33 33, www.leonardo-hotels.de

Spa im Leonardo Privilege Hotel in Neve Zohar

Masada Guest House. Wunderschöne Unterkunft in Wüstenfarben am Fuß des Plateaus. Mit Außenpool. Einfache, sehr saubere Doppelzimmer mit Bad. Preiswerte Alternative zu Hotels, außerdem entscheidender Lagevorteil für Wüstentouren. Masada, D.N. Yam Hamelah, Tel. 02/594 56 23, www.iyha.org.il

AKTIVITÄTEN

Hammei Zohar Spa. Öffentlicher kostenloser Strand, schön schattig und breiter Sandstreifen mit zwei Indoor-Mineralbecken, Jacuzzi, Massagen und Naturschlamm. Liegestühle gegen Gebühr. Neve Zohar.

Preiswert am Plateau: Masada Guest House

37 Wüstenklöster
Jeder Stein eine Geschichte

Die Judäische Wüste ist ein erstaunlich lebendiger Ort: Noch immer leben hier Einsiedler in Höhlen, suchen Mönche in Klöstern die Nähe zu Gott und begeben sich Wanderer auf spirituelle Entdeckungsreise. Neben Einsamkeit, Naturschönheit und zeitloser Lebendigkeit jahrtausendealter Geschichte rund ums Tote Meer fasziniert die Wüste auch durch ihre reizvolle Lage. Denn Jerusalem ist nah und fern zugleich.

Seit Jahrhunderten bewohnt: Kloster Mar Elias bei Jerusalem

Christliche Pilger und Mönche wissen die Wüste schon immer als Ort der Stille zu schätzen. Mit zunehmender Bedeutung des Christentums siedelten sie sich hier verstärkt seit dem vierten Jahrhundert an.

Bibelgeschichten und Klöster entdecken

Auf ihrer Suche nach reinigender Einfachheit folgten byzantinische Mönche, Einsiedler und christliche Pilger den Spuren des ursprünglichen Christentums: Sie begaben sich an dieselben Orte rund ums Tote Meer wie vor ihnen die biblischen Propheten, Johannes der Täufer und Jesus.

Bei Bedarf konnten sie sich mit Proviant im nahe gelegenen Jerusalem versorgen, dem Trubel der Stadt aber auch schnell wieder entfliehen – hinaus zu ihren Höhlen und Klöstern in den kargen, oft schwer zugänglichen Wüstenfelsen. Mehr als 60 Klöster entstanden auf diese Weise in der byzantinischen Epoche. Einige von ihnen sind noch immer bewohnt, zum Beispiel das St. Georgskloster (S. 216) und Mar Elias, während andere Klöster

In Mar Elias wurde der Bischof von Bethlehem begraben.

wie Mar Martyrius und Euthymius nur noch als Ruinen erhalten sind.

Auf der Strecke zwischen Jerusalem und Bethlehem soll der Prophet Elias sich auf der Flucht vor Königin Jezebel ausgeruht haben. Heute erinnert das griechisch-orthodoxe Kloster Mar Elias an diese Begebenheit. Das Kloster gehört zu den wenigen noch bewohnten Wüstenklöstern. Errichtet im zwölften Jahrhundert auf den Ruinen einer byzantinischen Kirche, diente es zunächst als Pilgerunterkunft. 1345 wurde hier zudem der griechisch-orthodoxe Bischof von Bethlehem begraben, der ebenfalls Elias hieß. Die hier lebenden Mönche bauen seit Urzeiten Wein und Oliven an. Auch das benachbarte Kloster Mar Saba ist noch immer in Betrieb. Erbaut vor etwa 1500 Jahren, gehört es zu den ältesten und schönsten bewohnten Klöstern in Israel.

Barmherziger Samariter

Überliefert vom Lukas-Evangelium, erzählt das Gleichnis die Geschichte eines Reisenden, den

AUTORENTIPP!

PARADIES FÜR VOGELFREUNDE

Viele Vögel wie die Wüstenlerche, Adler- oder Bussardarten bevorzugen die extreme Wüstenumgebung mit ihren vielen Oasen, beeindruckenden Klippen, gewundenen Canyons, Hochland- und Wildnisgebieten. Die Region bietet eine große Vielfalt an Lebensräumen für vor Ort verbleibende Tiere und Wandervögel und wirklich gute Beobachtungsposten, um Vogelwanderungen zu sichten. Diese Umstände machen die Region des Toten Meeres und der Judäischen Wüste zu einem einzigartigen Standort für Forschung, Bildung und den Tourismus, mit dem Schwerpunkt auf der Vogelwanderung und Beobachtung von Wüstenvögeln.

Ein Gedi Birdwatching Center. Ein Gedi Field School, an Kilometermarkierung 245 von Road 90 abbiegen, Tel. 08/658 42 88, www.birds.org.il

Oben: Seit jeher ein spiritueller Ort: die Judäische Wüste
Unten: Mitten in der Wüste: Mar-Saba-Kloster bei Bethlehem

Räuber ausplündern und schwer verletzt liegen lassen. Sowohl ein Priester als auch ein Levit ignorieren den Verletzten, während sich ein Samaritaner seiner erbarmt – er bringt den verletzten Mann in ein Gasthaus und zahlt sogar für seine Pflege, ehe er selbst seine Reise fortsetzt. Heute gibt es an dieser Stelle unweit der Route 1 nach Jerusalem das Museum vom Barmherzigen Samariter – als Symbol religionsübergreifender Verantwortung. Denn zu jeder Zeit behielt der Ort offenbar seine Tradition der Gastlichkeit bei, sei es als *Khan* (Karawanserei) oder einfache Raststätte. Reisende fanden hier Unterschlupf, ob in der byzantinischen Periode, zur Zeit der Kreuzzüge oder im Osmanischen Reich. Aus diesen verschiedenen Epochen stammt auch die Mosaiksammlung – sie wurde aus dem ganzen Land zusammengetragen und unterstreicht die religionshistorische Dimension des Ortes.

Seine Bedeutung als Wallfahrtsort für christliche Pilger und Mönche erlangte die Stätte insbesondere während der byzantinischen Zeit dank einer Kirche im Basilika-Stil. Neben den Mosaiken mit ihren geometrischen Mustern, verspielten Blumenmotiven und Inschriften auf Griechisch, Hebräisch und Samaritanisch kann man auch eine Töpferei, Münzen und einen Steinsarg aus dem ersten Jahrhundert v. Chr. besichtigen. Aus der byzantinischen Periode sind eine geschnitzte Kanzel, ein Reliquiengefäß und ein Tisch erhalten. Ganz in der Nähe – und auf jeden Fall einen Besuch wert – liegen in der Siedlung Ma'ale Adumim die Klöster Euthymius und Martyrius mit ihren Mosaiken und Zisternen. Mar Martyrius wurde im fünften Jahrhundert vom Jerusalemer Patriarchen Martyrius auf einer Fläche von 10 000 Quadratmetern gegründet. Die Anlage ist gut erhalten samt Kirche, Kapellen und reich verzierten Mosaiken.

Infos und Adressen

SEHENSWÜRDIGKEITEN

Euthymius. Kloster unweit von Mar Martyrius mit einer Kirche und einer beeindruckenden unterirdischen Wasseranlage. Ma'ale-Adumim Industriepark. Nach der Abfahrt von der Route 1 ist der Weg ausgeschildert.

Mar Elias. Gut erhaltenes und bewohntes griechisch-orthodoxes Kloster aus dem 6. Jh. Derech Hebron, Tel. 054/234 14 69, tgl. durchgehend geöffnet.

Mar Martyrius. Byzantinerkloster auf einem Hügel 2 km südlich der Route 1. Eintritt frei. Ma'ale-Adumim, Midbar Yehuda St.

Mar Saba. Wunderschönes griechisch-orthodoxes Kloster, 15 km östlich von Jerusalem und Bethlehem. Sehr abgelegen. Eintritt für Frauen nur über den Frauenturm. Tgl. geöffnet 8–16 Uhr. Mi und Fr geschlossen. Tel. 02/277 31 35.

Zimmer mit Bergblick

Apartments im Kibbuz Almog

Museum vom Barmherzigen Samariter. April–Sept. 8–17 Uhr, Okt–März 8–16 Uhr, Fr und am Vorabend von Feiertagen schließt das Museum eine Stunde früher. Eintritt: Kinder 10, Erwachsene 22 NIS. Tel. 02/500 62 61, aus Jerusalem kommend rechts direkt an der Route 1, hinter Abfahrt Kfar Adumim.

ESSEN UND TRINKEN

Walls of Jericho. Im Beduinenstil-Restaurant neben der Talstation und dem Touristenzentrum werden mediterrane Küche und Erfrischungen serviert. Elisha's Spring Street, Jericho/PA, www.jericho-cablecar.com

ÜBERNACHTEN

Feriendorf Pninat Vered. Voll ausgestattete Selbstverpfleger-Apartments in traumhafter Gartenanlage vor den Toren von Jericho mit Whirlpool, WLAN und Wüstenblick. Moshav Vered, Tel. 02/994 27 63.

38 Wadi Kelt

Durch die Wüste auf den Spuren der Bibel

Bereits der Prophet Hesekiel beschreibt die Vision eines Flusses von Jerusalem zum Toten Meer, wo das Süß- in Salzwasser übergeht. Die passende Bibelstelle im Land der Bibel selbst zu rezitieren, kann für viele Gläubige ein unvergessliches Erlebnis sein. Aber auch für weniger bibelfeste Reisende hält das Wadi Kelt eine Vielzahl reizvoller Erlebnisse bereit: Abenteuer, Natur und Entspannung – mit einem spektakulären Kloster am Ende des Weges.

Wer auf seiner Wanderung durch das Wadi Kelt mitten in der schattenlosen Einöde plötzlich eine Oase entdeckt, wird möglicherweise Gott preisen als den, »der zur Quelle frischen Wassers führt« – so wie Psalm 23. Vielleicht war es die gleiche Quelle, an der Johannes der Täufer während seines asketischen Lebens in der Wüste zu predigen begann?

Oben: Wie eine Bienenwabe an den Fels geschmiegt: St. Georgskloster bei Jericho
Unten: Israelisch-palästinensisches Gemeinschaftsprojekt: die neue Straße zum Kloster

Wüstenwanderungen

Heute verbinden viele Reisende die biblische Spurensuche mit Momenten der Selbsterfahrung. Stille, Entspannung und Rückbesinnung auf das Wesentliche – die Wüste ist als vielseitiger Erlebnisort zeitloser Spiritualität und intensiver Wahrnehmung erfahrbar. Das gilt ganz besonders für eine ausgedehnte Wanderung durchs Wadi Kelt.

Schon immer verband die Route Jerusalem und das Jordantal: So soll sich auf ihrer Strecke das Gleichnis vom barmherzigen Samariter zugetragen haben. Auch Jesus soll auf seinem Weg von Galiläa nach Jerusalem durch das Wadi gelaufen sein.

Wanderung durchs Wadi Kelt

INFORMATION

Das ausgetrocknete Flussbett ist eine außergewöhnliche Wegstrecke in Israel und daher sehr beliebt bei Wanderern. Denn sie hat viel Abwechslung zu bieten.

An- und Abfahrt: Route 1 zwischen Jerusalem und Totem Meer hinter Mitzpe Jericho

Ausgangspunkt: Mitzpe Jericho. Der kleine Parkplatz ist rasch überfüllt, man kann den Mietwagen aber auch in einer Seitenstraße abstellen, die von der Route 1 zum Wadi Kelt abzweigt.

Wegbeschaffenheit: Der Weg ist leicht zu laufen und zudem gut ausgeschildert.

Länge: Circa 15 km, etwa 4 Stunden Gehzeit. Vorsicht während der Regenzeit von Januar bis März! Dann füllt sich der sonst staubtrockene Flusslauf mit Wasser.

Mindestens einen halben Tag sollte man für den Ausflug einplanen

Ausrüstung: Wanderschuhe, Sonnenschutz

Verpflegung: mindestens 3 Liter Wasser

Varianten: Zwei Abzweige: Einer führt zur Fawwar-Quelle, der andere zum St. Georgskloster

STATIONEN

A Mitzpe Yericho – Kurz hinter dem Ausgangspunkt zweimal links abbiegen. Von hier aus hat man den ersten herrlichen Blick über das Wadi.

B Ein al-Kelt – Nach etwa 450 m kommt man an eine Holzbrücke, die über den Prat-Fluss führt. Links dahinter hört man schon das Wasserplätschern der Quelle Ein al-Kelt. Hier teilt sich der Weg. Folgt man dem Flussbett nach Westen, erreicht man die anderen Quellen des Prat-Flusses und das Aquädukt. Geht man weiter nach rechts, erreicht man nach etwa 2 km das St. Georgskloster.

C Ein Fawwar – Oase und eine der drei natürlichen Quellen, die das Wadi speisen.

D St. Georgskloster – Höhepunkt der Wanderung: bienenwabenartiges Kloster in den steilen Felsen der Judäischen Wüste. Von hier aus kann man entweder zurückwandern oder einen Abstecher nach Jericho machen.

AUTORENTIPP!

OASE EIN FAWWAR

Eine von drei Naturquellen, die das Wadi Kelt speisen. Pünktlich alle 20 Minuten ergießt sich frisches Wasser in einen kleinen See. Der Legende nach wohnen unter der Quelle zwei Dämonen, die miteinander im Dauerstreit liegen: Immer wenn der gute Dämon die Oberhand hat, sprudelt die Quelle, gewinnt der böse Dämon, hört das Sprudeln auf. Die wissenschaftliche Erklärung ist nicht weniger faszinierend: Gespeist vom Regen in den Judäischen Bergen tröpfelt das Wasser das ganze Jahr über durch den Kalkstein und sammelt sich in einem unterirdischen Becken. Ist das Becken voll, fließt das Wasser in den See – dieser Vorgang wiederholt sich in periodischen Abständen. Ein verstecktes kleines Juwel abseits der ausgetretenen Touristenpfade. Weniger besucht als der östliche Wanderweg durchs Wadi Kelt Richtung Jericho.

Das Flussbett erstreckt sich vom Norden Jerusalems bis zum Jordantal. Das Wasser hat sich in Millionen von Jahren in die Felsschichten gegraben und Kalksteinkrusten freigelegt. Entlang der Strecke kann man steile Canyons bestaunen, die durch Erosion entstanden sind und mal schmal, mal weit in die Landschaft hineinragen. Das Wadi führt ganzjährig Wasser. Es gibt zwei Wanderwege durchs Wadi – der westliche führt nahe der Route 458 vorbei an einem Aquädukt, das König Herodes hier vor 2000 Jahren erbauen ließ, um das Quellwasser zu seinen Festungen und Palästen in der Wüste zu leiten. An den Überresten der Wasserleitung bilden sich heute zauberhafte kleine Wasserfälle. Eine weitere Quelle sprudelt in Ein al-Kelt. Sie erreicht man über den spektakuläreren der beiden Wanderwege Richtung Jericho im Osten. Mit etwas Glück erkennt man hier noch Reste einer römischen Straße.

St. Georgskloster

Doch der schönste Ausblick wartet am Ende des Weges: An die Felsen schmiegt sich das griechisch-orthodoxe St. Georgskloster, das Kloster des Heiligen Georg von Khoziba, gegründet von fünf syrischen Einsiedlermönchen um 420. Etwa 100 Jahre später ergänzten die Mönche einen Glockenturm, eine Kuppelkapelle und Räume rings um einen offenen Innenhof. Zwischenzeitlich immer wieder zerstört und wieder aufgebaut, entstand das Kloster in seiner heutigen Form zu Beginn des 20. Jahrhunderts. Sogar heute noch leben in Klosternähe Eremiten in Höhlen – dank der Frischwasserversorgung durch die Quelle sowie durch den Obst- und Gemüseanbau. Durch Sturzfluten und ein Erdbeben war das Kloster jahrelang nahezu abgeschnitten. Mit dem Bau einer neuen Straße ist die Anlage seit 2010 wieder bequem zugänglich – auch ohne Wüstenwanderung.

Infos und Adressen

SEHENSWÜRDIGKEITEN

St. Georgskloster. Seit 1500 Jahren bewohntes Kloster. Wanderung durch das Wadi Kelt oder Anfahrt über eine befestigte Straße.
Tel. 050/25 99 49 49, ganzjährig geöffnet So–Fr 8–11, 15–17 Uhr, Sa 9–12 Uhr, Do 5 Uhr Morgenandacht.

ESSEN UND TRINKEN

Abu Omar Shaabi. Etwas abseits vom Touristentrubel gelegenes Lokal mit köstlicher *baklava* und anderen arabischen Süßspeisen und Gebäcksorten. Unbedingt zum Dessert das *bourma* kosten, eine Art Zuckerfaden und Pistazien im Teigmantel. Eine ideale Ergänzung zum starken arabischen Mokka! Aber nicht, ohne vorher das gegrillte Lamm oder Hühnchen probiert zu haben, dazu frischen Salat und Hummus. Arrasheed St., Jericho/PA.

Temptation. Trotz seiner unmittelbaren Nähe zum Touristenzentrum im Tel Jericho ist das Essen hier von ausgesprochen guter Qualität. Besonders die Mittagsangebote sind zu empfehlen, allen voran die große Vielfalt an arabischen Vorspeisen. Ain as-Sultan St., Jericho/PA, Tel. 02/232 26 14.

St. Georgskloster am Ende des Wadi Kelt

Manche Fresken stammen aus dem 6. Jh.

ÜBERNACHTEN

Almog Ferienhaus. Zum Toten Meer fährt man ca. 10 Min. per Auto. Dafür wohnt man am Hang der Judäischen Berge in 77 geschmackvollen Zimmern. Ideal für Leute, die Erholung abseits vom Trubel suchen. Tel. 02/994 52 01, www.almog.org.il

Jericho Inn. Günstiges Bed & Breakfast im Moshav Vered Jericho westlich von Jericho. Die Lage nahe dem Wadi Kelt bietet sich als Ausgangspunkt für Wüstenwanderungen an. Moshav Vered Jericho, Tel. 02/994 15 99.

Resort Bab Al-Shams. Apartment-Hotel in Jericho mit Unterkünften zur Selbstverpflegung, kostenfreiem WLAN, Außenpool, Restaurant und Bar. Ein Reitclub befindet sich 10 Autominuten entfernt. Al Maghtas St. (Baptism Main St.), 2 km vom Stadtzentrum Jericho entfernt.

39 Qasr el Yahud

Vom ursprünglichen Taufplatz zur Pilgerstätte

Unweit vom Toten Meer und von Jericho befindet sich Qasr el Yahud (»Palast der Juden«), der ursprüngliche Taufplatz Jesu am Jordan. Hier soll Jesus von Johannes dem Täufer getauft worden sein; sie wird in der christlichen Welt als die drittheiligste Stätte verehrt.

Nach christlicher Überlieferung sind die Wasser des Jordan heilig. Bereits seit den Anfängen des Christentums kommen Pilger hierher, um selbst an genau der Stelle ins Wasser zu tauchen, wo Johannes der Täufer nach der Überlieferung Jesus getauft haben soll. Von der Taufstätte aus erblickt man auch das Kloster von Johannes dem Täufer. Die Klosterkirche ist die drittwichtigste Kirche in Israel für orthodoxe Christen nach der Kirche der Geburt Christi in Bethlehem und der Kirche des Heiligen Grabes in Jerusalem.

Der ursprüngliche Taufplatz ist seit 2010 wieder zugänglich.

Taufe im Jordan-Wasser

Die zweite Taufstelle, Yardenit, wurde später dort errichtet, wo der Jordan dem See Genezareth entspringt. Von vielen Pilgern wird sie häufiger angesteuert als das ursprüngliche Qasr el Yahud. Das liegt auch daran, dass die Taufstelle samt Kloster lange Zeit im Niemandsland zwischen Israel und Jordanien lag.

2010 wurde das Terrain in Qasr el Yahud nach aufwendigen Sanierungsarbeiten wiedereröffnet und ist seitdem täglich frei zugänglich. Die Taufstelle Jesu wird – wie über 60 andere Stätten und Parks – von der *Israel Nature And Parks Authority* verwaltet.

Souvenir vom Jordan: abgefülltes Taufwasser

Christliche Taufe

Auf der israelischen Seite wurde hier am westlichen Jordanufer eine große hölzerne Plattform errichtet, um den Besuchern den Zugang zu erleichtern, die in den Gewässern des Jordan getauft werden möchten. Auch Umkleidemöglichkeiten sind vorhanden. Marmorstufen und hölzerne Rampen erleichtern den Pilgern den Weg ins Wasser. Es gibt zudem schattige Plätze zum Gebet, Duschen sowie ein Informationszentrum. Insbesondere an den beiden Hauptzeiten für Taufzeremonien – Ostern und Dreikönigstag (Epiphanie, 6. Januar) – ist die Stätte gut besucht, vor allem um Tauf- und Epiphanie-Zeremonien (Fest der »Erscheinung des Herrn«; Epiphanias) vor Ort zu erleben.

Israels Weg nach Kanaan

Nach biblischer Überlieferung ist hier überdies auch der Ort, an dem das Volk Israel den Jordan nach Kanaan überschritt und von wo aus der Prophet Elijah zum Himmel aufstieg. Seine religiöse Bedeutung spiegelt sich auch in den zahlreichen Kirchen, Kapellen und Klöstern wider. Sie wurden hier im Laufe der Jahrhunderte an beiden Ufern des Jordan errichtet, vor allem in byzantinischer und Kreuzfahrerzeit – viele von ihnen zu Ehren Johannes des Täufers.

Infos und Adressen

SEHENSWÜRDIGKEITEN

Qasr el Yahud. Taufplatz Jesu. Mehrfachbesuchern ist die Green Card zu empfehlen. Für umgerechnet rund 30 Euro 14 Tage lang ermöglicht sie Zutritt zu allen Stätten. Winter 8–16 Uhr, Sommer 8–17 Uhr. Tel. 02/650 48 44, www.parks.org.il

ESSEN UND TRINKEN

Jabal Quruntul Restaurant. Spezialitätenrestaurant mit herrlicher Aussicht. Auf dem Berg der Versuchung in Jericho. Jericho/PA, Tel. 02/232 26 14.

Limoneh. Orientalische Mezze, gegrillter Fisch, Minzlimonade und *baklava* unter riesigem Zitronenbaum und Palmen in Jerichos Zentrum. Jericho/PA, Muntazahat St., Tel. 02/231 29 77.

ÜBERNACHTEN

Gästehaus Auja Environmental Centre. Grüne Alternative zu Hotels etwas außerhalb von Jericho, nahe Qasr el Yahud. Die Zimmer sind einfach, aber sauber und gepflegt. Al Auja Village, Jericho/PA, Tel. 02/31 04 24, www.aujaecocenter.org

WÜSTE NEGEV UND ARAVA-EBENE

40 Beer Sheva

Hauptstadt der Negev-Wüste

Der Ortsname geht zurück auf Abraham. Laut Genesis soll der biblische Stammvater hier einen Brunnen gegraben und mit dem Philisterkönig Abimelech einen Bund zur Nutzung geschlossen haben: »Darum nannte er den Ort Beer Scheva – Siebenbrunn oder Eidbrunn. Denn dort leisteten beide einen Eid.« Doch Israels sechstgrößte Metropole hat heute auch jenseits der biblischen Orte ihren ganz eigenen Charme.

Seite 220/221: Majestätisch: Der Ramon-Krater im Negev ist der größte Erosionskrater der Welt.
Oben: Ben-Gurion-Universität
Unten: Der Name von Beer Sheva geht auf Abrahams Brunnen zurück.

Galt Beer Sheva nach der Staatsgründung Israels lange als verschlafenes Provinznest, hat sich die Stadt in den letzten Jahrzehnten zur würdigen Wüstenmetropole gemausert. Als Israels sechstgrößte Stadt ist sie nicht nur der wichtigste Verkehrsknotenpunkt im südlichen Israel in Richtung Wüste und Eilat am Roten Meer, sondern hat heute selbst viele Attraktionen zu bieten.

Altstadt und Abrahamsbrunnen

Zu den Attraktionen gehört der traditionelle Beduinenmarkt, der jeden Donnerstag stattfindet, ebenso die ottomanisch geprägte Altstadt mit dem Negev Museum of Art. Während der ottomanischen Herrschaft residierte hier der türkische Gouverneur. Während der britischen Mandatszeit diente das Haus als Mädchenschule. Kleiner als seine Gegenstücke in Tel Aviv oder Jerusalem, hat dieses kleine Museum dennoch viel zu bieten: moderne israelische Gegenwartskunst, darunter von äthiopischen Juden, und im Sommer Konzerte und Kunstevents. Ein paar Schritte entfernt lohnt ein Besuch in Beer Shevas einstiger Moschee, die heute das Museum of

Schwelgen bei Sonnenuntergang: Das kann man auf der Kornmehl-Farm und im angeschlossenen Restaurant.

Islamic and Near Eastern Culture beherbergt. Neben den Sehenswürdigkeiten der Neuzeit punktet Beer Sheva vor allem mit biblischer Geschichte: Hier grub Abraham einen Brunnen und es kam zum Streit um das Wasser. Abrahams Brunnen liegt in einem winzigen Park in der Altstadt. Er ist knapp vier Meter breit und 15 Meter tief. Einst wurde er vom Flutwasser des Hebronflusses gespeist und gilt als wahres Meisterwerk biblischer Baukunst. Er war der Grund, weshalb es Menschen schon vor 3700 Jahren hierherzog. Denn wo es in der Wüste Wasser gab, erblühte das Leben – damals wie heute. Nicht ohne Grund wählte die Stadtverwaltung das Motto »Beer Sheva – Stadt des Wassers« für ihre neue Tourismuskampagne.

UNESCO-Weltkulturerbe Tel Beer Sheva

Außerhalb der Stadtmauern gruben Archäologen weitere Überreste einer städtischen Siedlung aus, deren Anfänge bis ins vierte vorchristliche Jahrtausend zurückreichen: Tel Beer Sheva. Das UNESCO-Weltkulturerbe ist nicht irgendeine Ausgrabungsstätte in Israel. Denn insbesondere das akribisch geplante Wasserversorgungsystem ist für historische Studien zur damaligen Städteplanung und Ingenieurskunst von un-

AUTORENTIPP!

RESTAURANT IN DER WÜSTE

Das Wüstenrestaurant besteht aus zwei umgebauten Eisenbahnwaggons. Es liegt auf einer kleinen Anhöhe. In Sichtweite erkennt man Farmruinen aus der Bronzezeit. Die Einrichtung ist schlicht und zweckmäßig. Eine Handvoll Tische, eine offene Küche, gemütliche Bodenkissen auf der Terrasse. Besonders schön ist es am frühen Abend. Stille und Ziegengemecker, sonst nichts. Hierher kommt man wegen der Atmosphäre und der Speisen: Ziegenkäse-Pizza, gefüllte Mini-Paprika mit Knoblauch-Minze-Käse und Pistazien-*Knafeh*, eine arabische Süßspeise. Inhaber Daniel und Anat Kornmehl haben Landwirtschaft studiert und die Kunst der Käseherstellung in Frankreich und Israel gelernt. Im kleinen Laden nebenan gibt es die Eigenkreationen namens Adi, Ketem oder Tom auch zum Mitnehmen. Besonders erfrischend: hausgemachter Ziegenkäse-Joghurt mit Rosenwasser.

Kornmehl Desert Hilltop. Route 40, Auffahrt 2 km hinter Tlalim. Di–So 10–18 Uhr, Tel. 08/655 51 40, www.kornmehl.co.il

Oben: Beer Shevas Stadtplaner experimentieren mit vielen kreativen Gebäudekonzepten.
Mitte: Archäologisch aufschlussreich: die Wasseranlagen
Unten: Durch Wadis, Steinformationen und Kraterlandschaften: Radfahren im Negev

schätzbarem Wert. Zu Zeiten des israelitischen Königreichs entwickelte sich Beer Sheva zum wichtigen Handelszentrum. Später erlangte die Stadt zunehmend strategische Bedeutung: Römer und Byzantiner bauten sie zur Garnisonsstadt um. Von hier aus kontrollierten sie die Handelsrouten der Karawanen zwischen Afrika, dem Mittelmeer und Ägypten.

Nach der arabischen Eroberung im siebten Jahrhundert versank die Stadt in Bedeutungslosigkeit. Erst Anfang des 20. Jahrhunderts brachten die neuen türkischen Herrscher Aufschwung – mit vielen neuen Bauten, für die sie deutsche Architekten beauftragten, und dem Anschluss ans türkische Eisenbahnnetz. Viele der Originalhäuser sind immer noch intakt.

Architektur und Hightech

Neben seinen historischen Facetten zeigt sich Beer Sheva ultramodern: Die Forschungsinstitute der Ben-Gurion-Universität zählen zu den renommiertesten der Welt. Doch vor allem architektonisch ist die Wüstenhauptstadt Kleinod und Experimentierfeld zugleich – nirgends in Israel kann man so viele ungewöhnliche Gebäudekonzepte auf einmal bestaunen: Innenhöfe und Häuserschluchten sind so konstruiert, dass sie vor Sandstürmen schützen und Schatten spenden.

Wer früher hierherzog, kam überwiegend aus Idealismus. Heute prägen neben Alteingesessenen und Beduinen vor allem Studenten das Stadtbild. Damit steigt auch in Beer Sheva die Nachfrage nach guten Restaurants, Snackbars und Cafés. So findet man heute nicht nur in der Altstadt und in modernen City-Malls hervorragende Lokale, sondern auch am Stadtrand und in Industriegebieten.

Infos und Adressen

SEHENSWÜRDIGKEITEN

Beduinenmuseum Joe Alon Center. Authentische Einblicke in die Geschichte, Kultur und Gesellschaftsstruktur der Beduinen abseits der Touristenpfade. Kibbuz Lahav, Mo–Do 9–17 Uhr, Fr 9–14 Uhr, Sa, Feiertage 9–17 Uhr, Tel. 08/991 85 97.

Ben-Gurion-Universität. Renommierte Top-Universität in der Wüste. Sderot David Ben Gurion, Tel. 08/646 16 00, http://in.bgu.ac.il

Museum of Islamic and Near Eastern Cultures. Interkulturelle Erfahrungen in historischem Gebäude. Mo, Di, Do 10–16 Uhr, Mi 12–19 Uhr, Fr, Sa 10–14 Uhr, So geschlossen. 60 Ha'atzmaut St., Tel. 08 699 35 35, www.ine-museum.org.il

Negev Museum of Art. Moderne israelische Kunst in ottomanischer Villa. 60 Ha'atzmaut St. Mo, Di, Do 10–16 Uhr, Mi 12–19 Uhr, Fr, Sa 10–14 Uhr, www.negev-museum.org.il

Tel Beer Sheva. Tiefste antike Zisterne in Israel, Aussichtsturm mit Blick über die Wüste, UNESCO-Weltkulturerbe. April–Sept. 8–17 Uhr, Okt.–März 8–16 Uhr, Eintritt: 7–15 NIS, Tel. 08/646 72 86.

ESSEN UND TRINKEN

Pasta Basta. Handgemachte Pasta, dazu Weine aus der Wüste. Beer Sheva, 19 Ringelblum St., Tel. 08/940 04 01, www.pastabasta.co.il

Smilansky Tapas Bar. Elegantes Altstadt-Lokal in Beer Sheva mit Innenhof. Tgl. 18–1 Uhr, Fr, Sa ab 12 Uhr, Tel. 08/665 485, 23 Smilansky St.

Yakuta. Institution seit 1965, exzellente marokkanische Küche. Beer Sheva, Mordei Hagetaot 27 Ecke 18 Anilevich. Tel. 08/623 26 89.

ÜBERNACHTEN

Leonardo Hotel Hanegev. Elegante Zimmer direkt in der City. Großer Wellnessbereich mit Pool und türkischem Bad. Beer Sheva, 4 Henrietta Sold St, www.leonardo-hotels.de

EINKAUFEN

Beduinenmarkt (Shuk HaBedui). Traditioneller Wochenmarkt der Beduinen. Do 8–16 Uhr, Anfahrt mit dem Bus 48, an der Station David Hacham/Shuk HaBedui aussteigen, David Hacham Boulevard.

Urbanes Design wie ein Space Shuttle: Andre Minkoff Auditorium an der Universität

Oben: Kakteen und Wüstenzoo im Kibbuz Revivim
Unten: Auf den Spuren von Ben Gurions Visionen: Wohnhaus des Staatsgründers in Sde Boker

41 Sde Boker

Wo Visionen wahr werden

Trocken, unwirtlich und öde? Von wegen! Die Wüste Negev strahlt in Sattgold und Hellbeige. Die Landschaft ist schroff und lieblich zugleich. Grandiose Mondlandschaften, sanfte Dünen, antike Ruinen und der größte Erosionskrater der Welt laden zum Wandern, Klettern und Radfahren ein. Die Wüsten-Bewohner sind kreative Farmer, die mit Wüsten-Lodges, Wein und Landwirtschaft nachhaltigen Tourismus ankurbeln.

Je weiter man nach Süden kommt, desto weniger Autos begegnet man. Noch immer ist die Wüstenregion Israels spärlich besiedelt. Nur ein Zehntel der Bevölkerung lebt hier. Dabei bedeckt die Wüste (»Midbar«) mehr als 60 Prozent des ohnehin kleinen Landes.

Wüstenlandschaft

Und sie beginnt direkt hinter Beer Sheva, dem »Tor zum Negev«, mit wechselnden Landschaften

MAL EHRLICH

SPEISESAAL KIBBUZ SDE BOKER

Hier, genau an diesem Tisch soll Ben Gurion gesessen haben. Ganz egal, wo die Kibbuzniki ihre Gäste platzieren – es wird garantiert der Stuhl sein, auf dem angeblich schon Israels Staatsgründer saß. Die älteren Kibbuzbewohner sind stolz auf ihr berühmtestes Mitglied. Einer schüttelte ihm vielleicht als kleiner Junge die Hand, ein anderer brachte ihm frische Datteln vom Feld. So ist Geschichte in Israel immer auch persönliches Geschichtenerzählen, gewürzt mit vielen kleinen Anekdoten.

aus rotbraunen Felsplateaus und steil abfallenden Wadis. Stille, Einsamkeit und herrlich klare Luft sind Balsam für die Seele, während antike Stätten jahrtausendealte Zivilisation lebendig werden lassen. Hier gibt eindeutig die Natur das Tempo vor. Ruhe und Entspannung pur für gestresste Großstädter.

Im Frühjahr blüht hier alles in den prächtigsten Farben. Blütenteppiche in Rot, Orange, Blau und Lila überziehen dann für wenige Wochen die sonst karge Landschaft. Mehr als tausend verschiedene Wildpflanzen haben sich mit ihren kleinen, Wasser speichernden Blättern dem Lebensraum angepasst.

Ben Gurions Blockhaus

Die Wüste zum Blühen zu bringen, davon träumte schon Staatsgründer David Ben Gurion (1886 bis 1973). Ob er dabei allerdings Weinberge, Tomatenplantagen und Olivenhaine vor Augen hatte, kann man am besten im Wüstendorf Sde Boker erkunden. Israels erstem Premierminister ging es vor allem darum, den Negev fruchtbar zu machen, um ihn als Wohnort zu erschließen.

Ben Gurion selbst ging schon damals mit gutem Beispiel voran: Die Abgeschiedenheit in der Wüste zog er dem Jerusalemer Politikbetrieb stets vor. Sein einfacher Bungalow im Kibbuz Sde Boker ist heute Ausflugsziel, Museum und Forschungszentrum in einem. Es wurde seit Ben Gurions Tod original so beibehalten. 2014 wurde es renoviert und technisch auf den neuesten Stand gebracht.

Virtuelle interaktive Touchscreens auf Tischen und Wänden geben Einblick in Ben Gurions Briefe, ein animierter Film beschreibt seinen Lebenslauf. Für den charismatischen Politiker lagen technischer

AUTORENTIPP!

SCHLAFEN WIE DER KLEINE PRINZ

Die rustikalen ökologischen Hütten namens Kseini, Nubi, Tristan und Mantur sind aus Lehm und Stein. So muss sich der kleine Prinz gefühlt haben, als er in der Wüste strandete. Kaum zu glauben, dass diese Oase nur zwei Autostunden von Tel Aviv entfernt liegt. Das Baumaterial der Unterkünfte stammt aus der Natur. Ihre runde, wellige Form hat Architekt Rodney Hirsch den Sanddünen nachempfunden. Außen laden eine schattige Veranda und Hängematten zum Entspannen ein. Drinnen bieten die wunderbar kühlen Hütten erstaunlich viel Platz für Doppelbett, Küchenecke, Bad und Salon. Wer nicht selbst kochen will, kann im Lodge-Restaurant essen – familiär und gastfreundlich mit der Hirsch-Familie. Eine direktere Begegnung mit der Wüste gibt es kaum.

Makman Dunes. Reservierung unter hirscht@zahav.net.il, Makman Dunes, Route 40, Tel. 052/236 81 75, http://makman-dunes.awardspace.com

AUTORENTIPP!

WEINGUT BOKER VALLEY
Die Boker Farm ist Weingut und B&B in einem. Dass Urlauber in der Wüste auf Luxus keineswegs verzichten müssen, zeigen die fünf geräumigen Lodges von Hilda Zohar. Hängematte, Espressomaschine und Outdoor-Whirlpool, Oliven und Wein auf der Terrasse, alles da – spektakuläre Sonnenuntergänge in der Wüste inklusive. Gemeinsam mit ihrem Mann Mosche betreibt die gebürtige Holländerin seit 1999 das Weingut Boker Valley. Die Traubensorten Cabernet Sauvignon und Merlot gedeihen bei Wüstenbedingungen ideal. Für ihre Gäste organisiert die Winzerin, die ursprünglich aus Holland kommt, Weinverkostungen, Ausflüge zu antiken Ausgrabungsorten, Kletterpartien, Yoga-Events, Wellnessbehandlungen, Jeep- und Kameltouren.

Boker Valley Vineyards Farm.
Route 40, 10 km rechts hinter Kreuzung Tlalim, Tel. 052/578 68 63 oder 052/682 29 30, www.bokerfarm.com

Fortschritt in Sde Boker und ein florierendes Leben im Negev stets nah beieinander. Sde Boker scheint dennoch aus der Zeit gefallen – hier leben die Bewohner noch kollektiven Kibbuz-Sozialismus, entgegen dem Privatisierungstrend von Gemeinschaftseigentum in den meisten anderen dörflichen Kooperativen des Landes.

Oxford in der Wüste

Fünf Kilometer südlich von Sde Boker fanden der Staatsgründer und seine Frau Paula ihre letzte Ruhestätte in Midreshet Ben Gurion, auf Deutsch »Ben-Gurion-Akademie« – heute Dorf, Park und Universität in einem. Hier lassen sich zahme Steinböcke aus der Nähe bewundern, genießen Besucher eine atemberaubende Aussicht auf das Zin-Tal, und hier ist Ben Gurions Traum von einem »Oxford in der Wüste« wahr geworden. 1963 als Lehrzentrum für Jugendliche gegründet, widmen sich Laboratorien und Institute heute der modernen Wüstenforschung. Ihre Experten sind weltweit gefragt bei landwirtschaftlichen Feldversuchen und innovativen Wassertechnologien.

Wo die Wüste lebt, überrascht sie mit kreativen Technologien, sinnlichen Genüssen, unvergesslichen Abenteuertouren und wunderbarer Entspannung. In Sde Boker zum Beispiel wird das fossile, leicht salzhaltige Brackwasser für Fischzüchtung, Obstplantagen und Gemüsefelder aus den Tiefen des Negev hochgepumpt.

Wein- und Gewürzroute

Rund um Sde Boker ist vor allem die Route 40 regierungsgefördertes Prestigeprojekt. Einst gehörte die antike Wein- und Gewürzstraße zu den ältesten Handelsrouten der Welt, auf der Karawanen Parfüm, Seide und Gewürze aus dem Jemen zu

Rundtour durch den nördlichen Negev

Karg auf den ersten Blick, abwechslungsreich beim näheren Hinschauen – die nördliche Negevwüste steckt voller Geschichten, Genuss und Naturschönheit.

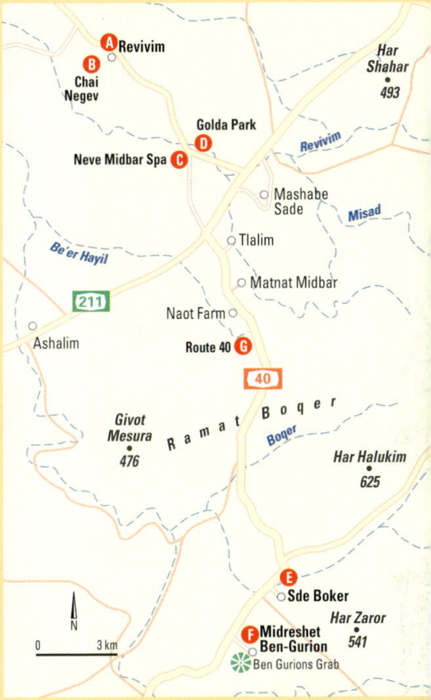

A Revivim – Eine der ersten Siedlungen im Negev. Gegründet 1943. Das Besucherangebot umfasst Öko-Dorf, Wüstenzoo und Führungen zur Geschichte der Kibbuzbewegung. Route 40, Kreuzung Mashabim, Tel. 08/656 26 38, http://revivim.kibbutz.org.il/info/test.htm/abut.html

B Chai Negev – Wüstenfüchse, Coyoten, Raubvögel, Schlangen und ein Streichelzoo im Kibbuz Revivim. Staubig und heiß, aber nirgends sonst erfährt man hautnah so viel über die scheue Tierwelt des Negev. Tel. 08/656 26 88, www.chai-negev.net

C Neve Midbar Spa – Wellness-Resort auf 8000 Quadratmetern mit drei Mineralpools, einer Sauna und Spa-Behandlungen. Open-Air-Becken und überdachte Pools. Koscheres Restaurant. Sa–Mi 9–18 Uhr, Do 9–22 Uhr, Fr 9–16 Uhr, Eintritt: 70/erm. 39 NIS, 20 km südlich von Beer Sheva entfernt, www.neve-midbar.co.il

D Golda Park – Begrünter Erholungspark mit Palmen und künstlichem See, Picknicktischen und Grillplätzen. Benannt nach Israels Premierministerin Golda Meir, die nebenan im Kibbuz Revivim lebte. Route 40, Kreuzung Mashabim.

Magische Momente: Sonnenaufgänge in der Wüste

E Sde Boker – Beliebtes Ausflugsziel, vor allem wegen Ben Gurions frisch renovierten Wohnhauses – heute eine moderne Gedenkstätte mit interaktiven Tafeln, Bibliothek und vielen privaten Einblicken.

F Midreshet Ben Gurion – Als Ben-Gurion-Akademie gehört die Siedlung zur Universität Beer Sheva. Hier treffen Zin-Wüste und ausgetrocknete Flussbetten aufeinander. Das Panorama auf Klippen, Schluchten und Weite am Aussichtspunkt von Ben Gurions Grab ist ein Besuchermagnet.

G Route 40 – Antike Wein- und Gewürzstraße. Boutique-Weingüter links und rechts der Route 40 bieten Verkostungen an, ebenso Käsefarmen und Gewürzplantagen, darunter Naot Farm, Ashba Farm, Rota Farm, Matnat Midbar. Mit und ohne Anmeldung.

Oben: Wie vor 4000 Jahren: Moderne Weinbauern beleben alte Traditionen neu.
Mitte: Einladend und herzlich: Moshe und Hilda Zohar auf ihrer Farm
Unten: Moderne Forschung im »Oxford der Wüste«

den Mittelmeerhäfen brachten. Nach der Staatsgründung Israels 1948 bepflanzten Pioniere die trockene Einöde.

Seit 20 Jahren wohnen entlang der wiederbelebten Gewürzstraße neue Visionäre. Das unwirtliche Klima mit seiner extremen Hitze nehmen sie in Kauf. Denn die meisten von ihnen wollen zurück zur Natur. Sanfter Tourismus und Nachhaltigkeit – das ist ihre Vision. Dass man dabei auf Komfort keineswegs verzichten muss, zeigen Wüstenlokale, Lodges und Öko-Farmen. Viele von ihnen bieten Wellness-Behandlungen und Yoga an.

Daneben lockt die Wüste mit Beduinengastlichkeit und Abenteuern: beim Wandern und Klettern, auf Touren mit Kamelen, Pferden und Jeeps, Rappelling und Mountainbiking, Vogelbeobachtung und Meditation, Übernachtungen in traditionellen Beduinenzelten. Sogar ein Natur-Spa gibt es in der Wüste – Neve Midbar wird von den unterirdischen Quellen des Negev gespeist.

Gerade in den heißen Sommermonaten ist jedes noch so kleine Fleckchen Grün in der kargen Wüstenlandschaft ungewohnt fürs Auge und daher umso kostbarer, so wie der Golda Park, nur einen Katzensprung entfernt vom Naturspa Neve Midbar. Der Golda Park mit seinen Wiesen und schattigen Bäumen ist daher bei Einheimischen ein beliebtes Picknick-Ausflugsziel, auch wenn der tümpelartige See nicht ganz den europäischen Vorstellungen entsprechen mag.

Benannt ist der Park nach Israels vierter Premierministerin Golda Meir (1898–1978), die es wie Gründervater Ben Gurion offenbar in die Wüste zog. Im nahe gelegenen Kibbuz Revivim lebte sie in einer bescheidenen Hütte, wohin sie sich nach ihrem Amtsende zurückzog.

Infos und Adressen

SEHENSWÜRDIGKEITEN

Ben Gurions Hütte. Ben Gurions liebster Rückzugsort vom Politikbetrieb. So–Do 8–16.30 Ur, Fr und an Vorabenden von Feiertagen 8.30–14 Uhr, So und feiertags 10–16 Uhr, Kibbuz Sde Boker, Tel. 08/656 04 69, www.bgh.org.il

Midreshet Ben Gurion. Letzte Ruhestätte des israelischen Staatsgründers und seiner Frau Paula und Akademie-Dorf. Tel. 08/653 28 01.

ESSEN UND TRINKEN

Naot Farm. Käsefarm mit B&B, vier Luxus-Lodges und Restaurant. Köstlicher selbst gemachter Ziegenkäse und Joghurt. Route 40, hinter Kreuzung Tlalim links, M.A. Ramat Hanegev, Tel. 054/421 87 88, www.naotfarm.co.il

Weingut Rota. Vom Künstler zum Weinbauern – Erez Rota bietet auf seinem kleinen Weingut mit Skulpturengarten exzellente Bio-Weine, Weinproben, Workshops, Touren durch den Weinberg und einfache Lodges zum Übernachten an. Nahe Kibbuz Revivim, Negev, Tel. 054/496 87 03. www.rotawinery.co.il

Besuchermagnet: Ben Gurions Kibbuz-Haus

B&Bs, Lodges und Apartments in der Wüste

ÜBERNACHTEN

Zait HaMidbar. Unterkünfte in Tipis, Lodges oder Suiten mit eigenem Pool und Heizung im Winter. Haluza, Tel. 052/558 30 65, www.zaithamidbar.co.il

AKTIVITÄTEN

Dror Hamidbar. Sandsurfen in den Negevdünen und private Jeeptouren. Ashalim, D.N. Halutza, Tel. 057/789 22 51, www.drorbamidbar.co.il

Matnat Midbar. Workshops auf Kräuterfarm mit liebevoll ausgestatteten Unterkünften. Im November strahlen die Lavendel- und Safranfelder in Lila und Goldgelb. Tel. 054/486 23 11, Tlalim, www.matnatmidbar.co.il

Sfinat Hamidbar (»Wüstenschiff«). Kamelausritte im Beduinencamp. Übernachtung in Zelten oder Hütten. Kaffee, Tee, Essen nach Beduinenart. Gegenüber Golda Park. Tel. 08/655 73 18, www.sfinat-hamidbar.com

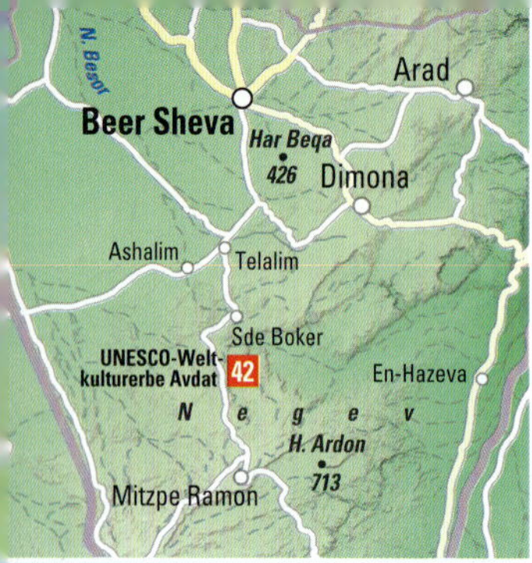

42 UNESCO-Weltkulturerbe Avdat

Wilde Canyons, geheimnisvolle Wadis und antike Ruinen

Sie siedelten dort, wo vor ihnen noch niemand wohnte: das antike Wüstenvolk der Nabatäer. Während sich die Israeliten nicht südlich von Beer Sheva niederließen, bewiesen die Nabatäer, dass auch mitten in der Wüste Leben entstehen kann. Heute gehören ihre Ruinen zum UNESCO-Weltkulturerbe, während sich moderne Farmer in der Region von den alten Traditionen des antiken Weinbaus inspirieren lassen.

Sie kannten den Weg wie ihre Westentasche: Das Wüstenvolk der Nabatäer handelte 400 v. Chr. mit Gewürzen aus Indien, Elfenbein aus Afrika und Perlen vom Roten Meer, die es mit seinen Karawanen auf der antiken Wein- und Gewürzstraße von der Arabischen Halbinsel zum Mittelmeer brachte.

Familienausflug: Wanderungen durch das Zin-Tal bei Midreshet Ben Gurion

Nabatäerstadt

Etwa 400 Jahre lang herrschten die Nabatäer über ein Königreich, das sich zu seiner Blütezeit von Nordarabien über die Sinaihalbinsel bis nach Bosra in Syrien erstreckte, mit der Hauptstadt Petra im heutigen Jordanien. Überall entlang der antiken Gewürzstraße gründete das Wüstenvolk Raststationen, drei davon in der Wüste Negev: Shivta, Mamshit und die größte von ihnen, Avdat, sind heute UNESCO-Weltkulturerbe.

Benannt nach dem Nabatäerkönig Avdat (Oboda), bauten die Nabatäer hier ab 300 v. Chr. Handel und Landwirtschaft aus, konstruierten ausgeklügelte Systeme von Dämmen und Terrassen, um die knappen Niederschläge für die Bewässerung der Felder zu stauen und zu speichern – für die damalige Zeit geradezu bahnbrechende Erfindungen. So entwickelte sich der Karawanen-Halteplatz Avdat auf der kalksteinhaltigen Anhöhe knapp 600 Meter über dem Meeresspiegel rasch zur größten Nabatäerstadt im Negev.

Antike Weinpressen

Von der faszinierenden Erfindungsgabe der Nabatäer zeugen heute noch Reste von Weinhängen, Rundbögen, Kirchen, Wassersystemen, Grabsteinen, Farmresten sowie vier antike Weinpressen. Ringsherum gab es kleine Lagerräume – hierher brachten die Weinbauern ihre Trauben, die nach dem Pressen in einer zentralen Sammelgrube aufgefangen wurden. Besucher haben von Avdat aus herrlich freie Sicht über die Wüste, so wie einst seine Erbauer.

Die Stadt bestand mehr als 1000 Jahre lang: Ab dem ersten Jahrhundert gehörte sie zum Römischen Reich. Ihre Blütezeit erlebte die Wüstenstadt in der byzantinischen Epoche zwischen dem vierten und siebten Jahrhundert, nachdem die Nabatäer zum Christentum übergetreten waren. Zwei byzantinische Kirchen sind aus dieser Zeit erhalten geblieben. Erst mit der Eroberung der Region durch die Perser 614 wurde Avdat zerstört.

Wadi Zin und Nationalpark Ein Avdat

Heute führen zwei Wege nach Avdat. Der direkte Weg ist kürzer und beginnt bequem am Parkplatz, der etwa fünf Kilometer lange Wanderweg führt quer durch das Wadi Zin und den darin verborgenen Ein Avdat – ein absolutes Muss für Wüsten-

AUTORENTIPP!

WEINGUT AUF NABATÄER-FARM

Mit dem Weingut erfüllten sich Hanna und Eyal Izrael vor 20 Jahren einen Traum. Sie gründeten ihre Farm in dem versteckten Flussbett mit den Überresten einer alten Nabatäer-Farm und einem Weinberg, wo schon vor über 2000 Jahren das antike Wüstenvolk Wein presste. Jede der Mini-Villen verfügt über Hängematte und Pool. Schönste Villa ist das Haus auf dem Hügel mit wunderbarer Aussicht von der überdachten Terrasse aufs Tal. Ringsumher wachsen Pflaumen, Aprikosen und Granatäpfel, nicht nur wunderschön anzusehen, sondern auch zum Pflücken da. Die Wüste verleiht den trockenen Avdat-Rebsorten ein schweres, volles Aroma. Es werden Führungen durch den Weinberg, Weinverkostungen und üppiges Frühstück unterm Baldachin bei Pfannkuchen, frischem Obst, Joghurt, Omeletts angeboten.

Carmey Avdat. Route 40 hinter Sde Boker, Tel. 08/653 51 77, www.carmey-avdat.co.il

Oben: Avdat war die größte Nabatäerstadt der Wüste.
Mitte: Die Funde in Avdat sind heute UNESCO-Weltkulturerbe.
Unten: Auf der antiken Gewürzstraße brachten Karawanen Gewürze aus dem Orient zum Mittelmeer.

wanderer. Denn der Nationalpark hat neben steilen Schluchten, Wasserpools und Pistazienbäumen jede Menge Abenteuer und Naturschönheit zu bieten. Über Jahrtausende hat das Wasser eine tiefe Schlucht in den Kalkstein gekerbt. Es ist der engste Canyon in ganz Israel. Der Weg hinauf beginnt bequem, die schmalen weißen Felswände lassen genügend Platz zum Wandern, auch dort, wo sie in steile Steinstufen übergehen.

Der Aufstieg lohnt sich, denn nicht nur die Aussicht ist grandios: Die Felsen werden von unsichtbaren Rinnsalen gespeist, die ein riesiges Wasserbecken füllen, das plötzlich wie aus dem Nichts auf dem Wanderpfad auftaucht und die schroffen Felsen in eine liebliche Oase verwandelt.

In der Wüste Zin soll Moses mit seinem Stock gegen einen Felsen geschlagen haben, aus dem dann Wasser für die durstigen Israeliten auf ihrer Wüstenwanderung floss. Durchquert man den Canyon von Ein Avdat, wird die biblische Geschichte greifbar, denn hier und da entdeckt man tatsächlich Rinnsale, die aus den Felsen tröpfeln.

Nicht weit entfernt eifern moderne Öko-Farmer auf der Orlyya-Farm den alten Nabatäern nach. Erbaut auf dem Gelände einer ehemaligen Nabatäerfarm und benannt nach dem Priester der Liebesgöttin Aphrodite, bieten die Hütten Stille, Abgeschiedenheit und grandiose Sonnenuntergänge.

Infos und Adressen

SEHENSWÜRDIGKEITEN

Nationalpark Ein Avdat. April–Sept. 8–17 Uhr, Okt.–März 8–16 Uhr, Kombiticket mit Nabatäerstadt Avdat 22–43 NIS, Anfahrt: Abzweig links nach Midreshet Ben Gurion, Tel. 08/655 56 84.

ESSEN UND TRINKEN

Knaaniya. Bio-Deli, gesunde Snacks, Kaffee, Bier, Wein und leckere Sandwiches im Naturpark bei fantastischer Aussicht aufs Zin-Tal. Mo/Di 8–15 Uhr, Mi/Do 8–19, Fr 8–14 Uhr, Sa/So Ruhetag, Midreshet Ben Gurion, Tel. 054/768 94 64.

ÜBERNACHTEN

Khan Shayarot. Modernes Camp, das Beduinengastlichkeit mit Naturaktivitäten wie Kamelreiten, Yoga, Rappeling und Safaris verbindet. Anfahrt zwischen Sde Boker und Avdat, Har Hanegev, Tel. 08/653 57 77, www.shayarot.com

Orlyya Farm. Abgeschiedene Öko-Farm auf altem Nabatäer-Gelände. Midreshet Ben Gurion, Tel. 050/980 00 69.

Entspannen mit Aussicht aufs Zin-Tal

Gilad und Maria betreiben den Bio-Deli »Knaaniya«.

AKTIVITÄTEN

Deep Desert Israel. Experten und erfahrene Tourguides zeigen die Wüste für jedes Tempo und jeden Geschmack. Von leichten Wanderungen und Trekking über Mountainbiking, Abenteuertouren wie Klettern, Abseilen, Jeep bis hin zu Naturcamping und Yoga. 5 Ein Mor, Mitzpe Ramon, Tel. 052/220 17 76, www.deepdesertisrael.com

Naturpool Ein Akev. Die Wasserfälle liegen in unmittelbarer Umgebung vom Nationalpark Ein Avdat. Sie sind nur per Wanderweg zu erreichen und unbedingt einen Abstecher wert. Baden im Naturpool ist ein einmaliges Erlebnis. Ein Avdat, 4 Kilometer Wanderweg.

Ramat Hanegev Birdwatching. Faszinierende Aktivität für die ganze Familie entlang der Route der Zugvögel. Anmeldung bei Meidad Goren, Midreshet Ben Gurion, Tel. 052/368 96 08, meidadgoren@gmail.com

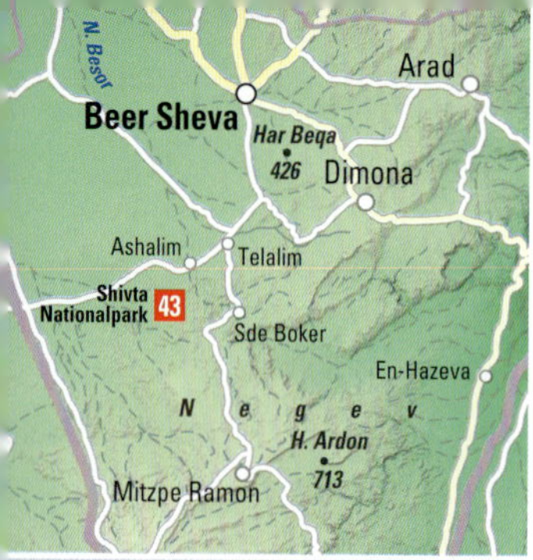

Oben: Beduinen mit ihrer Schafherde an der Straße 211 am Shivta-Nationalpark
Unten: Neben Avdat und Mamshit die dritte UNESCO-Nabatäerstadt: Nationalpark Shivta im südlichen Negev

43 Shivta-Nationalpark
Einst Karawanen-Oase, heute UNESCO-Park

Man muss nicht unbedingt Archäologe sein, um sich für Shivta zu begeistern. Die alte Nabatäersiedlung liegt buchstäblich im Nirgendwo, fernab jeglicher Touristenzentren. Dennoch ist sie ein Magnet, schon rein landschaftlich: Sie wird von mehreren Wadis durchkreuzt; der Weg hierher ist besonders schön. Dabei gehören unbedingt ein Sonnenhut, ausreichend Wasser und feste Schuhe zur Ausrüstung.

Anders als Avdat, weithin sichtbar auf dem Hügel, ist Shivta fast zu übersehen, so versteckt liegt die antike Siedlung. Dabei war es einst eine der größten Nabatäersiedlungen in Israel. Ihren Status als UNESCO-Weltkulturerbe verdankt Shivta, in der Antike Subeita genannt, vor allem seiner beeindruckenden Nabatäer-Vergangenheit als Teil der

MAL EHRLICH

BEDUINEN

Nicht von den ärmlichen Siedlungen und Wellblechhütten der Beduinen sich abschrecken lassen! Sie sind eine missglückte Folge staatlicher Hilfsprogramme, um die traditionellen Nomaden sesshaft zu machen. Eine Begegnung mit ihnen ist jedoch immer ein besonderes Erlebnis, schon allein wegen ihrer unglaublichen Naturverbundenheit und Wüstenkenntnis. Drei Tage und Nächte soll man einen Gast bewirten, so eine Beduinenregel. Zudem sind viel Beduinen Israel eng verbunden: Sie dienen in der israelischen Armee, arbeiten im Tourismus und als Tourguides.

antiken Gewürzroute. Im fünften und sechsten Jahrhundert blühte die Siedlung unter byzantinischer Herrschaft aufs Neue auf. Die meisten Ruinen stammen aus dieser Zeit.

Neben erholsamer Ruhe bietet der Ort jedoch weitaus mehr als ein paar freigelegte Steine, die selbst Archäologie-Laien begeistern. Das liegt vor allem an den gut erhaltenen Funden, die das große Können der Nabatäer offenbaren, die Wüste in eine blühende Oase zu verwandeln.

Wiederbelebte Traditionen

Im Gegensatz zu den fahrenden Händlern und ihren Karawanen waren die Bewohner von Shivta hauptsächlich Bauern, die Obstplantagen anlegten, Gemüse pflanzten und Kräuter züchteten – nicht ohne dabei jeden raren Regentropfen mit Sorgfalt aufzufangen und zu speichern. Nach der Christianisierung wurden die gut erhaltenen Reste der drei byzantinischen Kirchen rasch zu Wallfahrtsorten für Pilger, die die Einöde als Ort der Besinnung aufs Wesentliche zu schätzen wussten.

Modernen Besuchern geht es da nicht anders. Gerade die stille Abgeschiedenheit von Shivta übt einen ganz besonderen Reiz aus. Daher erstaunt es kaum, dass auch heute hier Menschen leben: So wie einst die Wüstenbewohner vor 3000 Jahren bauen sie Obst und Gewürze an und gewinnen Wüstenblumen-Honig. Die Shivta Farm grenzt direkt an die alten Ruinen; ihre Besitzer können viel über das UNESCO-Weltkulturerbe erzählen.

Zurück zur Natur, sich von den alten Wüstenvölkern inspirieren lassen – das ist das Credo vieler moderner Erlebnisfarmen in der Region: Tempo raus und tief durchatmen – im Negev gelingt das mühelos. Denn die Stille ist nahezu mystisch, die

AUTORENTIPP!

KRÄUTERFARM IN DER WÜSTE

Der Name bedeutet »Lied der Wüste«. Die Idee dahinter klingt unglaublich – eine organische Kräuterfarm unter glühender Wüstensonne. Kräuterpionier Golan Cohen serviert in einem schattigen Beduinenzelt selbst gemixte Tees aus Zitronengras, Thymian und Eisenkraut. Zu jeder Heilpflanze kennt der Pflanzenexperte die Wirkung. Neben Gewürzen, Trauben und Zitronen baut er auf seinen kilometerlangen Kräuterbeeten vor allem medizinische Heilpflanzen an, alles Bio. Der Geschmack der hier wachsenden Minze, des Oregano und Salbei, aber auch spezieller Wüstenkräuter, deren heilsame Geheimnisse schon die Beduinen kannten, wird durch die heiße Wüstensonne und den leicht salzigen Boden noch intensiver. Alle Tee- und Gewürzmischungen, Naturkosmetik und Öle mit Heileffekt sind handverlesen.

Shirat Hamidbar. Beer Milka, Tel. 052/702 16 50, www.shirathamidbar.co.il

Oben: Viele Farmer waren früher Künstler oder Architekten. Heute leben sie von Tourismus und Landwirtschaft.
Mitte: Weit und breit keine Zivilisation, nur Stille und Öko-Lodges
Unten: Im Einklang mit der Natur: Künstlerkommune Ezuz

Luft sauber und die Nächte kühl und sternenklar. Ruhe und Weite statt Fernsehen und Internet.

Kadesh Barnea und Nitzana

Auch im nahe gelegenen Kadesh Barnea an der Grenze zu Ägypten, das schon in Numeri, dem Vierten Buch Mose, erwähnt wird, bleiben die Bewohner der Geschichte des Ortes treu. In der Bibel beschwerten sich die Israeliten gegenüber Moses über den Wassermangel – in der Wüste durchaus nichts Ungewöhnliches. Verdursten muss heute in Kadesh Barnea niemand mehr. Mit einer Honigmanufaktur und Weinanbau beleben die modernen Landwirte die alten Nabatäer-Traditionen neu. Die Weine von Kadesh Barnea gehören zu den besten in ganz Israel.

Rund 17 Kilometer südöstlich von Shivta und Kadesh Barnea überrascht Nitzana, ebenfalls eine alte Nabatäerstadt, die unter byzantinischer und arabischer Herrschaft bis ins neunte Jahrhundert hinein existierte, mit Mosaikfunden. In Kadesh Barnea, in Sichtweite zum ägyptischen Grenzzaun, stellt Eduard Philipov Wüstenhonig her – auch das eine wiederbelebte Tradition im Land, wo Milch und Honig fließen sollen.

Ezuz

Nicht weit entfernt von hier, etwa zwölf Kilometer weiter südlich nahe der ägyptischen Grenze, ist Ezuz einen Besuch wert. Gegründet 1985 auf dem Gelände eines ehemaligen Kibbuz und gelegen auf dem Negev-Berg, dem höchsten in der ganzen Negev-Wüste, leben hier Künstler und Bio-Farmer aus Israel und aller Welt in einer Art Öko-Kommune. Sie stellen Ziegenkäse, Joghurt und Naturkosmetik her. Außerdem veranstalten sie Art-Workshops mit Naturmaterialien.

Infos und Adressen

SEHENSWÜRDIGKEITEN

Shivta-Nationalpark. UNESCO-Weltkulturerbe aus der Antike und Byzantinerzeit. Ganzjährig geöffnet, Anfahrt: Von Route 40 auf Straße Nr. 211 abbiegen. Dem Straßenverlauf 15 Kilometer folgen. Nahe der Tankstelle nach Süden abbiegen und 10 Minuten fahren. www.parks.org.il

ESSEN UND TRINKEN

Ezuz Künstlerdorf. Am Ende der Welt macht Celia Friede den köstlichsten Ziegenjoghurt im ganzen Negev. Einfach nach Dror und Celia Friede fragen. cfriede@yahoo.com

Khan Beerotayim. Neben exotischen Unterkünften in Beduinenzelten bietet die Oase Kameltouren und Wüstenwanderungen an. Abends entspannt man auf Bodenkissen bei Lamm, Huhn und Brot nach Beduinenart. Beerotayim Ecotourism, Nitzana, Mizpe Oz, Tel. 08/655 57 88, www.beerotayim.co.il

Avigails Zimmerbus ist nachhaltiger Tourismus

Celia Friedes Ziegenjoghurt am Ende der Wüste

ÜBERNACHTEN

Shivta Farm. Bauernhof direkt neben dem gleichnamigen UNESCO-Weltkulturerbe. Traditionelle Wüsten-Steinhäuser mit Gästezimmern und Restaurant. Geführte Touren durch die antiken Ruinen auf Anfrage bei Ami and Dina Oach, Tel. 050/738 38 02, www.nabato.co.il

Zimmerbus. Eine der ungewöhnlichsten B&B-Unterkünfte in ganz Israel – Symbol für nachhaltigen Ökotourismus im Einklang mit Natur und Familienanschluss. Eyal und Avigail Hirshfeld, Ezuz, Tel. 052/529 27 15, www.exodia.co.il

AKTIVITÄTEN

Boutique Weingut Ramat Negev. Weingut der Zadok-Familie seit 1995, das preisgekrönte koschere Wüstenweine produziert. Weinproben und Moshav Kadesh Barnea, Haluza, Tel. 08/655 58 49, www.rnwinery.co.il

House of Honey. Bienenstöcke, Workshops und Honigverkostung. Voranmeldung unter Tel. 052/392 70 85, Kadesh Barnea, edidvash@bezeqintnet

44 Arava-Ebene

Hightech, Bienen und die süßesten Datteln der Welt

»Israelisches Silicon Valley der Landwirtschaft«, Hotspot für Wüstenforschung, Vorreiter im nachhaltigen Tourismus – das alles ist die Arava-Ebene. Attribute wie diese sind nicht untertrieben. Denn was Landwirte und Wissenschaftler hier aufgebaut haben, ist eine Meisterleistung. Rund 60 Prozent des israelischen Exports stammen von hier.

Datteln, Gewürze, Paprika, Melonen und Feigen kommen von hier, ebenso der Exportschlager Cherry-Tomaten, eine israelische Erfindung, denen ausgerechnet das salzhaltige unterirdische Brackwasser der Wüste eine besondere Süße verleiht. Doch neben spannenden technologischen Entdeckungen und traumhaften Landschaften bietet die Arava auch Erkundungen kultureller Schätze: Der Besuch von Naturparks und Ruinen antiker Städte und Siedlungen, zum Beispiel per Jeep oder Kamel, sind so die perfekte Ergänzung zum Urlaub in der Negev-Wüste, der sich per Tagesausflug auch gut mit einem Schwebebad im Toten Meer verbinden lässt.

Oben: *Medjoul* und *Deglet Noor* schmecken besonders süß: Kostprobe in Ein Tamar (»Dattelquelle«).
Unten: Land von Milch und Honig: Bienenzüchterin Cha Cha Porat im Bumblebee Museum

Kraterlandschaft und UNESCO-Erbe

Das lang gestreckte Flussbett der Arava, ein Ausläufer des Großen Afrikanischen Grabensystems, dehnt sich von der Südspitze des Toten Meeres bis nach Eilat. Von der Negev-Wüste aus ist das Tal gut zu erreichen. Nimmt man die schnellere Route 25, passiert man auf dem Weg dorthin das antike UNESCO-Weltkulturerbe Mamshit, eine der zahl-

Arava-Ebene: Teil des Großen Afrikanischen Grabenbruchs

reichen Nabatäersiedlungen im Negev. Angekommen an der Route 90, die am Toten Meer entlang bis hoch nach Galiläa führt, lässt man rechter Hand das Tote Meer mit seinen Salzanlagen und Pottasche-Fabriken hinter sich und fährt weiter Richtung Süden.

Es gibt aber auch einen anderen Weg über die teilweise steilen und sehr kurvenreichen Landstraßen 204, 225 und 227. Vorbei am Großen und Kleinen Krater, zwei von insgesamt drei Erosionskratern in der Wüste, an Kamelfarmen und Wellblech-Beduinendörfern, dauert die Fahrt durch die östliche Negev-Wüste gut eine Stunde. Der Weg ist eindeutig holpriger, dafür belohnt er Wagemutige mit atemberaubenden Aussichten über die Wüste, bei klarem Wetter sogar bis zum Toten Meer und den rot schimmernden jordanischen Bergen.

Dattelparadies

In Ein Tamar, dem nördlichsten Zipfel der Arava, bieten verschiedene private Agrarbetriebe (*Moshavim*) Touren durch die Plantagen inklusive Verkostungen an. Einige von ihnen teilen ihre Plantagen mit den jordanischen Nachbarn. Ein Tamar heißt so viel wie »Dattelquelle«. Der Name könnte treffender nicht sein: Hier erwarten den Besucher

AUTORENTIPP!

EIN MUSEUM FÜR BIENEN

Tausende summende Bienen, durchsichtige Bienenkörbe und vielfarbige Skulpturen erwecken den Eindruck, man befinde sich mittendrin im Reich der Bienen. Das kleine Museum im Dorf Ein Yahav zeigt nicht nur die täglichen Wege verschiedener Bienenarten per Kunst, Fotos und Film, sondern gewährt auch einen faszinierenden Einblick in das Leben in der Wüste. Künstlerin und Imkerin Cha Cha Porat hat nicht nur Bienenarten gezüchtet, die in der Hitze der Wüste gedeihen, sondern nebenbei das Museum liebevoll aufgebaut. Ihr Lebenswerk ist Symbol für ein einträchtiges Miteinander von Mensch und Natur, Abenteuer und Kultur, nachhaltiger Landwirtschaft und Umgang mit Ressourcen, Kunst und Pioniergeist. Nebenan in der Imkerei gibt's selbst produzierten Honig zum Probieren.

Bumblebee Museum. Moshav Ein Yahav, Arava, Tel. 08/671 54 96, www.45c.co.il

Oben: Der Große Krater bei Dimona ist einer von drei Erosionskratern im Negev.
Mitte: Dattelernte im Moshav Ein Tamar
Unten: Individuell oder mit geführten Touren: Wandern in der Wüste

schattige Dattelwälder, riesige Palmen und süße Datteln der Sorten Medjoul und Deglet Noor. Die Frucht muss stärker gegen den hohen Salzgehalt des Bodens ankämpfen, daher die außergewöhnliche Süße.

Immer mehr Arava-Landwirte haben sich in den letzten Jahren auf ökologischen Anbau spezialisiert. Der bewusste Umgang mit Ressourcen sichert in der Wüste das Überleben, diese Erfahrung teilen sie mit ihren Nachbarn auf der jordanischen Seite. Sensibilität für »grüne Landwirtschaft« ist deshalb besonders wichtig, ebenso das Teilen von Wissen.

Genau das ist bei Israels Wüstentechnologen oberstes Gebot. »Natur kennt keine Grenzen«, unter diesem Motto forschen Menschen aus Israel, den Palästinensischen Autonomiegebieten und Jordanien gemeinsam am Arava Institut für Ökologische Studien im Herzen der südlichen Arava. Sie erforschen computergesteuerte Tropfbewässerung, ökologische Landwirtschaft, Solartechnologien und erneuerbare Energien. Es sind brisante Themen in einer Region, die größtenteils von Wüste bedeckt ist und wo Wasserressourcen begrenzt sind – zumal bei wachsender Bevölkerung.

Grüner Tourismus

Hier im Süden zeigt die Wüste wieder ein anderes Gesicht. Kakteen und Pflanzen in zartem Grün und leuchtendem Orange und Pink bieten einen farbenprächtigen Kontrast zu staubigen Wüstenfarben. Etwa 40 Kilometer vor Eilat, am Südzipfel der Arava, steht vor allem der Kibbuz Lotan für nachhaltige Landwirtschaft und Öko-Tourismus. Seine ökologische Ausrichtung macht den Ort nicht nur zu einem Paradies für Zugvögel, sondern auch für naturbewusste Reisende.

Infos und Adressen

SEHENSWÜRDIGKEITEN

Großer Krater. Einer von insgesamt drei Erosionskratern im Negev. Südlich der Straße 225.

Kleiner Krater. Klein, aber genauso beeindruckend wie seine beiden größeren Geschwister. Südlich der Route 25 im nördlichen Negev, östlich von Mamshit.

Mamshit. Dritte bedeutende und nördlichste Nabatäer-Stadt im Negev aus dem 5. Jh. v. Chr. So wie Mamshit und Avdat UNESCO-Weltkulturerbe. Mosaike mit geometrischen Mustern, Vögeln und Früchten. Geöffnet April–Sept. 8–17 Uhr, Okt.–März 8–16 Uhr.

ÜBERNACHTEN

Desert Days Ecolodges. Erde, Sternen, Wind und Natur nah zu sein, das ist die Vision von Grafikdesignerin Rinat und Manager Yair, einem Aussteigerpaar im Negev. Mit ihren Hütten aus Lehmziegeln und Stroh setzen sie ganz auf ökologisch bewussten Tourismus. Zuqim, Tel. 052/617 00 28, www.negevecolodge.com

Grüner Tourismus in den »Desert Days Ecolodges«

Cameland bieten Kameltouren durch die Wüste an.

AKTIVITÄTEN

Cameland. Kamelranch nahe Mamshit mit geführten Touren, 1–4 Stunden. Übernachtung möglich. Tel. 08/655 28 29, www.cameland.co.il

Elias Tent. Jeder Gast ist gottgesandt, lautet eine alte nomadische Weisheit. Der authentischen Gastfreundlichkeit von Beduinen kommt man hier am nächsten. Atia and Naame öffnen ihr Zuhause im Beduinendorf von Hashem Zaneh, inklusive Bewirtung, tradtionelle Geschichten, Rundgang durchs Dorf und Touren in die Wüste. Anfahrt: Route 25 Richtung Dimona, nahe Moshav Nevatim. Tel. 054/748 70 05, www.bedouinhospitality.com

Kibbuz Lotan. Ganzheitliche Wellness wie Reiki oder Wasser-Shiatsu neben Vogelbeobachtung und Öko-Workshops. Hevel Eilot, Tel. 08/635 69 35, www.kibbutzlotan.com

Oben: Hauptattraktion in Mitzpe Ramon: Der Krater gleicht einer Mondlandschaft.
Unten: Sonnenaufgang am Ramon-Krater bei Mitzpe Ramon

45 Mitzpe Ramon
Land der Genesis

Kupferrot und bernsteingelb, so weit das Auge reicht. Wie eine sagenhafte Mondlandschaft breitet sich der Ramon-Krater aus. 220 Millionen Jahre alte Felsschichten haben den größten Erosionskrater der Welt geschaffen. Ein einzigartiges geologisches Phänomen, das Aktivurlauber und Naturfreunde ebenso anlockt wie Wüstentiere, darunter Gazellen, Steinböcke und Leoparden.

Mitzpe Ramon war einmal das Ende der Welt. Ein Ort, wo abends die Bürgersteige hochgeklappt wurden und man auf der Durchreise nach Eilat oder ans Tote Meer allenthalben einen Zwischenstopp einlegte. Nur wegen des Kraters natürlich.

Aussteigeroase

Doch dann siedelten sich hier immer mehr Kreative an. Erst kamen Künstler, später Aussteiger, de-

MAL EHRLICH

ISROTEL RAMON INN
Lange Zeit das einzig brauchbare Hotel in Mitzpe Ramon, haben mittlerweile viele Gästezimmer, Bio-Farmen und das schicke Beresheet Hotel dem in die Jahre gekommenen Haus den Rang abgelaufen. Dennoch ist man hier gut aufgehoben. Insbesondere für Radfahrer und ihr Equipment gibt es kostenlose Unterstellmöglichkeiten. Zumal die Lage am Rande des Ramon-Kraters sich ideal als Startpunkt für Ausflüge und Entdeckungstouren eignet. www.isrotel.co.il/isrotel_pundak_ramon

ren Auffassung von Wachstum über Börsenkurse hinausgeht, und schließlich Hightech-Firmen, deren Ethos eher von Nachhaltigkeit und Lebensqualität bestimmt ist als von schnellem Profit. Alle fühlen sich von der Magie des Ortes angezogen. So kommt es, dass Mitzpe Ramon sich innerhalb der letzten Jahre zu einer florierenden Kleinstadt entwickelt hat, mit einer großen Auswahl an Privatzimmern, Bed & Breakfasts und Hotels, darunter zwei ausgesprochen Radfahrer-freundlichen Unterkünften und dem extravaganten Fünf-Sterne-Neuling »Beresheet«.

Viele Neu-Einwohner fangen hier noch einmal ganz von vorne an. Ehemalige Architekten und Künstler aus der Stadt, aber auch Landwirte und Winzer haben hier *in the middle of nowhere* ihre Erfüllung gefunden. Das extreme Wüstenklima mit Hitze im Sommer und Kälte im Winter nehmen sie gern in Kauf. Denn trotz der Hitze ist die Luft trocken und eine Wohltat für die Atemwege. Zudem weht an den Sommerabenden immer eine kühle Brise – anders als am Mittelmeer. Dann erwacht Mitzpe Ramon zum Leben – die Lokale füllen sich, in den Bars trifft man Einwohner und kommt schnell ins Gespräch. Jeder kennt hier jeden. Besucher werden warmherzig aufgenommen. Bei einem Glas Wüstenwein oder einem kühlen Bier kommt man mit den Einheimischen schnell ins Gespräch. Viele von ihnen legen viel Wert auf Nähe zur Natur. Der Krater bestimmt das Tempo.

Sehenswertes und Kultur

Die Kleinstadt an sich ist schnell durchquert. Dennoch sollte man es nicht versäumen, sich Zeit für ihre kleinen, aber sehr feinen Attraktionen zu nehmen – das Gewürzviertel mit Öko-Läden, eine Alpakafarm, das Besucherzentrum, den Chai-Ramon-Tierpark und am Abend den Jazzclub.

AUTORENTIPP!

IN DIE STERNE SCHAUEN

Einer der vielen Vorteile der Kleinstadt mitten in der Wüste ist nachts der pechschwarze Himmel – ein wahres Paradies für Sternengucker. Astronomie-Guide Ira Machefsky bringt Hobbyastronomen zu einem Plateau am Ramon-Krater, wo schon Teleskope auf einen Blick in den prächtigen Sternenhimmel warten. Wenn man irgendwo die Oberfläche des Mondes klar erkennen kann, dann hier. Der Tourguide versteht es auf unterhaltsame Weise, selbst unerfahrene Sternenbeobachter zu begeistern – zu jeder Konstellation kennt er eine Geschichte, die Basics wie tiefer greifendes Astro-Wissen vermittelt er leicht verständlich und spannend. Auch für Kinder ein tolles Abenteuer, zumal der Guide in den kühlen Sommernächten leichte Decken und warmen Tee bereithält. Echtes Nachtwanderungsfeeling und Naturerlebnis!

Astronomy Israel. Anmeldung unter Tel. 052/544 97 89, www.astronomyisrael.com

Liat Dror und Nir Ben Gal, die beiden Gründer des Tanzensembles Adama, sind das beste Beispiel dafür, dass auch in der Wüste Kultur und Kunst gedeihen können. Ihre Vision: Durch natürliche Bewegung im Einklang mit Wildnis und Natur mehr Lebensfreude und Freiheit zu erfahren. Das Konzept scheint aufzugehen, denn seit 15 Jahren bieten die beiden Tänzer aus Tel Aviv Tanzabende, Kunst, Musik, Konzerte, Festivals, Workshops und Kurse unter einem Dach an. Die Magie des Ortes hat sich mittlerweile herumgesprochen. Denn immer mehr Ausssteiger wie Liat und Nir zieht es in die Abgeschiedenheit der Wüste, auf der Suche nach neuen ganzheitlichen Erfahrungen. Ein sich gegenseitig bedingender Effekt: Je mehr Publikum, desto vielseitiger das Kulturangebot, je mehr hochklassige Kultur, Festivals und Kurse, desto mehr Publikum. Gut für die Stadt, ihre Einwohner und den Tourismus.

Oben: Passend zur biblischen Landschaft: Der Hotelname »Beresheet« bedeutet »Im Anfang«.
Mitte: Highlight für Kinder: Alpakafarm bei Mitzpe Ramon
Unten: Natur pur: Desert Shade Eco Lodge in Mitzpe Ramon

Der Ramon-Krater

Steil abfallende Felsen und tiefe, von Wasser ausgehöhlte Canyons ziehen sich kilometerweit durch die steinige Landschaft. Der Sonnenaufgang überzieht den Krater mit sämtlichen Rottönen. Und am Abend, wenn die Sonne untergeht, legt sich eine nahezu mystische Stimmung über die Kleinstadt am Kraterrand. Der Ramon-Krater mit 40 Kilometern Länge und neun Kilometern Breite der größte Erosionskrater der Welt, ist ebenso ideal zum Wandern, Klettern und Mountainbiking wie zum Entspannen und Sternegucken.

Die 220 Millionen Jahre alten Felsschichten sind ein einzigartiges geologisches Naturphänomen. Radfahrer und Naturfreunde schätzen den *Makhtesch* Ramon ebenso sehr wie Wüstentiere – über 40 verschiedene Arten leben in dem Biotop, darunter Gazellen, Steinböcke und Leoparden.

Aktiv durch den Krater

Wagemutige Kletterer seilen sich vom Rand des Kraters ab, während Mountainbiker rasant die weitläufigen Abhänge herabsausen und Wanderer Pfade zu biblischen Orten erklimmen, wie zum Beispiel der Stelle, wo die Söhne Jakobs ihren Bruder Josef einst an eine Karawane nach Ägypten verkauft haben sollen und prähistorische Felskunst von vergangenen Zivilisationen zeugt.

Der Krater ist ein Magnet für Aktivitäten aller Art. Neben Wanderungen bieten einige Wüstenkenner Golf, Workshops und Bogenschießen an. Andere haben sich auf Klettertouren im Krater, Kamelwanderungen, Campingausflüge, Nachtsafaris, Touren per Jeep und Mountainbike, Öko-Touren und Besuche bei Beduinen spezialisiert. Natürlich dürfen in solch einer spirituell inspirierenden Umgebung auch ganzheitliche Aktivitäten wie Yoga und Meditation nicht fehlen.

Handfester und flauschiger geht es nordwestlich von Mitzpe Ramon zu: Auf der Alpakafarm können Kinder wollige Alpakas in exotischer Umgebung streicheln, nebst Pferden, Eseln und Angoraziegen.

AUTORENTIPP!

DER WEG DES FRIEDENS

Die Skulptur »Way of Peace« des israelischen Bildhauers Dani Karavan (geb. 1930) steht nahe Nitzana und zieht sich auf einer Strecke von drei Kilometern entlang der Grenze zu Ägypten. Erbaut 1996–2000, sind die 100 Sandsteinsäulen eine Reminiszenz an den langen Weg zum Frieden zwischen Israel und Ägypten, der mit dem Friedensvertrag von 1979 eine neue Ära in den gegenseitigen Beziehungen einläutete. Auf jeder einzelnen Säule steht das Wort »Frieden« in allen Sprachen der Welt sowie sämtliche Völker, die die Wüste im Laufe der Geschichte jemals durchquert haben – von Sumerisch bis antikem Ägyptisch. Die jeweils ersten Säulen enthalten das Wort Frieden auf Hebräisch und Arabisch. Berühmt wurde der Künstler, der in Jerusalem, Florenz und Paris Kunst studierte, zudem durch seine zahlreichen Holocaust-Gedenkskulpturen weltweit.

Dani Karavans »Way of Peace«. Skulptur auf 3 km Länge von Nitzana zur ägyptischen Grenze, www.danikaravan.com

Oben: Erinnert an eine Mondlandschaft: Ramon-Krater in der Wüste Negev
Mitte: Im Krater kann man verborgene Wasserstellen und Zisternen entdecken.
Unten: Man trifft sich im Café Hadasaar im Gewürzviertel.

Biotop für Wüstentiere

Mitten im Krater hüpfen Bergziegen elegant über klippenartige Felsvorsprünge, vorbei an verborgenen Wasserstellen und Zisternen, von deren Vorhandensein hinter silbergrauem Gestrüpp inmitten des ockerroten Gesteins nur die Tierwelt des Negev und ein paar erfahrene Tourguides wissen. Alljährlich durchqueren hier Scharen von Zugvögeln die Wüste.

Wanderwege und Gipfel

Durch den östlichen Krater führt der Fluss Nahal Ardon. Einer der zahlreichen Wanderwege erreicht die geologische Formation Ardon Dike, andere verlaufen entlang der antiken römischen Straße im Krater. Südlich vom Krater kann man bis zur Spitze des Mount Karkom mit seinen einzigartigen Felsenmalereien aus der Bronzezeit wandern.

Am Hang des Kraters thront majestätisch das Fünfsternehotel Beresheet: Zimmer und Pool mit Kraterblick. Biblischer könnte der Name nicht sein. Er bedeutet übersetzt »Im Anfang«. Ein wenig pathetisch, aber passend. Denn schließlich ist das hier das Land der Bibel. Etwas prosaischer geht es in der Stadt zu: Ob bewusst gewählt oder nicht, der Name des Restaurants Hakatze bedeutet übersetzt »Das Ende« – ein passendes Äquivalent zum Beresheet.

Infos und Adressen

SEHENSWÜRDIGKEITEN

Alpakafarm. Hochgebirgs-Alpakas in exotischer Umgebung, nebst Pferden, Eseln und Angoraziegen. Auch Gästezimmer. Sommer tgl. 8.30–18.30 Uhr, Winter 8.30–16.30 Uhr, Tel. 08/658 80 47, www.alpaca.co.il

Chai-Ramon-Tierpark. Schlangen, Stachelschweine und Eidechsen am Ramon-Krater, Mitzpe Ramon, Tel. 08/658 87 55, bio-ramon@npa.org.il, www.parks.org.il

ESSEN UND TRINKEN

Hadasaar. Gemütliches vegetarisches Laden-Café mit lokalen Produkten von Müsli bis Wein. Sa–Mi 8–20, Do, Fr 8–23 Uhr. 23 Har Arif St, Mitzpe Ramon, Tel. 08/940 84 73.

Lasha Desert Bakery. Vollkornbrote und Gebäck mit ausschließlich natürlichen Inhaltsstoffen. 8/5 Har Boker St.

ÜBRNACHTEN

Beresheet. 5-Sterne-Luxus. 1 Derech Beresheet, Mitzpe Ramon, www.isrotelexclusivecollection.com

Zimmer im Desert Shade Eco Lodge

Desert Shade Eco Lodge. Farm auf Kraterklippe mit Boutique-Weingut und Fahrradverleih. Tel. 08/658 62 29, Mitzpe Ramon, www.navadim.org

iBIKE Hotel. Speziell auf die Bedürfnisse von Radfahrern zugeschnitten. Har Ardon 4, Mitzpe Ramon, Tel. 052/436 78 78, http://ibike.co.il

Noam Bamidbar. Mehr Wüste geht nicht: Nördlich der Stadt baut die Harari-Familie Bio-Wein und Oliven an und vermietet außerdem Steinhäuser – außen antik, innen modern. Tel. 052/465 18 88, www.noam.lanegev.co.il

EINKAUFEN

Faran Naturkosmetik. 100 % Bio, inspiriert von der Wüste. Gewürzviertel, 12 Har Ardon, Mitzpe Ramon.

AKTIVITÄTEN

Adama. Im Einklang mit der Welt, dem Krater und der Wüste durch Kultur, Kunst und Workshops. Gewürzviertel, Hangar Adama, 8 Har Boker St., Mitzpe Ramon, Tel. 08/659 51 90, www.adama.org.il

Adam Sela Tours. Klettertouren im Krater, Kamelwanderungen, Campingausflüge und Nachtsafaris. Mitzpe Ramon, Anmeldung unter Tel. 050/530 82 72 oder www.adamsela.com

Desert Archery. Wanderungen, Golf, Workshops und Bogenschießen in grandioser Natur. Anmeldung unter Tel. 050/534 45 98, www.desertarchery.co.il

Jazz Club. Klein, intim und sehr angesagt – Jamsessions israelischer Musiker in der Wüste. 8/2 Har Boker St., Mitzpe Ramon, Tel. 050/526 56 28.

INFORMATION

Mitzpe Ramon Visitor Centre. Alle Infos zum Krater, direkt am Kraterrand gelegen. Mitzpe Ramon, Tel. 08/658 86 91.

ROTES MEER UND EILAT

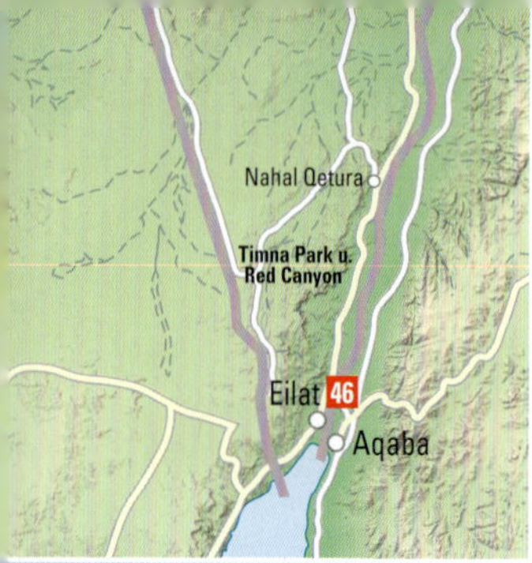

Seite 250/251: Israels südlichste Stadt: Bade- und Tauchparadies Eilat am Roten Meer
Oben: Die Bucht von Eilat grenzt an den Golf von Aqaba.
Unten: Shoppen in der Mall an der Strandpromenade

46 Eilat

Badeparadies am Roten Meer

Ein schmaler Küstenstreifen, zwei Kilometer im Norden, zwölf im Süden – hier ist es immer warm, man kann baden, tauchen und jeden Tag ausgehen. Aus den geografischen Ressourcen am Dreiländereck Israel, Ägypten, Jordanien das Maximum an Muße herauszuholen – das ist Eilat, Israels südlichste Stadt am Roten Meer, Badeort und Taucherparadies in einem.

Die Berge Jordaniens leuchten so kupferrot, dass sich ihr Ton schillernd im Wasser spiegelt – ein Farbspiel, das die Sonne noch verstärkt. Ob der Name Rotes Meer daher rührt? Schon die Perser jedenfalls nannten das Meer rot, weil sie zu dieser Zeit Himmelsrichtungen mit Farben bezeichneten (Rot für Süden). Die griechische und römische Antike kannte es als Erythräisches Meer – auch hier bedeutet *erythros* »Rot«, wohl wegen des roten Sandsteins überall. Die antiken Übersetzer der hebräischen Bibel verorteten gar das Schilfmeer, das Gott laut Überlieferung zur Rettung der Israeliten nach dem Auszug aus Ägypten teilte, am Roten Meer.

360 Sonnentage im Jahr

Das Rote Meer ist ein Nebenmeer des Indischen Ozeans und Teil des Großen Afrikanischen Grabenbruchs. Eigentlich beginnt es erst so richtig hinter dem Golf von Eilat. Es ist wahrlich nur ein Zipfel, der zu Israel gehört – der einzige Zugang des Landes zum Indischen Ozean. Doch er reicht, um die 50 000-Einwohner-Stadt ganzjährig zum Urlaubsziel zu machen – dank Wüstenklima und milden Wintern.

Tagsüber Strandpromenade, abends Partymeile mit Bars

Selbst im Februar herrschen hier angenehme 23 °C. Im Sommer steigen die Temperaturen bis auf 40 °C. Doch die Hitze ist erträglich, denn die Luft ist trocken und das Meer erfrischt mit angenehmen 25 °C. Mitte der 1990er-Jahre galt Eilat als hippste Partystadt unter jungen Israelis. Mittlerweile ist die Partywelle etwas abgeebbt. Die Urlauber kommen von überallher, aus Israel, Europa, Nordamerika, darunter viele Familien, ältere Paare und Individualreisende. Wer hier Urlaub macht, tut es ganz bewusst wegen der individuellen Vorzüge, die Eilat zu bieten hat. Pauschaltouristen findet man in den Ferienresorts eher selten.

Baden, shoppen, schlemmen

Eilat ist ein Bade- und Taucherparadies zwischen Asien und Afrika, das sich am besten so beschreiben lässt: international, bunt, fröhlich und maritim. Nach Eilat kommt man, um zu baden. Dennoch verfügt die Innenstadt über eine Galerie und ein durchaus lohnenswertes Museum. Im August zieht das internationale Red Sea Jazzfestival Zehntausende Musikliebhaber an. Entlang des Nordstrands laden das ganze Jahr über Stände und Läden zum Shoppen, Cafés und Restaurants zum Genießen,

AUTORENTIPP!

ISRAELS GRÖSSTES JAZZFESTIVAL

Red Sea Jazz Festival. Das Jazzfestival am Roten Meer ist eine Institution. Seit seiner Gründung 1987 hat es unter der Leitung von Dan Gottfried und später Avishai Cohen internationale Aufmerksamkeit auf sich gezogen. Vier Tage Musik unter freiem Himmel auf vier Bühnen, bis zu zwölf Konzerte pro Abend, Jamsessions, Workshops und musikalische Begegnungen mit internationalen Musikern – bei so viel Strahlkraft sind 70 000 Zuhörer jährlich kein Wunder. Wegen des großen Erfolgs des Festivals, das Eilat auch kulturell ankurbelt, findet es seit 2011 zusätzlich auch im Winter statt – bei milden 23 °C ein echter Konzertmagnet.

Red Sea Jazz. Jedes Jahr an den letzten vier Tagen im August, Hafen von Eilat, Infos unter Tel. 08/634 02 53, www.redseajazzeilat.com/en

Oben: Die Sonne scheint das ganze Jahr über. Auch im Winter ist es hier warm.
Unten: Wüstenwind und Brise vom Roten Meer: Urlaub unter Palmen sogar im Februar

Sonnenschirme und Liegestühle zum Sonnenbaden und die Strandpromenade zum Flanieren ein. Sie endet kurz vor der jordanischen Grenze, die man seit dem Friedensabkommen zwischen Israel und Jordanien 1994 ohne Weiteres passieren kann, allerdings muss man mit einiger Wartezeit rechnen. Tipp: Für einen Tagesausflug nach Aqaba und Petra am besten vorab ein Visum besorgen.

Eilats Ursprünge

Eilats Anfänge reichen gut 12 000 Jahre bis in die Kupfersteinzeit zurück. Insbesondere wegen der Minen von Timna (S. 262), deren Kupfer von Eilat aus übers Meer verschifft wurde, war der Hafen seit 4000 v. Chr. gefragt. Kupferhandel war ein florierender Wirtschaftszweig – im altertümlichen Ägypten ebenso wie in der Antike. Eilats erste Besiedlung wird mit ca. 1400 v. Chr. datiert – hauptsächlich rund um das heutige Aqaba. Seitdem lebten in der Region fast ununterbrochen Menschen, darunter eine kleine jüdische Gemeinde. Später nutzten Römer und Byzantiner den Hafen. 325 war Eilat sogar Sitz eines christlichen Bischofs.

Modernes Eilat

Das moderne Eilat besteht seit 1950. Es gehört seit dem UN-Teilungsplan von 1947 zu Israel. Dank seines anfänglichen Status als Entwicklungsstadt baute man Flughafen und Hafenanlagen für Verbindungen zur Außenwelt. Nach dem Sechstagekrieg, in dem Israel den Sinai eroberte, ließen sich an Israels Südzipfel Einwanderer aus Rumänien, Südafrika und Marokko nieder, später ab Mitte der 1990er-Jahre auch aus der ehemaligen Sowjetunion. Nach der Rückgabe des Sinai an Ägypten 1979 erlebte Eilat einen wirtschaftlichen Aufschwung und wurde zu einem der beliebtesten Urlaubsziele in Israel.

Infos und Adressen

SEHENSWÜRDIGKEITEN

Eilat Art Gallery. Bilder und Skulpturen von regionalen Künstlern. 1 Derech Yotam, Tel. 08/634 07 54.

Stadtmuseum Eilat. Von Eilats Gründung 1949 und Stadtentwicklung bis heute. 2 Derech Yotam, Tel. 08/634 07 54.

ESSEN UND TRINKEN

Ginger Asian Kitchen. Fernöstliche Kreativküche mit mediterranen Zutaten. 9 Derech Yotam, Tel. 08/637 25 17, http://gingereilat.com

Gulf Restaurant. Einfaches einheimisches Lokal unter Palmen mit Plastikstühlen draußen, aber das Essen ist himmlisch, besonders die gegrillten Spieße. Marina Hafen, Beth Hagesher, nahe der Brücke Hilton Hotel.

ÜBERNACHTEN

Caesar Premier. Sehr gutes Mittelklassehotel, das auch Einheimische lieben. HaMayim St., North Beach, Tel. 08/630 55 55, www.caesarhotels.co.il/en/caesar-premier-hotel-eilat

Taucherausrüstung: Marina Divers Tauchzentrum

Fernöstliche Kreativküche: »Ginger Asian Kitchen«

Soleil Boutique Hotel. 73 Luxussuiten zwischen Nordstrand und Lagune. 12 Tarshish St., Tel. 08/633 40 04, www.soleil-hoteleilat.com

U Suites. Ehemaliges Meridien Hotel am North Beach, alle Zimmer mit Blick aufs Meer. Derech ha-Arava, Tel. 08/638 33 33, www.fattal-hotels.com/eilat-hotels/u-suites-eilat

EINKAUFEN

Mall »Hayam«. Einkaufszentrum direkt am Nordstrand. So–Do 9.30–23.30 Uhr, Fr bis 13 Uhr, Sa ab Sabbatende, Tel. 08/634 00 06.

AUSGEHEN

Bardak. Bar, Musik und Tanz ab 22 Uhr. Derech Yotam, Tel. 073/758 12 19.

INFORMATION

Eilat Tourist Information. Auch Informationen zu Tauchstationen und Ausrüstung. Geöffnet So–Do 8.30–17 Uhr, Fr 8–13 Uhr, 8 Bridge House, North Beach Promenade, Eilat, Tel. 08/630 91 11.

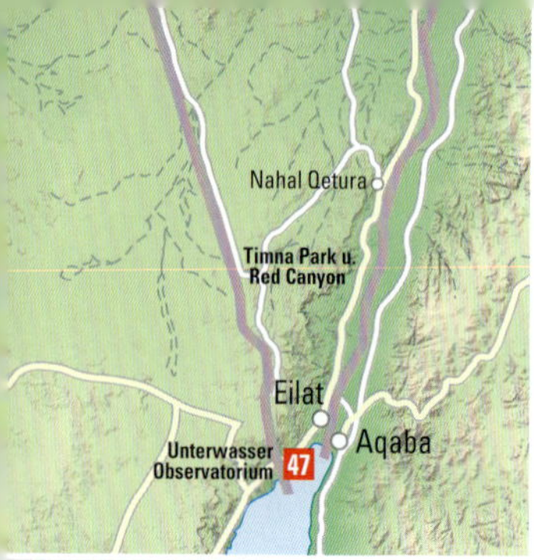

47 Unterwasser-Observatorium
Korallen und Haie hautnah

Etwa fünf Kilometer südlich von Eilat liegt der Coral Beach, ein Komplex mit Aquarium und Unterwasser-Observatorium. Es ist ein lebendiges Museum und die größte Anlage dieser Art im Nahen Osten. In den Wasserbecken im Marina Park leben Haie, Meeresschildkröten und Rochen.

Oben: Mitten im Roten Meer: Unterwasser-Observatorium Coral World
Unten: Geregelte Tauchzeiten sollen die bunte Unterwasserwelt in den Korallen schützen.

Wie ein filigranes weißes Raumschiff ragt das Unterwasser-Observatorium aus dem Meer empor. Das Aquarium von Coral World liegt mitten im Meer. Man erreicht es von Land aus über einen etwa 100 Meter langen Steg. Vor Ort steigt man knapp zehn Meter hinab in die Tiefen des Roten Meeres und taucht ein in seine bunte Unterwasserwelt.

Tauchen, ohne nass zu werden

Ringsum ist fast alles aus Glas, die Fenster, ein Tunnel, sogar der Boden. Dahinter schwimmen farbenprächtige Tropenfische, Seepferdchen und Anemonen aller Art. Manchmal taucht sogar ein Delfin oder Hai auf. Das Wasser hier ist außergewöhnlich klar, der Einblick in die Korallenwelt daher nahezu unverstellt. Die Idee zum Unterwasser-Observatorium entstand vor etwa 30 Jahren. Ziel war es damals, die Unterwasserwelt des Roten Meeres für Besucher zugänglich zu machen und zugleich das Korallenriff und seinen Artenreichtum zu bewahren – damals ein bahnbrechendes Konzept, das mittlerweile weltweit anderen Korallen-Parks als Vorbild dient. An Land wird das Konzept ergänzt von einem Marina Park mit Becken für Haie, Schildkröten und Rochen. Um die Korallen auch weiterhin zu schützen, siedeln Meeresforscher sie seit Jahren auf künstlichen Riffen an – mit Erfolg.

Israels einziges Korallenriff

Das Korallenriff nimmt etwa 1,2 Kilometer von Eilats Küste ein. Es zählt zu den am nördlichsten gelegenen Riffen der Welt. Weil es Israels einziges Korallenriff ist, steht es unter Naturschutz. Wegen des warmen Wassers mit seinen ganzjährig wenig schwankenden Temperaturen zwischen 20 und 30°C konnte sich hier ein ausgesprochen großer Artenreichtum entfalten. Mehr als 270 verschiedene Korallenarten und 1270 verschiedene Fischarten leben in diesem einzigartigen Ökosystem aus bunten Korallen. Die Korallenwand senkt sich etwa vier Meter steil hinunter in die Tiefe – für Taucher und Schnorchler ein Paradies. Dahinter erhebt sich eine Sandbank, unter der zwei große Felsen abfallen (S. 260). Meerwärts schließt eine 35 Meter tiefe Korallenwand das Ökosystem ab.

Eine weitere Attraktion im Unterwasserpark ist das Ozeanarium, ein kleines Theater, in dem Tauchgänge simuliert werden. Auch wenn man selbst nicht taucht, bekommt man hier einen hautnahen Eindruck davon, wie sich ein Tauchgang anfühlen mag. Wer seine Eindrücke vom Unterwasser-Observatorium vertiefen möchte, ohne selbst zu tauchen, kann ein Glasbodenboot oder U-Boot besteigen – entweder direkt in Coral World oder am Hafen von Eilat.

Umweltschutz

Meeresbiologen und die israelische Naturschutzbehörde achten streng auf die Bewahrung dieser einzigartigen bedrohten Unterwasser-Vielfalt. So ist Coral World ein eindrucksvolles Beispiel für die Verbindung von Tourismus und Umweltbewusstsein.

Infos und Adressen

SEHENSWÜRDIGKEITEN

Coral World. Mindestens drei Stunden bis halben Tag einplanen. Täglich 8.30–16 Uhr, Eintritt: 99/erm. 79 NIS. Zusätzlich dazu kann man ein »Coral 2000 Cruise« mit einem Glasbodenboot buchen, Kosten: 35/erm. 29 NIS. Tel. 08/636 42 00, www.coralworld.co.il

ESSEN UND TRINKEN

The Last Refuge. Sehr gute Fischgerichte in leicht kitschigem, aber gemütlichem Seefahrerambiente. Immer gut besucht, am besten vorher reservieren. Tgl. 12.30–23 Uhr. Almog Beach, Tel. 08/637 24 37, www.rol.co.il/sites/eng/hamiflat

ÜBERNACHTEN

Club Hotel Eilat. Hotel in Form eines Kreuzfahrtschiffes. Haarava Road, Tel. 08/636 16 66, www.clubhotels-israel.com

AKTIVITÄTEN

Glasbodenboot. Anbieter außerhalb des Observatoriums ist zum Beispiel Israel Yam. Die Tour dauert etwa zwei Stunden und kostet 20 $/erm. 15 $, www.israel-yam.co.il

Einzigartiges Ökosystem mit 270 Korallenarten und 1270 Fischarten

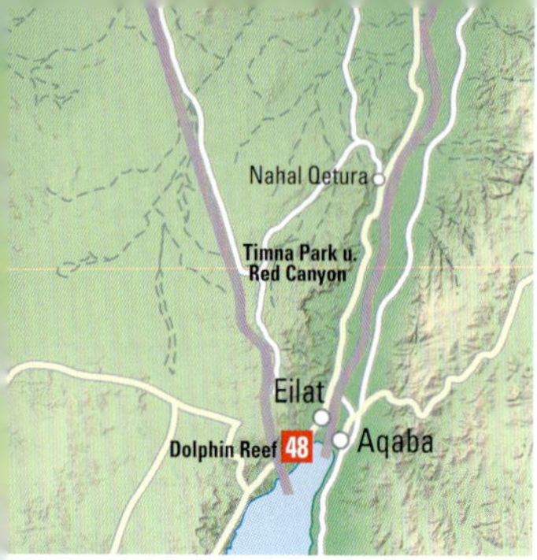

48 Dolphin Reef
Mit Delfinen schwimmen

Seit seiner Gründung 1990 gehört das Dolphin Reef oder auch Delfinarium zu den Hauptattraktionen von Eilat – eine ganze ökologische Lagune am offenen Meer, wo man Delfine nicht nur sehen, sondern auch berühren und mit ihnen schwimmen kann. Die Delfine der Tursiops-Gattung erkennen das Dolphin Reef als ihre Heimat an. Die Menschen sind hier nur zu Gast.

Oben: Steginseln mit Sitzkissen: Meeresrauschen und Delfingesang am Dolphin Reef
Unten: Im Einklang mit der Natur: zahme Delfine in natürlicher Umgebung

Es ist ein kleines Paradies mit Katzen, Hühnern, Pfauen – und Delfinen. Doch die Oase, halb versteckt hinter hohen Oleanderbüschen, Akazienbäumen und Palmen, ist schon lange kein Geheimtipp mehr. Dazu ist der Delfinstrand einfach zu schön. Vor allem am Wochenende, wenn auch israelische Familien frei haben, platzt die kleine Öko-Lagune aus allen Nähten.

Lauschige Lagune

Dabei ist das Delfinarium, wie die Lagune auch genannt wird, erstaunlich geräumig. Ein großzügiger Strandabschnitt mit Liegen, Sonnenschirmen, Stühlen und kleinen Tischen, zwischen denen junge Kellner schlendern und Bestellungen aufnehmen. Manche bringen eigene Picknicktaschen mit. Andere nutzen die Speisekarte des guten, aber nicht ganz billigen Restaurants. Eilig hat es hier niemand. Zumal der Strand jede Menge Abwechslung bietet.

Da ist zum einen das kristallklare Wasser zum Baden, Schwimmen, allerdings nur bis zur Absperrung Richtung offenes Meer. Auch der Ausblick ist phänomenal. Die rötlichen Edom-Berge gegenüber auf der jordanischen Seite und Glasbodenboote auf ihrer Tour durch den Golf von Eilat; bei guter Sicht kann man sogar Saudi-Arabien sehen. Außerdem gibt es ein Spa mit Wellnesspools und Relax-Lounge, eine Forschungsstation, Workshops und Kurse wie etwa den »Umarme den Delfin«-Kurs zum richtigen Umgang mit den Meeressäugern.

Natürliche Umgebung

Der Glanzpunkt dieser außergewöhnlichen Strandanlage sind die Delfine. Keine Show, kein Kommerz. Auf einem Geflecht aus Holzstegen sind, überdacht und mit gemütlichen Sitzkissen ausgepolstert, kleine Beobachtungsinseln eingerichtet. Von dort aus kann man den Delfinen zuschauen – bei der Fütterung, beim Schwimmen und beim Spielen mit ihren Kameraden. Manchmal kommen sie ganz nahe, strecken ihre glatte Schnauze aus dem Wasser, »unterhalten« sich mit ihren Betreuern vom Delfinarium und springen zum Entzücken aller Urlauber meterhoch durch die Lagune, bevor sie wieder ins geschützte Gehege schwimmen. Mit 12 000 Quadratmetern und gut 25 Metern Tiefe ist es das größte Meeresgehege weltweit.

Schwimmen, tauchen und schnorcheln mit Delfinen

Bei den gemeinsamen Tauch-, Schnorchel- oder Schwimmgängen mit den Delfinen, immer unter Anleitung eines Trainers, gesellen sich die Tiere freiwillig zum Menschen – eine echte Begegnung. Sie müssen nicht erst über Futter geködert werden. Zu jedem Bewohner des Geheges gibt es einen Steckbrief. Einige von ihnen wurden in Eilat geboren, andere stammen aus Sewastopol am Schwarzen Meer – Militärdelfine als erste Bewohner des Dolphin Reefs, als die Anlage 1990 entstand.

Infos und Adressen

SEHENSWÜRDIGKEITEN

Dolphin Reef Beach. Lagune am Almog Beach. Tauchen und schnorcheln mit Delfinen. Mit Duschen, Umkleidekabinen, Souvenirshop, Restaurant, Spa und Badestrand. Für Delfintherapie und Schwimmen mit Delfinen sollte man sich rechtzeitig online anmelden, die Warteliste ist lang! Eintritt: 67 NIS/erm. 46 NIS. Schwimmen mit Delfinen pro Person 290 NIS, tauchen 339 NIS. So–Do 9–17 Uhr, Fr, Sa, Feiertag 9–16.30 Uhr. Dolphin Reef, Eilat, an der Straße 90, Tel. 08/630 01 01, www.dolphinreef.co.il/en-us/diving.aspx

ESSEN UND TRINKEN

Beach Bar Restaurant. Snacks, Salate, Sandwiches, Hamburger, Eis und Kaffee. Einmal im Monat Tanz am Strand. Restaurant tgl. 8.30–16 Uhr, Fr bis 22 Uhr. Dolphin Reef, Eilat.

ÜBERNACHTEN

Orchid Reef. Hotel abseits vom Trubel. Kostenloser Verleih von Schnorchel-Ausrüstungen für Hotelgäste. Almog Beach, Tel. 08/636 03 60, www.orchidhotels.co.il

Bereit zum Tauchen mit Delfinen: am besten rechtzeitig buchen

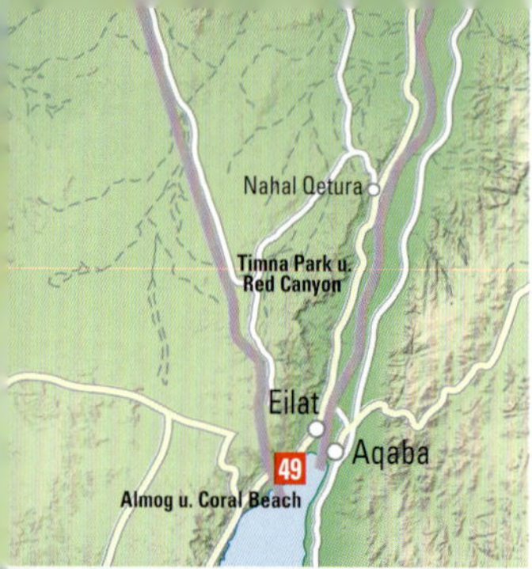

49 Almog und Coral Beach

Felsklippen und Farbenpracht unter Wasser

Das Korallenriff ist ein hochempfindliches Ökosystem. Tauchgänge und Zahl der Taucher werden daher reguliert. Zudem gelten in dem Naturschutzgebiet besondere Vorsichtsmaßnahmen. Hält man sich daran, kann man unter Wasser die farbenprächtige Welt des roten Korallenriffs erkunden und genießen. Neben anderen Tauchzentren und autorisierten Tauchschulen entlang der Südküste bietet der Almog Beach die besten Einstiegsmöglichkeiten.

Tauchen für Einsteiger – Almog Beach an der Südküste von Eilat

Zu den beliebtesten Tauchplätzen gehören zwei Felsen namens Jehoschua und Mosche im nördlichen Riffbereich. Die beiden Felsen werden von einer Sandbank bedeckt und sind über eine Brücke erreichbar. Im Süden ähnelt das Korallenriff japanischen Gärten – der gleichnamige Tauchplatz breitet sich auf zwei Höhenstufen von jeweils 500 Metern Länge aus und ist damit der größte Tauchplatz in Eilat.

Tauchattraktionen

Überall am Almog und Coral Beach kann man Tauchausrüstungen mieten, zum Beispiel im Manta Diving Center, dem Tauchzentrum des Hotels Isrotel Yam Suf, in der Marina-Divers-Tauchschule und im Aqua-Sport-Tauchclub. Neben dem Korallenriff gibt es weitere Tauchplätze, die von hier aus angesteuert werden, immer unter kundiger Anleitung erfahrener und zertifizierter Tauchguides. Da sind zum einen zwei Schiffwracks, die gern betaucht werden – »Satil« (»Raketenboot«) ist das Wrack eines 45 Meter langen Raketenschnellboots. Das Schiffswrack »Soufa« hat eine abenteuerliche Vergangenheit: Als Frankreich sich nach dem Sechstagekrieg weigerte, die bestellten und bereits bezahlten Schiffe an Israel zu liefern, wurden sie kurzerhand aus dem Hafen von Cherbourg entführt, darunter die »Soufa«. Nach gut 20 Jahren Dienst im Roten Meer wurde sie 80 Meter vor der Küste von Eilat in rund 25 Meter Tiefe versenkt. Ihre Maschinenräume samt Bewohnern, darunter Zackenbarsche und Rotfeuerfische, können seitdem von Tauchtouristen erkundet werden.

Unmittelbar dahinter kann man zum Paradiesriff tauchen – dort ist der Meeresboden fast komplett mit Korallen bedeckt. Weiter südlich kurz vor Taba gelangt man unter Wasser zu den Tauchhöhlen (hebr. *Atar Hamearot*). Sie bestehen aus zwei Unterwasserdurchgängen. Fast beiläufig passiert man auf dem Weg dorthin den Aalgarten, einen leuchtenden Wald aus aufrecht stehenden Aalen.

Wadiwanderungen, Camel Ranch und Kitesurfen

Auch wenn das Rote Meer vorrangig als Bade- und Tauchparadies gilt, kann man sich auch an der Wasseroberfläche den warmen Wüstenwind um die Nase wehen lassen, der sich mit einer frischen Meeresbrise vermischt: bestens geeignet für Wind- und Kitesurfen. An Land hat die Umgebung rund um Almog und Coral Beach weitere Aktivitäten zu bieten. Von der Eilat Field School aus zum Beispiel kann man geführte Wanderungen ins nahe gelegene Wadi Shlomo unternehmen. Die Eilat Camel Ranch ist Abenteuerpark und Kamelfarm in einem – von kurzen Runden bis zu ausgedehnten Touren durchs Wadi Shlomo reicht das Angebot.

Infos und Adressen

ESSEN UND TRINKEN

Barbeach. Entspanntes Speisen am Pier. Orientalisch-mediterran. Vor dem Isrotel Yam Suf, Tel. 08/632 50 58.

ÜBERNACHTEN

Villa Custo. Villa mit 5 gemütlichen Gästezimmern und Pool, benannt nach dem französischen Meeresforscher Jacques-Yves Cousteau. Organisieren auch Tauchgänge. 2 Mish'ol Shoshan, Tel. 054/257 60 17, www.guesthousecusto.wix.com/custo

AKTIVITÄTEN

Aqua Sport. Einer der ältesten Tauchclubs in Eilat am Aqua Beach. Tel. 08/633 44 04.

Camel Ranch. Kamelausritte ins Wadi Shlomo. Shlomo River, Eilat, Tel. 08/637 00 22, www1.camel-ranch.co.il

Manta Diving Center. Tauchschule im Isrotel Yam Suf Hotel, mit Komplettausrüstung und Übernachtung am Südstrand. Isrotel Yam Suf Hotel, Coral Beach, Tel. 08/633 36 66, www.divemanta.com

Marina Divers. Tauchzentrum nahe Reef Hotel. Tel. 08/637 67 87, marina@scuba.co.il

SPNI Field School. Wanderungen durchs Wadi Shlomo hinter dem Almog Beach. Tel. 08/637 20 21, www.natureisrael.org/Eilat

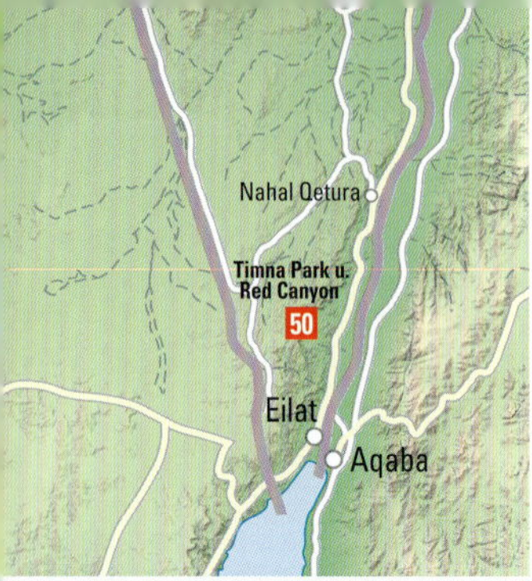

Oben: Timna: antike Stadt und erste Kupfermine der Welt nördlich von Eilat
Unten: Die sogenannte Pilzformation: Die roten Felsen von Timna regen die Fantasie an.

50 Timna-Park und Red Canyon

Kupfergöttin, Salomons Säulen und Pastellfelsen

Am Rand der Negev-Wüste laden die faszinierenden Naturparks Timna und Red Canyon mit ihren geologisch faszinierenden Felsformationen zum Wandern, Klettern und Radfahren ein. Timna ist ein geheimnisvoller Ort. Er birgt Spuren, die bis in die Kupfersteinzeit zurückreichen, darunter die erste Kupfermine der Welt. Im benachbarten Red-Canyon-Naturpark leuchten die Rottöne von Korallenrot bis Pastellrosa.

25 Kilometer nördlich von Eilat erhebt sich Timna, ein hufeisenförmiges Tal auf knapp 450 Metern Höhe, das sich auf rund 6000 Hektar ausbreitet. Der Nationalpark beherbergt historische Kupferminen, die Säulen Salomons, die Ruinen der antiken Stadt Hurvat Timna und mittendrin einen smaragdgrünen See.

Erste Kupfermine der Welt

Tausende von Minenschächten verteilen sich über das ganze Tal, ebenso Schmelzöfen, mit denen das wertvolle Kupfererz vor Tausenden von Jahren gleich an Ort und Stelle weiterverarbeitet wurde. Kupfer war bereits für die alten Ägypter ein begehrter Rohstoff. Es diente zur Herstellung von Geräten, Schmuck und Waffen. Im Nationalpark erzählen anschauliche Multimediashows die Geschichte dieses Ortes – von ägyptischen Göttinnen und Pharaonen, aber auch vom biblischen König Salomon und den Römern. Zu jeder dieser Zeitperioden wurde hier Kupfererz abgebaut.

Rundgang im Timna-Park

Für den Timna-Park sollte man mindestens einen halben Tag einplanen, besser einen ganzen. Neben den Sehenswürdigkeiten gibt es auf dem 60 km² großen Gelände einen See, auf dem man sogar Boot fahren kann. Besonders beliebt sind die Sand-Workshops für Kinder, denn die verschiedenen Sandarten ergeben vielfarbige Mischungen. Beste Zeit zum Wandern oder Radfahren ist von Oktober bis März.

A **Eingang –** Direkt hinter dem Eingang erhebt sich der 453 m hohe Mount Timna.

B **Salomons Säulen –** Unmittelbar dahinter ragen Salomons Säulen aus dem Gestein. Ihre vollendete Form verdanken die säulenförmigen Gesteinsformationen erkaltetem Vulkanmagma. Eine Inschrift weist auf Opfergaben des ägyptischen Pharaos Ramses III. an die Göttin Hathor hin.

C **Hathors Tempel –** Die ägyptische Göttin der Liebe hieß Hathor. Ihr weihten Minenarbeiter im 13. Jh. v. Chr. diesen Tempel, da sie sie als ihre Schutzpatronin anbeteten. Archäologen fanden im Tempel etliche Kunstgegenstände und Schmuck, auf denen Hathor abgebildet ist.

D **Mushroom –** Wer rechts abbiegt, kommt zum »Pilz«, einem pilzförmigen Steingiganten, bestehend aus Sand- und Kalkstein und geformt aus Wind und Erosion. Links entlang führt der Weg zum Timna-See.

E **Kupferminen –** Die älteste Kupfermine der Welt liegt vor einem Felsen, der »Bogen« genannt wird. Hier kann man auch die ägyptischen Wandmalereien bewundern, auf denen Streitwagen, Jäger und Steinböcke abgebildet sind. Besonders eindrucksvoll sind die wöchentlichen Lichtershows. Mit etwas Fantasie fühlt man sich an diesem besonderen Ort um mehrere Tausend Jahre in der Zeit zurückversetzt.

F **Timna-See –** Die Tretboote für eine kleine Bootsfahrt auf dem See sind im Eintrittspreis enthalten. Am See gibt es auch ein Restaurant, einen Campingplatz und Workshops für Kinder mit vielfarbigen Sandvariationen.

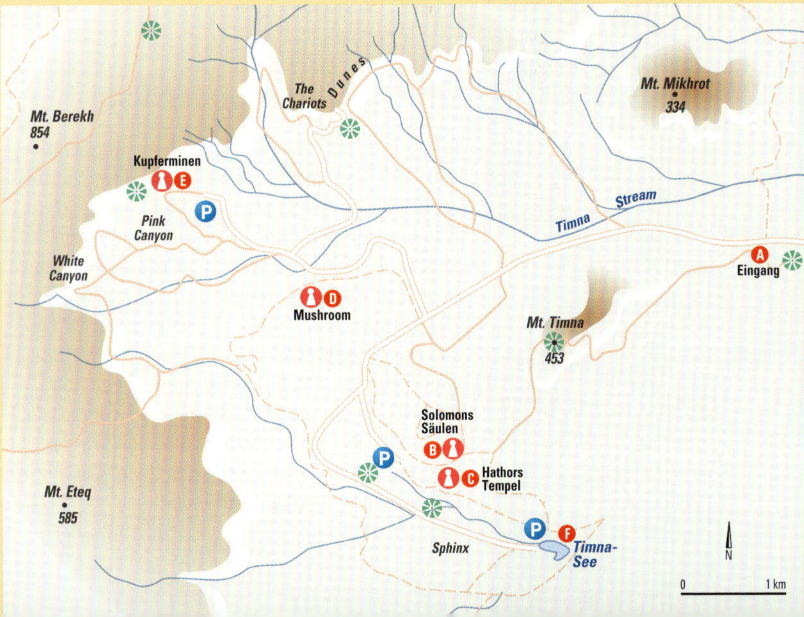

AUTORENTIPP!

22 SORTEN EIS

Als die Yotvata Farm Anfang der 1960er-Jahre als einer der ersten Kibbuzim des Landes in großem Stil Milch zu produzieren begann, ausgerechnet an Israels Südzipfel, und damit das ganze Land versorgte, war das eine kleine Revolution. Heute gehören die Milchanlagen zum Milchkonzern Strauss. Im kleinen »Yotvata Inn«, einem Selbstbedienungscafé mit Laden, werden alle Milchprodukte aufgetischt, die die Farm zu bieten hat, darunter Kuchen, Milchshakes und Joghurts. Viele der Produkte aus dem Farmladen gibt es landesweit in israelischen Supermärkten, einige von ihnen jedoch nur vor Ort, darunter 22 Eissorten wie etwa Dulce de Leche, Lemon Sorbet und Käsekuchen.

Yotvata Inn. Kibbuz Yotvata, etwa 40 km nördlich von Eilat. Informationszentrum Mo–Mi 9.30–16 Uhr, So, Do 9–17 Uhr, Fr 9–13 Uhr, Tel. 08/635 74 49 und 08/632 65 55, www.strauss-group.com/brand/yotvata

Amram-Säulen und Red Canyon

Die mächtigen Säulen wirken wie von Bildhauern geformt: Ähnlich wie Salomons Säulen sind sie vermutlich erosionsbedingt entstanden – durch Wasser, das vertikale Risse in die Felsen grub. Der Name symbolisiert die Nähe zum Fluss Amrani; es war aber auch der Name von Moses' Vater, die Amram-Säulen werden somit mit der Wustenwanderung der Israeliten nach ihrem Auszug aus Ägypten in Verbindung gebracht. In der Nähe färbt sich die Wüste alljährlich aus einem anderen Grund rosarot: Tausende Flamingos machen auf ihrem Weg gen Süden in Nord-Eilat Station.

Rottöne sind in dieser Region vorherrschend. Auch der Red Canyon verdankt seinen Namen dem rötlichen Sandstein und dem darin enthaltenen Eisenoxid. Die Felsenwände südwestlich von Timna sind frei zugänglich, entgegen ursprünglicher Pläne, fürs Klettern in den roten Felsspalten Eintritt zu verlangen. Gut so, denn ohnehin blieb der Kletteransturm aus. Wer hierherkommt, weiß nicht nur die marmorgleichen Felswände zu schätzen, sondern vor allem die Natur, die sie geformt hat.

Ökotourismus und Wüste

Der Kibbuz Neot Smadar, eine junge Kooperative, geht auf die Initiative junger engagierter Leute zurück. Ihnen ging es bei Gründung des Dorfes 1989 vor allem darum, einen Ort zu schaffen, an dem sie miteinander bewusst leben, lernen und kreativ sein können, immer im Einklang mit der Natur. Heute leben in Neot Smadar rund 90 Erwachsene, 70 Kinder und 50 Freiwillige. Sie betreiben organische Landwirtschaft, Weinanbau, ein Café, ein Kunstzentrum und ein Bed and Breakfast. Die Häuser sind architektonisch der Wüste angepasst. Das rare Wasser wird durch ein Recyclingsystem wiederverwendet.

Infos und Adressen

SEHENSWÜRDIGKEITEN

Amram Pillars. Sandsteinsäulen zwischen Timna-Park und Red Canyon. Route 90 von Eilat nach Be'er Ora, kleine Straße zu den Säulen ist ausgeschildert, vom Parkplatz aus noch ca. 5 Min. zu Fuß.

Red Canyon. Rotes Gestein, in das der Shani-Fluss begehbare Wege geformt hat. 15 km nordwestlich von Eilat, Anfahrt von Eilat aus über Straße Nr. 12.

Timna-Nationalpark. 25 km nördlich von Eilat. So–Do 8–16 Uhr, Fr 8–15 Uhr, Eintritt zwischen 33 und 44 NIS, Tel. 08/631 67 56, www.parktimna.co.il/en

ESSEN UND TRINKEN

Pundak. Bio-Lokal am Timna-Park. Alles selbstgemacht mit frischen Farmerzeugnissen. Kibbuz Neot Semadar, Kreuzung der Straßen 12 und 40, ca. 40 km nördlich von Eilat. So–Do 7–19 Uhr, Fr 7–15 Uhr, Tel. 08/635 81 80. www.neot-semadar.com/restaurant

ÜBERNACHTEN

Neot Semadar. Öko-Farm, Weingut mit B&B und Restaurant »Pundak«. Kibbuz Neot Semadar, www.neot-semadar.com

Samar Bike Hotel. Fahrradhotel etwa 40 km nördlich von Eilat zwischen Timna-Park und Flughafen Odva. Familiäre Atmosphäre, einfache Zimmer, Feuerplatz und Werkstatt. Die Inhaber bieten Touren zu den Amram-Säulen, zum Timna-Park und Red Canyon an. Kibbuz Samar, Hevel Eilot, Tel. 052/551 89 04, www.samarbike.com

VERANSTALTUNGEN

Eilat Vogelzugfestival. Jedes Jahr im März. Veranstalter ist das Ornithologische Zentrum der Israelischen Naturschutzbehörde SPNI. www.birds.org.il/en

Marathon. Warmes Winterwetter im November bietet ideales Klima für den Eilater Wüstenmarathon. Erstmalig ausgerichtet 2014, starteten Läufer in Eilat über Distanzen von 21–42 km. www.desertrun.co.il/english

Möglicherweise führte die Wüstenwanderung der Israeliten genau durch Timna.

REISEINFOS

Seite: 266/267: Per Mietwagen, Bahn oder Bus kommt man überall in Israel gut an.
Oben: In Tel Aviv halten die Züge an mehreren Stationen.
Mitte: Vom Flughafen aus fahren Züge, Sammeltaxis und Busse.
Unten: Wanderwege in Israel

Israel von A bis Z

Anreise mit dem Flugzeug

Direktflüge nach Israel gibt es von allen großen deutschen Städten aus. Mehrmals täglich fliegen beispielsweise Linienflüge der Lufthansa (www.lufthansa.com), El Al (www.elal.com), Air Berlin (www.airberlin.de), Germanwings (www.germanwings.de) oder Easyjet (www.easyjet.com) den Flughafen Ben Gurion in Tel Aviv an. Während der Saison gibt es auch Charterflüge nach Eilat.

Die Weiterreise nach Jerusalem, Tel Aviv oder Haifa ist per Bus, Bahn oder Taxi möglich (z.B. Busticket nach Jerusalem oder Tel Aviv ca. 5 €, Taxifahrt ca. 50 €, nach Tel Aviv 20 €). Ein kostenloser Shuttlebus der Linie 5 bringt Fahrgäste zur fünf Kilometer entfernten Bushaltestelle des 947er-Busses Richtung Jerusalem. Eine einfache und preiswerte Alternative sind Sammeltaxi-Kleinbusse (hebr. *Sherut*): Man zahlt ca. 8 bis 10 €, dafür setzt der Fahrer alle Fahrgäste der Reihe nach an ihren Zieladressen ab.

Nach Tel Aviv und an die Küstenorte am Mittelmeer sowie nach Beer Sheva im Negev ist die Bahnfahrt eine kostengünstige und schnelle Alternative. (Die Strecke nach Jerusalem ist mit Umsteigen in Tel Aviv verbunden und daher nicht zu empfehlen.) Die Züge fahren im Untergeschoss des Flughafens.

Anreise per Landweg

Anreise mit dem eigenen Auto oder zu Fuß ist über Grenzübergänge von Ägypten und Jordanien aus möglich. Mit beiden Nachbarländern hat Israel Friedensabkommen (Ägypten 1979 und Jordanien 1994) geschlossen. Entlang der israelisch-jordani-

schen Grenze gibt es die Übergänge Sheik Hussein bei Bet Sche'an, die Allenby Bridge östlich von Jericho und den Yitzhak-Rabin-Grenzübergang von Aqaba nach Eilat. An der ägyptischen Grenze kann man von Taba aus nach Israel einreisen.

Wer mit eigenem Pkw einreist, braucht ein *Carnet de Passage* (Zolldokument, das den Besitzer des Fahrzeugs identifiziert, erhältlich beim ADAC).

Autofahren und Mietwagen

Am Flughafen Ben Gurion und in allen Urlaubsorten gibt es die gängigen Mietwagenvertretungen. Das Straßennetz ist übersichtlich, dicht und gut ausgebaut. Es bestehen Anschnallpflicht und Tempolimits von 50 km/h in Ortschaften, 80 km/h auf Landstraßen, 90 km/h auf Autobahnen. Promillegrenze 0,0. Anhalten ist an den blau-weißen Bordsteinmarkierungen erlaubt, an den rot-weißen verboten. Vorsicht an den gelb-roten Markierungen! Hier wird sofort abgeschleppt. Es genügt der nationale Führerschein. Vorgeschriebenes Mindestalter ist 21 Jahre. Tanken Super bleifrei kostet pro Liter ca. 1,10 €.

Oben: Israel ist ein kleines Land: Von Eilat nach Haifa braucht man nicht mehr als sieben Stunden.
Unten: In Israel treffen Orient und westliche Lebensart aufeinander.

Oben: Viele Kibbuzim setzen auf Tourismus – von einfachen Zimmern bis Luxussuites.
Unten: In rund 150 Parks und Naturschutzgebieten kann man Israel wandernd entdecken.

Auskunft

Fremdenverkehrsamt: Staatliches Israelisches Verkehrsbüro, Friedrichstr. 95, 10117 Berlin, Tel. 030/203 99 70, www.goisrael.de (Das Büro ist auch für Österreich und die Schweiz zuständig.)
Israelische Botschaft Berlin: Auguste-Viktoria-Straße 74, 14193 Berlin, Tel. 030/890 455 00, http://embassies.gov.il/berlin

Bed & Breakfast

Auf dem Land, das heißt in den Regionen Mittelmeer, Galiläa und der Negev-Wüste, gibt es ca. 9000 private Gästezimmer. Der Standard reicht von einfach bis luxuriös, die Auswahl von Öko-Lodge mit Whirlpool und Kibbuz-Bungalow bis zur Boutique-Ferienwohnung und Villa. Eine hervorragende Alternative zu Hotels, zumal man auf diese Weise nicht nur Land, sondern auch Leuten begegnen kann. Übersicht, Lage und Preise unter www.zimmeril.com

Diplomatische Vertretungen

Deutsche Botschaft, 3 Daniel Frish St., Tel Aviv, Tel. 03/693 13 12/13, www.tel-aviv.diplo.de
Honorarkonsulate der Bundesrepublik Deutschland: Haifa – 105 Hatisbi St., Tel. 04/838 14 08, Eilat – Desert House, Flat 14, Los Angeles St., Tel. 07/633 42 77.

Einreise

Für die Einreise nach Israel reicht ein Reisepass, der mindestens noch ein halbes Jahr gültig ist. Ein Visum brauchen nur deutsche Staatsangehörige, die vor 1928 geboren sind. Nach Israel kann man mit jedem Pass der Welt einreisen. Umgekehrt gilt das allerdings nicht. Die meisten arabischen Länder (Ausnahmen sind Ägypten und Jordanien) erkennen

Israel nicht an und lassen Reisende mit einem israelischen Stempel im Pass nicht ins Land. Um den Ein- und Ausreisestempel im Pass zu umgehen, sich ihn einfach auf ein spezielles Blatt geben lassen und bei der Ein- und Ausreise explizit darauf hinweisen.

Eintritte

Die Eintrittspreise für Museen und Nationalparks mit archäologischen Ausgrabungsstätten variieren. In einigen Museen ist der Eintritt frei (Yad Vashem Jerusalem), in anderen gilt diese Regelung nur für Kinder (Tel Aviv Museum of Art). In den meisten Museen zahlt man Eintrittspreise zwischen 5 und 10 €. Mit dem Tel Aviv City Pass erhält man Kombi-Rabatte für diverse Museen. Der Tel Aviv City Pass ist erhältlich in der Touristeninformation, 45 Herbert Samuel St., Tel Aviv, Tel. 03/516 61 88, So–Do 9.30–17 Uhr, Fr 9.30–13 Uhr.

Oben: Sonnenaufgang am Ramonkrater bei Mizpe Ramon
Unten: Viel sehen, ohne zu ermüden: Trendige Segway-Touren in Jerusalem, Haifa und Tel Aviv

Oben: Israel ist das Land der Bibel. Religiöse Feste sind hier ein besonderes Erlebnis.
Unten: An den hohen christlichen Feiertagen besuchen viele Pilger Jerusalems Altstadt.

Feier- und Gedenktage

Alle religiösen und säkularen Feiertage richten sich nach dem jüdischen Kalender. Dessen Monate orientieren sich an den Mondphasen. Daher variieren die Termine. Feiertage beginnen dem jüdischen Kalender entsprechend immer am Abend vorher mit Sonnenuntergang. Das gilt insbesondere für den Sabbat, den wöchentlichen Ruhetag.

Sabbat. Seine Einhaltung ist in den Zehn Geboten festgeschrieben. Er dauert von Freitag Sonnenuntergang bis Samstag Sonnenuntergang. Am Sabbatausgang (hebr. *Motze Schabbat*) öffnen viele Läden und Supermärkte und Cafés und Restaurants füllen sich. Bei der Reiseplanung durchs Land sollte man unbedingt darauf achten, dass ab Freitagnachmittag keine öffentlichen Verkehrsmittel mehr fahren und man am *Motze Schabbat* keine allzu großen Entfernungen zurücklegt – Staugefahr!

April (27. Nisan): Jom Haschoa (Gedenktag an die Opfer des Holocaust). Um 10 Uhr heulen die Sirenen, der Verkehr ruht, die Menschen stehen schweigend still.

April/ Mai (4. Ijjar, sechs Tage nach Jom Haschoa): Jom Hazikaron (Gedenktag für die gefallenen Soldaten und Terroropfer) – viele Gedenkveranstaltungen landesweit.

April/ Mai (5. Ijjar, einen Tag nach Jom Hazikaron): Jom Haatzmaut – israelischer Unabhängigkeitstag, der traditionell mit vielen Festen, Grillen in Parks und bei Ausflügen mit Freunden und Familien gefeiert wird.

Mai/Juni (28. Ijjar) Jom Jeruschalajim – Feiertag in Erinnerung an die Wiedervereinigung der Stadt Jerusalem. Viele Paraden und Feste in Jerusalem.

Feste

Februar/März: Purim (Fest zur Errettung in der persischen Diaspora durch Königin Esther, eine Art jüdischer Karneval mit Verkleiden und besonderen Speisen)

April: Pessach (Fest zum Auszug aus Ägypten und Errettung aus der Sklaverei, eines der zentralen jüdischen Feste)

Mai: Schawuot (Wochenfest, das die Gabe der Zehn Gebote an Moses am Sinai feiert)

Juli/August: Tischa beAw – Fastentag

September/Oktober: Rosch Haschana (jüdisches Neujahrsfest)

September/Oktober: Jom Kippur (Versöhnungs-

Oben: Die meisten Läden und Märkte schließen vor Sabbatbeginn schon am frühen Nachmittag.
Mitte: Am Sabbat wünscht man einander »Sabbat Schalom«.
Unten: Viele Museen und Restaurants haben auch am Sabbat, dem jüdischen Ruhetag, geöffnet.

tag) – höchster jüdischer Feiertag

September/Oktober: Sukkot (Laubhüttenfest)

September/Oktober: Simchat Tora

November/Dezember: Chanukka

Festivals

Zahlreiche Festivals bereichern das touristische Angebot in Israel. Termine unter https://jerusalem.muni.il/en, www.visit-tel-aviv.com, www.gogalilee.org, http://embassies.gov.il, www.goisrael.de

Februar: Red Sea Winter Jazz (renommiertes Jazzfestival) und Kammermusik in Eilat

März: Sounds of the Old City – Musikfestival in der Jerusalemer Altstadt

Mai: Docaviv (Dokumentarfilmfestival in Tel Aviv), Israel Festival (Größtes Kulturfestival des Landes in Jerusalem), Open House (Architekturfestival in Tel Aviv), Milch- und Honigfestival (Jedes Jahr an Schawuot im Jesreeltal), Weinfestival »Beshvil Hayayin« (Die Winzer des Golan, aus Galiläa und den Nordtälern feiern ihre florierende Weinproduktion mit Verkostungen.), Taste Tel Aviv (Schlemmen im kulinarischen Tel Aviv)

Juni: Opernfestival Masada (spektakuläre Opernaufführungen am Toten Meer), Weiße Nacht (Tel Aviv huldigt seiner Weißen Bauhausarchitektur.)
Juli: Beit Guvrin Nights of Love (Israelische Top-Musiker treten im Amphitheater auf.)

August: Klezmer Festival – Klezmermusik in Safed, Galiläa

Oben: Lebensfreude und entspannte Lebensart mit Blick aufs Meer in Tel Aviv
Mitte: Israelis sind neugierig, offen und direkt.
Unten: Natur-Spa 428 Meter unter dem Meeresspiegel: das Tote Meer

September: Tamar Festival (Fest an Sukkot zur Dattelernte am Toten Meer), Jerusalem Wine Festival (Weinverkostungen im Israel Museum)
Oktober/November: Olivenfestival – Kultur, Musik und Kostproben zur Olivenernte in der Region um Akko, Hulatal Vogelzugfestival

Dezember: Desert Challenge (Israels größtes sportliches Outdoorfestival im Negev), Hamshushalayim (Kunst und Kultur in Jerusalem an vier Wochenenden im Dezember)

Geld und Währung

Landeswährung ist der Schekel, amtlicher Name »New Israeli Shekel« (NIS). Ein Schekel ist unterteilt in 100 Agorot. Der Wechselkurs zum Euro ist an den Dollarkurs gekoppelt. Geld wechseln kann man bei Banken, in Hotels, Postämtern oder Geld-

Oben: Bars, Cafés und Nachtclubs: Die Ausgehzeit beginnt oft erst ab 22 Uhr.
Unten: Per Fahrrad Stadt und Land erkunden – in Israel sehr beliebt

Bizarre Steinformationen in Pastell: Die Wüste Negev bedeckt 60 Prozent der Landesfläche.

wechselstuben. Kreditkarten werden überall problemlos akzeptiert. An Bankautomaten kann man Schekel mit EC-Karten (Maestro) ziehen.

Gesundheit

Die medizinische Versorgung ist herausragend, der Standard hoch. Fast alle Ärzte sprechen Englisch. Rechnungen zahlt man sofort bar oder per Kreditkarte. Daher ist der Abschluss einer Auslandskrankenversicherung empfehlenswert.

Internet

WLAN ist fast überall verfügbar, sowohl an öffentlichen Einrichtungen und Plätzen als auch in Museen, Restaurants, Cafés, B&Bs und Hotels, vielfach kostenlos, in manchen Hotels jedoch nur gegen (teure) Gebühr.

Klima/Reisezeit

Israel ist aufgrund seines milden Klimas und seiner mehr als 300 Sonnentage im Jahr ein ganzjährig attraktives Urlaubsziel. Das mediterrane und Wüstenklima ermöglichen heiße, trockene Sommer und milde, feuchte Winter. Beste Reisezeit sind Frühjahr (März–Juni) und Herbst (Sept. bis Nov.). In Jerusalem kann es mitunter im Winter sogar schneien, im Sommer weht abends (dank der Berglage) ein kühler Wind. In Eilat am Roten Meer hingegen kann man im Winter bei angenehmen 23°C sogar baden.

Besonders an christlichen Feiertagen (Ostern und Weihnachten) und zu jüdischen Festen (Pessach, Rosch Haschana) sind viele Urlauber in Israel unterwegs und Unterkünfte teurer – bei der Unterkunftssuche unbedingt beachten und rechtzeitig buchen.

Oben: Mit seinen Zypressen und Hügeln erinnert Galiläa mancherorts an die Toskana oder Provence.
Mitte: Zahlreiche Kulturen und Religionen haben in dem Land ihre Spuren hinterlassen.
Unten: Die israelische Küche ist kreativ und geschmacksintensiv.

Oben: Zimmer mit Ausblick: über den Dächern von Jerusalem
Unten: Direkt hinter Jerusalem beginnt die Judäische Wüste.

Notrufnummern

Polizei: 100, Unfallrettung (*Magen David Adom*): 101, Feuerwehr: 102
Pannen- und Abschleppdienst leistet der israelische Automobilclub MEMSI: Zentrale, 20 Harakevit St., Tel Aviv, Tel. 03/564 11 11, www.memsi.co.il

Öffentlicher Nahverkehr

Das Bus- und Bahnnetz ist sehr gut ausgebaut. Mit öffentlichen Verkehrsmitteln kommt man bequem und schnell in jede noch so entlegene Ortschaft. Fahrpläne und Routen der Busgesellschaft Egged unter www.egged.co.il und der Bahn unter www.rail.co.il

Öffnungszeiten

Banken: So–Do 8.30–12.30 oder 14 Uhr; und an einigen Nachmittagen pro Woche 16–18.30 Uhr, Fr 8.30–12.30 Uhr.
Bars & Kneipen: variabel, oft (vor allem in Tel Aviv) bis zum frühen Morgen. Ausgehtage sind Do und Fr.

Einkaufszentren: So–Do 9.30 oder 10–22 Uhr, Fr und am Vorabend jüdischer Feiertage bis 14 Uhr. Läden: So–Do 9–18 Uhr oder länger, Fr und am Vorabend jüdischer Feiertage bis 14/15 Uhr. Museen: variabel, meist So–Do 10–17 Uhr, Fr 10 bsi 14 Uhr. Oft gibt es einen Wochentag, an dem das jeweilige Museum bis 21 Uhr geöffnet ist. Nachtclubs: Die meisten Tanzclubs öffnen erst nach Mitternacht und schließen zu Sonnenaufgang – in Tel Aviv und Eilat tgl., in Haifa und Jerusalem nur am Wochenende (Do und Fr).

Palästinensische Autonomiegebiete

Ausländische Touristen können jederzeit in die palästinensisch verwalteten Gebiete reisen, Israelis nicht. Für Ausflüge nach Jericho, Bethlehem oder andere Gebiete, die unter palästinensischer Autonomieverwaltung stehen, benötigt man seine Ausweispapiere für die Kontrolle an den Checkpoints. Besser mit einem arabischen Taxi oder Bus (z.B. am Damaskustor in Jerusalem) als mit dem israelischen Mietwagen dorthin fahren, denn die Versicherung gilt nur für israelisches Kernland. Man kann den Mietwagen vor dem Checkpoint parken und dann zu Fuß gehen oder mit einem arabischen Taxi oder Bus weiterfahren.

Post

Postämter haben ein Logo mit weißem Hirsch auf rotem Grund. Geöffnet So–Do 8–12.30 und 15.30–18 Uhr, Fr 8–12 Uhr. Postkarten nach Europa kosten 3 NIS, Briefe 4,50 NIS.

Sicherheit

Rückflug: Vor dem Einchecken gibt es strenge Sicherheitskontrollen. Daher ist es ratsam, ca. 3 Std.

Oben: Rund ums Tote Meer und in der Wüste bieten Beduinen Ausflüge mit Kamelen an.
Mitte: Kostproben israelischer Herzlichkeit
Unten: Frisch vom Feld: Obst und Gemüse von den Plantagen.

Oben: In Israel gibt es vier Meere: Mittelmeer, Rotes Meer, Totes Meer und den See Genezareth.
Mitte: Im Botanischen Garten von Ein Gedi wachsen außer Kakteen auch afrikanische Baobabs.
Unten: Gibt es in allen Variationen: Trockenfrüchte und *Halva*.

vor Abflug zu erscheinen. Fluginformation Tel. 03/88 11 11. Die Sicherheitsbeamten stellen viele Fragen, etwa nach dem Zweck der Reise, ob man seinen Koffer selbst gepackt und möglicherweise von jemandem ein Geschenk erhalten habe, dessen Inhalt man nicht kennt. Ziel der Befragung ist nachvollziehbar – jede noch so geringe Möglichkeit eines Terroranschlags soll ausgeschlossen werden. Je nach politischer Situation sollte man die Region nahe dem Gazastreifen meiden. Zur aktuellen Sicherheitslage informiert aktuell das Auswärtige Amt (www.auswaertigesamt.de).

Sprache

Die Amtssprachen in Israel sind Hebräisch und Arabisch. Die Straßen- und Hinweisschilder sind im Allgemeinen dreisprachig (hebräisch, arabisch, englisch). Man kommt mit Englisch sehr gut zurecht. Die meisten Israelis sprechen ausgezeichnet Englisch, viele auch Französisch. Kinos zeigen Filme in Originalsprache mit hebräischen, arabischen und englischen Untertiteln.

Strom

220 Volt Wechselstrom. Die Steckdosen sind uneinheitlich, daher besser einen Adapter mitnehmen.

Taxis

Taxifahren ist in Israel günstiger als in Deutschland. Städtische Taxis haben Taxameter. Ihr Gebrauch ist Pflicht, dennoch sollte man den Fahrer darauf hinweisen, die Uhr einzuschalten. Trinkgeld wird angenommen. Längere Strecken haben feste Tarife, einsehbar auf Listen der Fahrer.

Als zusätzliche Transportmittel innerhalb und zwischen den Städten verkehren Sherut-Taxis, Sam-

meltaxis mit ca. 10–12 Sitzplätzen. Sie fahren erst los, wenn genügend Fahrgäste da sind. Standorte sind meist die zentralen Busbahnhöfe (hebr. *tachana merkasit*), in Jerusalem nahe Zionplatz.

Trinkgeld

Üblich ist ein Trinkgeld zwischen 10 und 15 %.

Zoll

Nach Israel darf man mitbringen: Geschenke bis zu einem Wert von 250 Euro, 200 Zigaretten, 1 l Spirituosen, 10 Filme. Fleisch, Früchte und Waffen sind verboten. Aus Israel darf man in die EU zollfrei einführen z.B. 200 Zigaretten, 1 l Spirituosen, 50 g Parfüm und Geschenkartikel bis zu einem Gesamtwert von 430 Euro. Informationen unter www.zoll.de

Oben: Kurios: Im Golan kann man sogar Ski fahren.
Unten: Die israelische Küche ist jung, kreativ und experimentierfreudig.

Israel speziell – Tipps für Kinder und Jugendliche

BEWEGUNG

Parks. Überall in Tel Aviv gibt es kleine Parkoasen mit Spielplätzen. Die vielseitigsten Angebote findet man im HaYarkon Park (S. 119). Man kann Boote mieten (70 NIS/h), skaten, Basketball spielen und Fahrrad fahren; es gibt eine Kletterwand und einen Tropengarten. (Ganzjährig tgl. geöffnet, Öffnungszeiten für Aktivitäten innerhalb des Parks variieren, Tel Aviv, zwischen Rokach Blvd. und Yarkonfluss, Eintritt frei, Tel. 03/642 28 28, www.park.co.il)

Eilats Unterwasser-Observatorium

Strände. Entlang der Mittelmeerküste gibt es ausgezeichnete Strände mit Wassersportangeboten und Spielgeräten. Im Meer schweben, ohne unterzugehen, kann man am Toten Meer. Schönster Naturpool im Norden ist Sachne mit warmen Quellen auch im Winter (www.gan3.co.il, S. 185).

Coral World. Die bunte Unterwasserwelt des Roten Meeres und Tauchbasen entdecken. (S. 256, 260). Tgl. 8.30–16 Uhr, Eintritt 99/erm. 79 IS, Tel. 08/636 42 00, www.coralworld.co.il

Dophin Reef Beach. In Eilat können Kinder mit Delfinen schwimmen (S. 258f.). Eintritt: Erwachsene 67 NIS/erm. 46 NIS. Schwimmen mit Delfinen pro Person 290, Tauchen 339 NIS. So–Do 9–17 Uhr, Fr, Sa, Feiertage 9–16.30 Uhr. Dolphin Reef, Eilat, an der Straße 90, Tel. 08/630 01 01, www.dolphinreef.co.il

Grottenlabyrinth. Eine Seilbahn verbindet die Steilklippen mit den Meeresgrotten in Israels nördlichstem Ort. Sommer Sa–Do 9–18 Uhr, Winter 9–16 und Fr 9–16 Uhr, Eintritt inklusive Seilbahn 35–45 NIS. Rosch Hanikra, Tel. 073/271 01 00 (S. 152).

Kajak. Kajakverleih und geführte Touren für die ganze Familie durch die Stromschnellen des Banyasflusses. Kfar Blum, Galiläa, Tel. 04/690 33 88, www.kayaks.co.il

Meymadion. Israels größter Wasserpark mit gigantischen Rutschen. Mai–Sept., 9–18 Uhr, Eintritt: 90 NIS, Tel. 03/642 27 77, www.meymadion.co.il

TIERE

Israel verfügt über zahlreiche **Nationalparks** mit Oasen, Naturpools, UNESCO-Stätten und gut ausgebauten Wanderwegen (www.parks.org.il) – eine wahre Fundgrube für Entdeckungstouren auf den Spuren der Geschichte mit Abenteuerfaktor für die ganze Familie. Die spannendsten sind in Masada (S.204ff.), Bet Sche'an (S. 184), Caesarea und die Höhlen von Beit Guvrin (S. 79).

Biblical Zoo. Hier trifft man die Arche-Noah-Tierarten. So–Do 9–18 Uhr, Fr 9–16.30 Uhr, Sa 10–17 Uhr, Eintritt: 42–55 NIS, 1 Derech Aharon Shulov, Talpiot, Jerusalem Tel. 02/675 01 11, http://jerusalemzoo.org.il (S. 58)

Kibbuz Revivim. Wüstentiere kennenlernen. Zoo Chai Negev, Kibbuz Revivim, Route 40, Kreuzung Mashabim, Tel. 08/656 26 88, www.chai-negev.net

Safari-Park Ramat Gan. Afrika in Israel. Nashörner, Zebras und Giraffen per Safarizug oder eigenem Auto. Eintritt 69 NIS, tgl. ab 9 Uhr, 1 Zvi Av., Ramat Gan, Tel. 03/630 53 05, www.safari.co.il (S. 155)

MUSEEN

Bible Lands Museum. Zivilisationen zu Zeiten der Bibel. So–Di, Do 9.30–17.30 Uhr, Mi 9.30–21.30

Uhr, Fr, Sa, Feiertag 10–14 Uhr, Eintritt: 20–40 NIS. 21 Stefan Wise St., Jerusalem, Tel. 02/561 10 66, www.blmj.org (S. 68)

Bloomfield Science Museum. Ein Garten Eden für junge Forscher mit coolen Experimenten. Eintritt: Erw. 30/erm. 20 NIS, So–Do 10–18 Uhr, Fr 10–14 Uhr, Sa 10–15 Uhr, Givat Ram, Jerusalem, www.mada.org.il

Clore Garden of Science. Wissenschaft zum Anfassen auf 800 qm mit 80 verschiedenen Experimenten. Sa–Do 10–17 Uhr, 234 Herzl St., Rehovot, Tel. 08/934 23 81, http://visitors-center.weizmann.ac.il/sciencePark

Hiskijas Tunnel. 450 m biblischer Tunnel im Archäologischen Park Davidstadt. Dorf Siloah (arab. *Silwan*), Ostjerusalem, April–Sept. So–Do 8–19 Uhr, Fr 8–16 Uhr, Okt.–März So–Do 8–17 Uhr, Fr bis 14 Uhr, Eintritt 28–45 NIS, Anreise per Bus 1, 99. Anmeldung für Führungen Tel. 02/626 87 00, www.cityofdavid.org.il (S. 38f.)

Mada Tech Museum. Technik und coole Experimente für die ganze Familie. Balfour Street, Haifa, Tel. 04/867 91 04, www.madatech.org.il

Abenteuer und Kultur liegen nah beieinander.

Perfekt für junge Entdecker: Korallenriffs

Mini Israel. An einem Tag durch verschiedene Regionen, Zeitepochen oder sogar durchs ganze Heilige Land im 1:25-Miniaturformat reisen. Latrun, Tel. 17 00 55 95 59, www.minisrael.co.il/en

ESSEN UND TRINKEN

Israel ist ein kulinarisches Paradies, ob für Eis, Kuchen und Süßes oder Herzhaftes.

Aldo. Tgl. 9–24 Uhr. The 60 Founders St., Zichron Ya'akov.

Anita Glida. Köstlichste Eisauswahl. 42 Shabazi St., Neve Tzedek, Tel Aviv, Tel. 03/624 63 83.

Märkte. Auch für Kinder empfehlenswert: Israels bunte Märkte mit vielen Kostproben und frisch gepressten Säften. Jerusalem: Mahane Yehuda, Tel Aviv: Shuk Hacarmel.

Max Brenner. Originellste Schokoladensorten. 45 Rothschild Boulevard (S. 94ff.), Tel Aviv, Tel. 03/560 45 70, www.max-brenner.co.il

ÜBERNACHTEN

Kibbuz. Freiheit pur für Kinder sind Ferien im Kibbuz. Die meisten Kibbuzim bieten spannende Aktivitäten für Familien an und verfügen über Schwimmbäder und Streichelzoos. Infos. Kibbuz Hotel Chain (www.kibbutz.co.il)

Kleiner Sprachführer

Für Vokale existieren keine eigenen Buchstaben. Sie können mit Punkten und Strichen unter den Konsonanten angegeben werden.

ALPHABET

א (aleph) – stimmlos
ב (beth) – wie v, am Wortanfang und nach Konsonanten wie b
ג (gimel) – wie g
ד (daleth) – wie d
ה (he) – wie h
ו (waw) – wie w
ז (sajin) – stimmhaftes s
ח (chet) – etwa wie ch
ט (tet) – wie t
י (jod) – wie j
כ (kaph) – wie k
ל (lamed) – wie l
מ (mem) – wie m
נ (nun) – wie n
ס (samech) – stimmloses s
ע (ayin) – stimmlos
פ (pe) – wie f, nach Konsonanten und am Wortanfang als p
צ (tzade) – wie z (wie in Zebra)
ק (kof) – wie k oder q
ר (resch) – wie r
ש (schin) – wie stimmloses s oder sch
ת (taw) – wie t

ALLGEMEIN

ja כן (ken)
nein לא (lo)
in Ordnung, okay בסדר (beseder)
Bitte בבקשה (bewakascha)
Danke תודה (toda)
Keine Ursache. על לא דבר (al lo davar)
Entschuldigung סליחה (Slicha)
Vorsicht זהירות (sehirut)
Guten Tag/Hallo. שלום (schalom)
Guten Morgen. בוקר טוב (boker tow)
Gute Nacht. לילה טוב (laila tow)
Wie geht es Ihnen? ?מה שלומך (mask.: ma schlomcha/ fem.: ma schlomech)
Wie heißen Sie? ?איך קוראים לך (eich kor-im lecha/ lach?)
Ich heiße קוראים לי (kor-im li)
Schön, Sie kennenzulernen. נעים מאוד (na-im meod)
Auf Wiedersehen. להתראות (lehitraot)

UNTERWEGS

Straße רחוב (rechov)
Boulevard שדרות (sderot)
Weg דרך (derech)
Platz כיכר (kikar)
Stadt עיר (ir)
Haus בית (bait)
Hotel בית מלון (beit malon)
Strand חול (chol)
Hafen נמל (namal)
Haltestelle תחנה (tachana)
Bus אוטובוס (otobus)
Zug רכבת (rakewet)
Auto מכונית (mechonit)
Wo ist/befindet sich...? איפה נמצא (ejpho nimtza)
Ich verstehe nicht... אני לא מבין/נה (Ani lo mevin/ mevina)
Wie kommt man zu/nach... איך מגיעים (Ejch megi'im le...)
Synagoge בית כנסת (beit knesset)
Mosche מסגד (misgad)
Kirche כניסייה (knisija)
Markt שוק (schuk)

ÜBERNACHTEN

Zimmer חדר (cheder)
Badezimmer אמבטיה (ambatia)

Haben Sie ein Zimmer frei? ?חדר פנוי האם יש (ha-im jesch cheder panui?)
Ich will ... Nächte bleiben. .לילות ... אני מעונין להשאר (ani me-unjan lehischa-er ... leilot.)
Ist das Frühstück inklusive? ?במחיר האם ארוחת הבוקר כלולה (ha-im aruchat haboker klula bamechir?)

ESSEN UND TRINKEN

Könnte ich bitte die Speisekarte haben? ?אפשר לקבל את התפריט בבקשה (efschar le'kabel et hatafrit, bevakaschah?)
Was empfehlen Sie? ?את/ה ממליץ/ה מה (mah attah mamlitz/at mamlitzah?)
Ich möchte... אני רוצה (ani rotzäh/rotzah...)
Wieviel kostet das? ?קמה זה עולה (kama zäh oleh)
Frühstück ארוחת בוקר
Mittagessen ארוחת צהריים
Abendessen ארוחת ערב
Ich bin Vegetarier/in אני צמחוני/ת (ani zimchoni/zimchonit)
Guten Appetit בתאבון (be'te'avon)
Glas/Flasche Wein כוס/בקבוק יין (kos/bakbuk jain)
Prost/Zum Wohl לחיים (le'chaim)
Zahlen, bitte. !אפשר לשלם, בבקשה
Es war lecker. .היה טעים (haja ta'im)
fleischig בשרי (bsari)
milchig חלבי (chalavi)
Fisch דג (dag)
Reis אורז (ores)
Huhn עוף (of)
Käse גבינה (gwina)
Ei ביצה (beiza)
Salat סלט (ssalat)
Obst פרות (perot)
Gemüse ירקות (jerakot)
Brot לחם (lechem)
Butter חמאה (chem'a)
Nüsse אגוזים (egosim)
Vorspeise ראשונה מנה (mana rischona)
Suppe מרק (marak)
Kuchen עוגה (uga)
Dessert קנוח (kinuach)
Gewürze תבלינים (tavlinim)
Schakschuka שקשוקה (schakschuka)
Grillspieße (meist Huhn oder Lamm) שפודים (schipudim)
Salz מלח (melach)
Milchkaffee/Cappuccino קפה הפוך (kafè hafuch)
Eis גלידה (glida)
Saft (Orangen, Grapefruit, Granatapfel) מיץ (תפוזים, אשקוליות, רימון) (mitz tapusim, eshkoliot, rimon)
Mineralwasser מים מנרלים (maim mineralim)
Wein weiß/rot יין לבן/אדום (jain lavan/adom)
Bier בירה (bira)

ZAHLEN

1-12 עשר, אחת עשר, שתיים עש , חמיש, שש, שבע ,שמונה, תשע אחת, שתיים, שלוש, ארבע, (achat, schtajim, schalosch, arba, chamesch, schesch, scheva, schmoneh, tejscha, eser, achat esre, schtajim esre)
20 עשרים (esrim)
30 שלושים (schloschim)
40 ארבעים (arba'im)
50 חמישים (chamischim)
100 מאה (mea)
1000 אלף (elef)

Verantwortlich: Ulrich Jahn
Redaktion: Stephanie Barette, Berlin
Layout: Geraldine Barette, Berlin
Repro: Repro Ludwig, Zell am See
Kartografie: Huber Kartografie München, Heike Block
Herstellung: Betinna Schippel
Printed in Germany by Phoenix Print GmbH

★★★★★

Sind Sie mit diesem Titel zufrieden? Dann würden wir uns über Ihre Weiterempfehlung freuen.

Erzählen Sie es im Freundeskreis, berichten Sie Ihrem Buchhändler, oder bewerten Sie bei Onlinekauf.

Und wenn Sie Kritik, Korrekturen Aktualisierungen haben, freuen wir uns über Ihre Nachricht an Bruckmann Verlag, Postfach 40 02 09, D-80702 München oder per E-Mail an lektorat@verlagshaus.de.

Unser komplettes Programm finden Sie unter: www.bruckmann.de

www.bruckmann.de

Alle Angaben dieses Werkes wurden von den Autoren sorgfältig recherchiert und auf den neuesten Stand gebracht sowie vom Verlag geprüft. Für die Richtigkeit der Angaben kann jedoch keine Haftung übernommen werden.

Bildnachweis:
Alle Bilder im Innenteil stammen von Thomas Stankiewicz außer:
Katharina Schmidt-Hirschfelder: 208o. 227; Marco Limberg: 89m.,156; Israelisches Tourismusministerium: 112, 170m, 220, 248o.; picture alliance: 6, 74 (Michael DeFre), 46m(Picture-Allia); Age fotostock/look-foto: 246o.; Shutterstock.com: 58u., 2,252 (Oleg Zaslavsky),192m, 194o, 200u.,205, 224u.,282,283o. (Chamelons Eye),222o 225(arka38) 224o. (Leonhard Zhukovsky), 203u (AG-Photos), 202o Pixeljoy, 198u (Robert Hoetink), 198o (makarenko), 188 (vvvita),166o., 173o (gkuna); 101 (Phish Photography); 252 (Sergej25); via Wikimedia CommonsAdamJonesfromKelowna 46 u; 186o (Mboesch), 116o. (Avi 1111)

Umschlagvorderseite:
Oben: Kuppel Omar Moschee (agefotostock/look-foto)
Porträt: Tänzer am Toten Meer (Elan Fleisher / Look-foto)
Streifen: Treiben lassen im Toten Meer (Elan Fleisher / Look-foto)
Hauptmotiv: Klagemauer Jerusalem (huber-images.de / Draper Tim)
Autorenfoto: Marco Limberg, Katharina Schmidt-Hirschfelder

Umschlagrückseite:
Links: Brotverkäuferin mit Chala Brot in Mea She Arim, Jerusalem (Thomas Stankiewicz)
Rechts: Strand und Skyline von Tel Aviv (Israelisches Tourismusministerium)

Die Deutsche Nationalbibliothek verzeichnet diese Publikation in der Deutschen Nationalbibliografie; detaillierte bibliografische Daten sind im Internet über http://dnb.d-nb.de abrufbar.

ISBN 978-3-7654-8503-9